JN310928

シリーズ

来たるべき人類学

4

ANTH
ROPO
LOGY

アジアの人類学

片岡樹
シンジルト
山田仁史
［共編］

春風社

装画　谷中安規
装丁・組版　矢萩多聞

序

アジアを疑いつつアジアを理解するために

片岡樹、シンジルト、山田仁史

「日本人はもっとアジアを知るべきだ」。この言葉に反論の余地はない。というのも、「日本はアジアなんだから」というわかりきった答えがつきものだからである。問題はここから先である。そもそもアジアとは何なのか。この問題は、欧米ではそれほど複雑ではない。アジアという言葉自体が、ヨーロッパ人が他者を呼ぶために作った言葉だからである。ヨーロッパの外に住むエキゾチックな世界がアジアであり、そこに住む人々がアジア人である。

しかしこのアジアという言葉を日本語の環境に移すと、とたんに話がややこしくなる。アジアという言葉の本来の意味には他者というニュアンスがある。しかるにアジアではこれを自分たちの世界を呼ぶ言葉として輸入してきた。ではアジアというのは自分たちのことなのかエキゾチックな他者のことなのか。この両者が混在しているのが日本のアジア論の現状である。

卑近な例を持ち出してみよう。「沖縄はアジアだ！」「大阪はアジアだ！」という言い方がある。これはほとんどあらゆる地名に対して用いられうるので、沖縄と大阪というのはあくまでその一例にすぎないのだが、ともかくこの種の言い回しが何を意味しているかといえば、前者は本土と違うエキゾチックな文化や景観を、後者は韓国系など外国出身者の多さや、アジア諸外国にありそうな猥雑な路地裏の商店街の活気を指摘する文脈で用いられる場合が多い。つまり「××はアジアだ！」という表現は、「××は日本ではない！」と言っているのとほとんど同義である。こうした文脈でのアジアとは、ようするに「日本的でない世界」のことである。その一方で、同じ人が大した矛盾を感じずに、「日本もアジアの一員として」云々と発言したりもする。

このようにアジアという言葉の日本語での使われ方には、およそ正反対といっていいニュアンスが含まれている。これはアジアというのが、自分たちを規定する言葉でありながら、しかもそれが外から与えられた性格規定である点に由来するといえるだろう。またこれはそもそも、アジアはひとつになって西欧に対抗しなければならない、という発想自体が西欧によってもたらされたことに由来している。

日本における正反対のアジア観に話を戻すと、そのどちらもがイデオロギーを背負っている。「アジアの一員」云々という言葉が最近つくられたイデオロギーだというのは、明治以前にそんなことを言う人がいなかったということからだけでも容易に想像がつく。そもそもアジアというのはヨーロッパからみた残余の世界の意味なのだから、そこに内実などあるわけがない。アジアという言葉が輸入されるまでは、我々がトルコやイスラエルやイランなどの人々を同胞だと考えることなどただの一度もなかっただろう。その点からいえば、アジア主義というのは事実の誤認の上に成り立つイデオロギーである。

その一方、アジアを日本以外のエキゾチックな他者と見る視点も、別の意味で欧米的偏見を内在化したイデオロギーである。エキゾチックなものをアジアと呼び、それを自らとは異なった世界の代名詞として用いるのは、西洋的発想の典型である。もちろん、エキゾチックなものをアジアと呼ぶのは欧米人である。こうした言葉遣いに無意識に乗っかってしまうと、「我々＝西洋人（！）」という自己規定をもってアジアの文化に接するという、奇妙な視点でものを見ることになってしまう。そうした例はいくらでもある。ちょっと耳を澄ませて知識人たちの言葉遣いを聞いてみればよい。「我々と違ってアジアでは…」という言い回しがいかに多いことか。ここで我々は知らず知らず、ニセ西洋人の視点でアジアを語っているのである。

もっとも、どちらのイデオロギーも、まったく無意味だというわけでもない。これがアジア論の難しいところである。前者のイデオロギーについて言えば、たしかに「アジアなどという世界は存在しない」と言い切ってしまえば簡単である。しかしもし、アジアと名指しされた世界の人々が、アジアという世界の存在を前提にして発言し行動するようになれば、結果的にアジアは存在することになる。たとえばスポーツの国際大会にアジア枠があり、そのためのアジア予選があれば、それを勝ち抜いたチームは「アジア代表」として、母国以外の人々からも応援を受けるかもしれない。その瞬間にまさしくアジアは存在しているのである。

後者のイデオロギーについても同じことがいえる。アジアを他者としてとらえる見方は、必ずしも欧米的偏見に迎合した名誉白人願望にのみ根ざすわけではない。そうした動機とは無関係に、ほかのアジアの国々に対し、「彼らがアジアなら我々はアジアではない」という認識は、日本社会に根強く存在してきた。福沢諭吉の『脱亜論』があまりにも有名だが、梅棹忠夫が『文明の生態史観』で披瀝《ひれき》する認識もそれと非常に近い【梅棹 1974】。インドや中東が日本と共有する部分はあまりに少なく、近いところでは中国など大陸型の帝国のもとで生きてきた人々のあいだでも、基本的な考えが日本と非常に違う。日本からみたアジアというのは、共闘すべき同胞なのか、それとも距離を置いて接すべき他者なのか。この問題は、日本国家が進むべき路線をめぐる論争として、明治期以来現在に至るまで続けられている。

結局のところアジアはあるのかないのか。日本はアジアなのかそうではないのか。そもそもアジアとは何なのか。我々はアジアをどのようなものとして構想すべきなのか。あらかじめ言っておくが、本書にはその答えはない。その答えは各人各様であってかまわないと考えるからである。しかし、この問いをめぐる探求を行うための材料は用意したつもりである。

アジアを疑いつつ、なおかつアジアを理解すること。この作業は、「異文化＝他者」像の過度の強調を戒めつつ、なおかつ異文化への肉薄をめざす人類学の問題意識にそのまま通じるものである。本書では、まず入り口で「アジアなるもの」を疑った上で、アジアの文化的多様性にフィールドで向き合い、そして今新たに1つになりつつある（かに見える）アジアの将来を展望する。アジアの今をとらえる作業を通じ、人類学の面白さもまた再発見・再発信していきたい。

第I部「アジアの人類学ことはじめ」では、アジアの人類学とはどのようなものかを扱う。その際、エスノロジー（民族学）とエスノグラフィー（民族誌）を軸に、それらをわかりやすくおさらいする。これまでのアジアの人類学を支えてきたのは民族学であり、その背後には、そうした学説の興隆をもたらした固有の歴史的事情があった。(歴史)民族学が主に文献の渉猟に基づくものであったとすれば、現代の人類学を支えるもうひとつの軸がフィールドワーク(とそれによる民族誌)である。この2つの対照的な視点から、「アジアの人類学とは何か」を立体的に浮かび上がらせることが、導入部としての第I部の目的である。

第1章「アジアをみる眼」(山田仁史)はアジアという概念とその見方の多様性を論ずる。ヨーロッパにとってアジアは、アフリカ、アメリカと並び世界を構成する4つ目の要素と捉えられてきた。そうした由来を持つ世界としてのアジアについては、いくつかの仕方で、この地域を把握することができるだろう。本章では、生態環境、言語と語族、生業形態、といった観点から、そうした見方を提示する。またアジアは、日本列島もその内に含み、日本文化とも深いかかわりを持ちつづけてきた。このため、日本人・日本文化の源流をさぐろうというモチベーションは、日本の人類学を奥底で突き動かしてきたとも言え、いくつもの議論が提出されてきた。そうした議論を整理しなおすとともに、これが19世紀から20世紀前半にかけての世界的な帝国主義と歩みを一にするものであったことも指摘している。

第2章「フィールドワークと民族誌」(片岡樹)は、アジアをフィールドとして人類学を実践し、民族誌を書くという営為について考える。そもそも人類学とは「フィールドについて考える」のではなく「フィールドで考える」学問だと言われる。紙の上で民族誌批判をおこなうのはたやすいことである。しかしそれでも、フィールドで感じた共感や驚きが、依然として我々の思考の原点であることに変わりはない。日本人(あるいは日本語の読者)にとってのアジアとは、近くて遠い隣人であり、遠くて近い隣人である。欧米原産の人類学において、これまでアジアとは典型的な他者であったが、アジアの一員である我々にとって、近隣社会の異文化にどのように共感し、どのように驚き、そこからどのような発見をしていくのかについてはまだまだ考えねばならない論点が残されている。本章ではそのような、アジア発の民族誌の可能性、アジア域内相互の異文化理解の可能性を「フィールドで」考えてみる。

第Ⅱ部は「暮らしの中の文化」と題している。暮らしの中から文化を総体としてとらえようとするのが人類学の異文化理解の方法である。そしてそうする限りは「アジアは1つ」などと簡単には言えなくなる。何しろ世界のあらゆる生業形態が混在するのがアジアの特徴だからである。ここでは、アジア諸社会の生業に即して、具体の生活の場で文化を考えるという、文化人類学の良質な知的伝統を再確認する。それにあわせ、アジアの生業・文化の絶望的なまでの多様性を描き出すことを通じ、「アジアを疑う」という本書の大きな問いをさらに展開する。

まず第3章は「牧畜にみるアジア――生業・思考・国家」（シンジルト）である。アジアという語を生み出したヨーロッパにとって、ヨーロッパという自己同定の獲得に直接寄与した重要な他者は、東方から続々やってくる牧畜（遊牧）民だった。同時に、彼らはアジア諸（農耕）文明にとっても脅威の存在であり、換言すれば彼らは諸文明建設の欠かせぬ当事者でもあった。しかし近代以降彼らの存在は、東西の両方にとってももはや看過してもよい存在となり、われわれにとっても遠いものとなっている。牧畜という言葉を用いて、彼らの境遇を理解しその今後を展望するのが、本章の狙いとなっている。

続く第4章「アジアの焼畑」（増野高司）では、農耕社会・文化をとりあげる。西欧中心の農耕文化パラダイムでは、農耕民イコール定住者イコール穀物栽培民イコール小麦栽培民という根拠のない偏見がまかり通ってきた。実はこれは、小麦栽培民を水田農耕民に置き換えれば、そのまま日本の（大多数の）常識に通じる。こうした偏った農耕文化像を相対化するのが、アジア各地に散在する焼畑耕作民である。そこでは土地所有の観念、財産の観念、さらには村落共同体や政治権力あるいは超自然的存在の観念をめぐって、定住農耕民と著しく異なる世界が営まれてきた。現在では領域支配や人間の定住を自明の前提とする近代国家のもとで、焼畑民的な生活様式はそれ自体が「問題」として見いだされている。その一方で、先住民の地位向上などの世界的潮流の中で、焼畑民の伝統的価値観が再評価されつつもある。焼畑文化の理解は、農耕文化を問い直すレッスンとなるだけではなく、現代アジアの最もホットな課題に通じるレッスンでもある。

第5章の主題は、「狩猟採集・漁撈」（小野智香子）である。いかなる社会も、農耕や牧畜の習得以前は狩猟採集を営んでいた。その意味では、狩猟採集生活とは人間の最も根源的な生活様式であり、ヒトをヒトたらしめる本質とはこの狩猟採集生活において集中的にあらわれる。アジア各地に残る狩猟採集文化を理解することは、アジアの文化的多様性を理解する一助となるばかりでなく、人類史そのものを再考する上での重要課題でもあるのである。この課題について、特に本章では北方アジアの事例から考える。栽培農耕の困難な北方アジアに人類が居住空間を広げ得たのはひとえに狩猟という発明のゆえである。本章では、温帯農耕民とは全く異なる背景下で発展した北方狩猟採集民の生活様式や価値観に、彼ら自身の言語や口承文芸を通して迫ることで、「人間とは何か」「文化とは何か」を根本から再考している。

「衣食住──インドの事例から」（松川恭子）と題する第6章では、南アジアの衣食住をとりあげている。衣食住とは文化の基本である。これらは一見すると個人の好みを反映しているにすぎないように思えるが、実はそのありかたは個々の社会ごとに共有され、また社会的な制約も受ける。したがって衣食住の多様性を考えることは、そのままアジア諸社会の多様性を理解することにつながる。身近な素材から新たな発見をもたらし、それがより豊かな異文化理解を導いていくというのが人類学の面白さである。本章ではその面白さをインドを舞台に考察し、一筋縄ではいかないアジアの多様性を理解する一助としている。

3部構成の本書、最終部のテーマは「変わりゆくアジア」である。先に述べたとおり、アジアとは著しく虚構性の強い概念である。この言説上の虚構として出発したアジアが、今や独自の生命力を獲得してダイナミックに動いている。ここでは、そんなアジアの現在と未来に、越境と融合という視点から斬り込む。トピックとしてはモノ文化の域内の流通、ツーリズムを通じて新たな意味づけが与えられる文化、親族・商業ネットワークの広がり、さらにはアジア域外に発信されるアジア文化が挙げられる。これらの作業を通じ、新しいアジア像を、文化という視点から描き出している。

越境をモノからさぐるのが、第7章「モノから見たアジア文化」（角南聡一郎）である。越境というと一見派手で流行の先端を行く現象のように見えるが、そうした人目につきやすい領域の脇で、着実に進んでいるアジア域内のモノ文化の流通がある。本章で特に取りあげるのは、日本本土、沖縄、台湾、中国、東南アジアにまたがる墓石やお守り用品などの近年の伝播である。そうした埋もれた文化交流の側面に光を当てることで、現代アジア文化の底流に迫る。

第8章「アジアをつなぐ親族・ネットワーク」(新井和広)でとりあげられるのはアラブ人ネットワークである。越境やディアスポラというといかにも現代的な現象のように聞こえるが、実はそうではない。むしろ、地表面を区切った国境を単位に世界を見ることこそが、つい最近生じた現象に過ぎないのである。海を単位に世界を見れば、これまでとは違ったアジアが見えてくる。たとえばインド洋はこれまで何世紀にもわたり、中東、インド、東南アジア(さらには東アフリカ)を結びつけてきた。本章では、インド洋をつなぐアラブ人(ハドラミー)の親族・宗教・商業ネットワークが、どのように中東、インド、東南アジア世界の発展に関わってきたのかに着目することで、国家単位で社会・文化を考えがちな我々の思い込みを相対化し、我々が知らなかった「もう一つのアジア」の動態を描き出す。

第9章は「観光がつなぐアジア」(高山陽子)。現代の我々にとって、移動の契機として最も一般的であり、また異文化と直に接触する機会として最も重要なのは観光旅行かも知れない。日本に限らず、アジア各国での経済成長や中産階級の拡大は、アジア域内を行き交う旅人の数を激増させている。こうした旅人たちは、いわば異文化交流の最前線を担っているのである。観光客を受け入れる側は、観光という視線を経由させることで自らの文化の「真正性」を問い直し、観光に付帯した土産品や雑貨類はモノ文化の越境を加速させる。本章ではそうした、越境現象としての観光に着目することで、大衆レベルでのアジア文化のダイナミズムに接近する。

最終章「アジアの外部のアジア――ヨーロッパにおけるチベット仏教のひろがり」(久保田滋子)はアジアの外にひろがった仏教に焦点をあてる。当然のことながら、文化の越境はアジア域内に限られない。それはアジアの外にも及ぶ。たとえば現在のヨーロッパでは、アジア系移民の文化が市民権を獲得し、さらに彼らが伝える文化が現地社会で流行することすらある。西洋から名づけられた「アジア」が自らの生命を得て西洋に逆上陸し、それが新たなアジア像の生成をうながすというダイナミックな局面が生じているのである。本章ではこうした課題を、ヨーロッパのチベット宗教などの事例から考察している。

冒頭で述べたように、アジアという言葉の中身は空っぽとも言える。ではあるが、この本来は無意味であったはずの言葉が、すでに世界を構成する意味ある単位になってしまっている以上、それを論じる意義は大いにある。もともと正解のない問いなのだから、その中身に何を入れるかは我々が自分で決めればよい。本書が、アジアという言葉をいったんとことん疑いぬいたうえで、読者一人一人が自分なりのアジア観をつくり、来たるべき人類学へ向かってゆくためのきっかけになることができれば望外の喜びである。

参照文献

◆**梅棹忠夫** 1974『文明の生態史観』中公文庫。

アジアの人類学　目次

第Ⅰ部　アジアの人類学ことはじめ

第Ⅱ部　暮らしの中の文化

第Ⅲ部 3 変わりゆくアジア

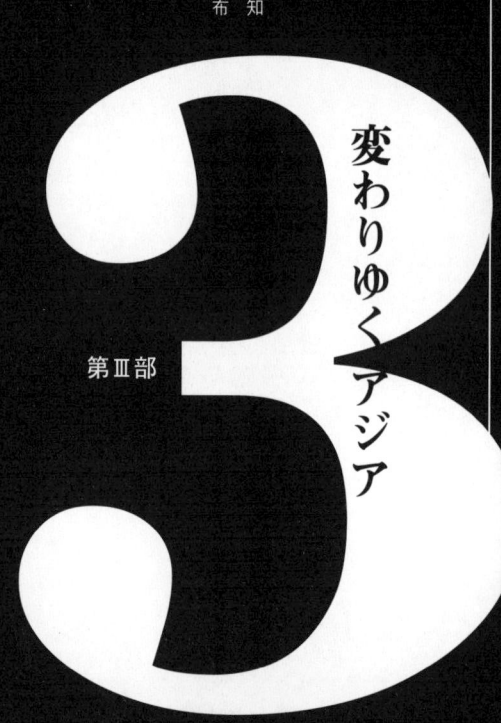

ロシア
バイカル湖
アルタイ山脈
大興安嶺山脈
アムール川
オホーツク海
ベーリング海
カムチャツカ半島
サハリン
モンゴル
北朝鮮
万里の長城
日本海
韓国
中国
黄河
長江
ブータン
東シナ海
バングラデシュ
太平洋
台湾
ミャンマー
タイ
ラオス
ベトナム
フィリピン
カンボジア
マレーシア
ブルネイ
パプアニューギニア
シンガポール
東ティモール
インドネシア

ウラル山脈
ヴォルガ川
ウラル川
ウクライナ
カフカス山脈
カザフスタン
黒海
アナトリア半島
トルコ
キルギ
地中海
カスピ海
タジキスタン
イラク
イラン
チ
パキスタン
サウジアラビア
ネパール
アラビア半島
インド
イエメン
アラビア海
アフガニスタン
ウズベキスタン
スリランカ
インド洋

第Ⅰ部

アジアの人類学ことはじめ

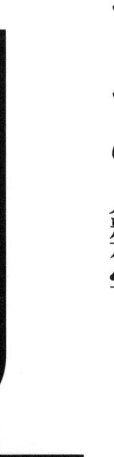

アジアをみる眼

1

山田仁史 YAMADA hitoshi

1　アジアとは何か？

どんな単語・概念にも歴史があり、「アジア」もその例外ではない。「アジア」の語源は、アッシリア語で日の出の方角を指す「アスー」とされる。逆に日没の方角は「エレーブ」と称され、「ヨーロッパ」の語はこれに由来する。このように「日の出＝東」と「日の入り＝西」を対置させる発想は、「オリエント」と「オクシデント」、あるいはドイツ語の「モルゲンラント（朝の地、東洋）」と「アーベントラント（夕の地、西洋）」にも通ずるものだ。

むろん、琉球語の「あがり（東）」と「いり（西）」にみられるように、こうした対比自体は東洋にもある。しかし本来「アジア」とは、巨大なユーラシア大陸において、地中海世界を中心とするヨーロッパが、西なる自己と東の他者の世界を区別し、世界認識のために生み出した対概念であった。17世紀ころまでには、さらなる地理的発見にもとづき、アジアはヨーロッパ、アフリカ、アメリカと並ぶ四大陸の一つとされ、多数の寓意画《ぐうい》が描かれもした。まさに、アジア（女性名詞）はヨーロッパから眼差される女性原理であり、オリエンタリズム的なロマンと、黄禍論《こうか》に代表される恐怖とが矛盾をはらみつつ同居する、大いなる他者であり続けた【酒井 2002、松枝 2005】。

こうしたヨーロッパからの視線とはやや性質が異なるが、中華思想にもとづく独自の地理認識が、東アジアでも育っていた。古くは中国の典籍に現れる東夷《とうい》・西戎《せいじゅう》・南蛮・北狄《ほくてき》といった異民族を辺境に置く華夷秩序の中で、ことに『山海経《せんがいきょう》』にみられるような奇怪な異形《いぎょう》の者たちの住むマージナルな地理的領域が、まことしやかに想像されてきたのである。

これら2つの流れが、近世・近代の日本に入って交差・融合し、現代まで続く学問の柱を形づくった。西洋からは蘭学・洋学が入り、中国からは漢学が採り入れられて、明治日本で大きく発達することとなる人類学や東洋史学の土壌を形成した。このため明治の日本では、「脱亜入欧」論に象徴されるように、主として中国からもたらされた漢学的（アジア的）視点と、ヨーロッパ由来の蘭学・洋学的な視点とが、時として対立することになったのである。なおまた、この時代の人類学は、自然（形質）人類学・文化人類学（民族学）・言語学・考古学を含む総合的な学として構想されていたことにも注意すべきである。他方、国学の伝統は民俗学という隣接の学問分野につながっていった。

日本において「アジアの人類学」――本章では、アジアを対象とする人類学的研究をこう呼んでおく――を実践するといういとなみには、好むと好まざるとにかかわらず、大きくみてこれら西洋と東洋に由来する2つの認識構造が、底流として存在している。

今みたように、アジアとはおおまかに言えば、ユーラシア大陸の東側を指している。より具体的には、ウラル山脈・カスピ海・黒海・スエズ運河をつなぐ線が、今日ではほぼヨーロッパとアジアの境界とみなされる。それを模式的に示したのが、文化史を専門とする松枝到による概念図［図1］である。ここでは、山脈や大河や砂漠といった地理的境界により、中央・東・西・南・北アジアが設定されている。東南アジアや東北アジアが設定されておらず、東南アジア島嶼《とうしょ》部の位置づけもあいまいになってしまうなど、この図には欠点もあるが、だいたいの図式としては参考

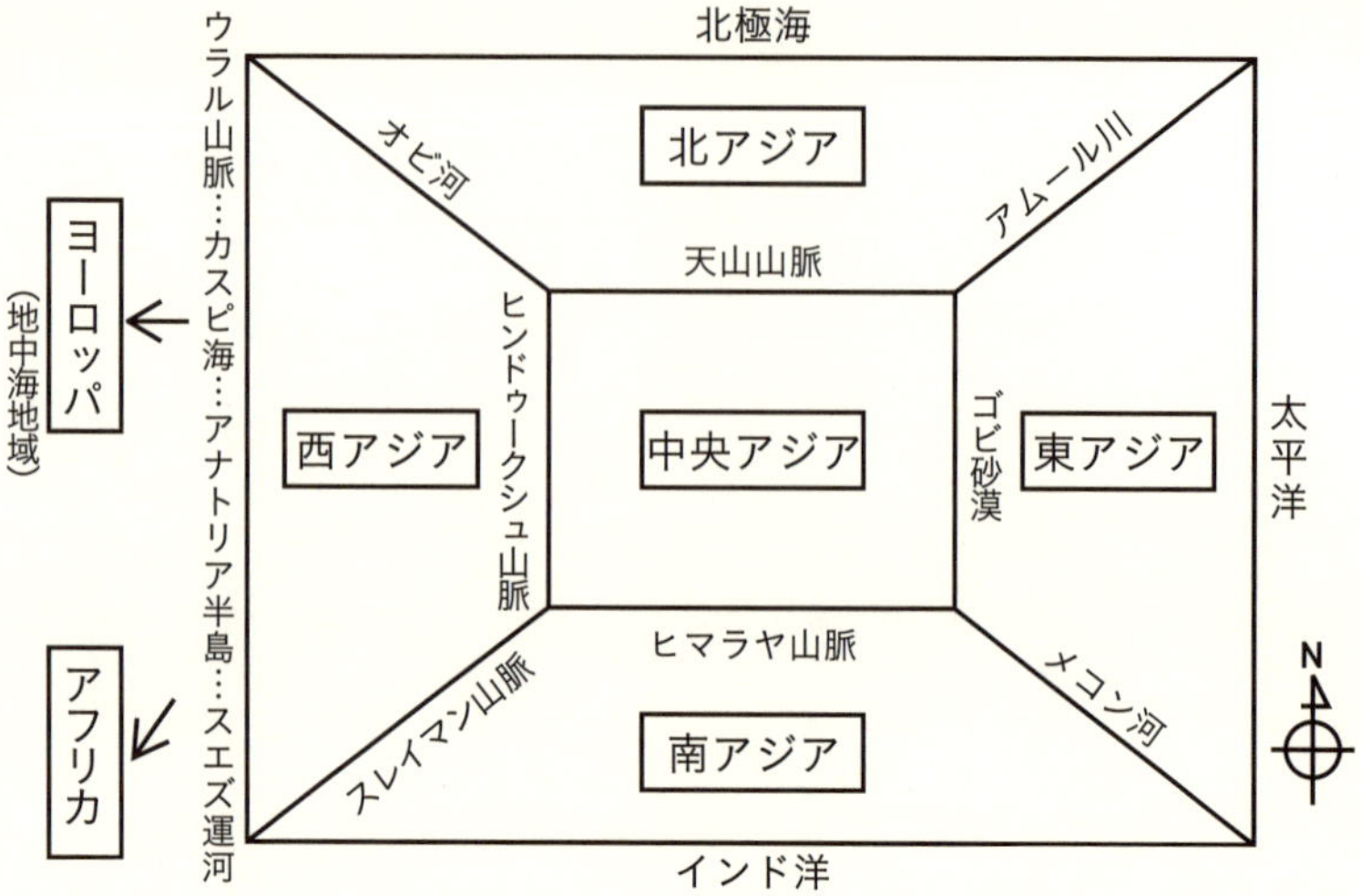

図1　アジア世界地理概念図【松枝 2005: 16】

になるだろう。

この章では以下、『アジアの人類学』と題された本書の緒論として、アジアという地域を人類学・民族学はどうみてきたのか、どうみることができるのかを論じていく。生態環境、生業と交流、言語と形質を手がかりとした後、日本で「アジアの人類学」を実践することの歴史的背景と今日的意義を考えてみたい。

なお、「アジアの人類学」についての概説は、私の知る限りさほど多くない。やや古いがバランスがとれているのは、グラント・エヴァンズ編になる『アジアの文化モザイク――人類学的入門』【EVANS ed. 1993】である。このほか、アジア諸民族の文化・社会とその変容については、『民族の世界史』【岡／江上／井上監修 1983-91】および『講座世界の先住民族』【綾部監修 2005-08】、サブカルチャーなども含めたアジアの今を知るには『ワールド・カルチャー・ガイド』【WCG編集室編 1999-2001】といったシリーズの該当巻を参照してほしい。

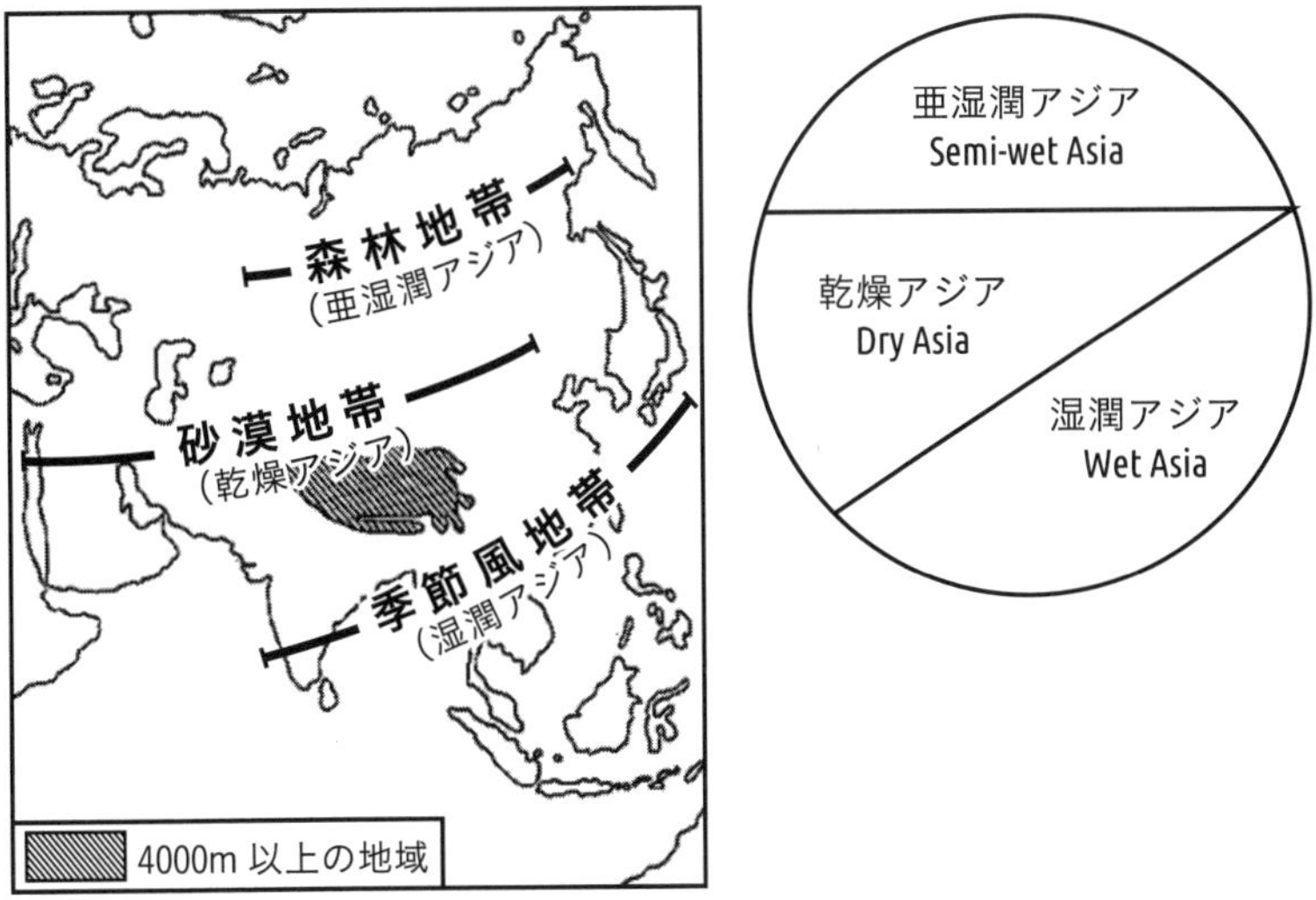

図２　アジア風土区分図【松枝 2005: 17】

2　生態環境からみたアジア

アジアの生態環境は、３つに分けてみることができる。東洋史家の松田寿男《ひさお》に依拠しながら松枝がまとめたように、

（a）亜湿潤アジア（北方森林地帯）
（b）乾燥アジア（砂漠地帯）
（c）湿潤アジア（季節風地帯）

という区分である［図２］【松枝 2005: 16-17】。同じく東洋史を専門とした宮崎市定《いちさだ》は、この「三文化圏」は新石器時代にすでにみられたと考えた。彼によれば、これら三種文化圏は東北から西南に向かう、斜めに並行した三条の層状地帯をなしている。第一に、北方にはベーリング海・オホーツク海沿岸に発し、日本海北端、満州・蒙古の北部からシベリアを含み、ウラル山脈を越えてさらに北欧に接続する半湿潤森林地帯の狩

猟漁労圏があり、その文化は骨角器によって代表される。第二に、その南に接して、満州・蒙古の中部から中央アジア・西南アジアを経て、北アフリカまで連なる乾燥砂漠草原地帯の遊牧圏があり、その文化の特色をなすものは細石器である。第三は最南方の文化圏で、日本、満州・朝鮮の一部から中国本部・東南アジア・インドを経てペルシア湾岸に及ぶ湿潤季節風地帯の農耕圏であり、その特徴は磨製石斧の類である【宮崎 1987: 27-28】。

このように、これら三領域は気候・風土の違いにともない、主たる生業も異なっており、さらに信仰のあり方をこれらの領域と重ね合わせる試みも出されている。すなわち、文化人類学者の石田英一郎に影響されて東洋史の護雅夫《もりまさお》が提案した「アジア信仰圏概念図」がそれで、そこでは乾燥アジアにおける「父権的・遊牧的・上天神的信仰」と、湿潤アジアの「母権的・農耕的・大地母神的信仰」とが対置されている［図3］【護 1967: 33-37】。ここでいう「父権」「母権」といった表現は誤解を招きやすく、また「大地母神」という語にも疑問が残るが、生業と信仰に相関があること、そしてその特徴を大づかみにとらえた点は評価できる。

これらのほか、ユーラシア大陸全体を視野に入れ、生態環境から諸文明の基盤を論じた学者もいる。

たとえばドイツの民族学者レオ・フロベニウスの先駆的指摘によれば、ユーラシア大陸の人口密度は降雨量と相関している［図4・5］。すなわち、降雨量からみるとユーラシアは4地域に分けられる。（1）降雨量の豊富な西ヨーロッパ、（2）ほぼ同等の降雨がある中国・東南アジア・南アジア・アラビア半島端、（3）年間20－60センチの降雨量しかない大陸の大部分、（4）それ

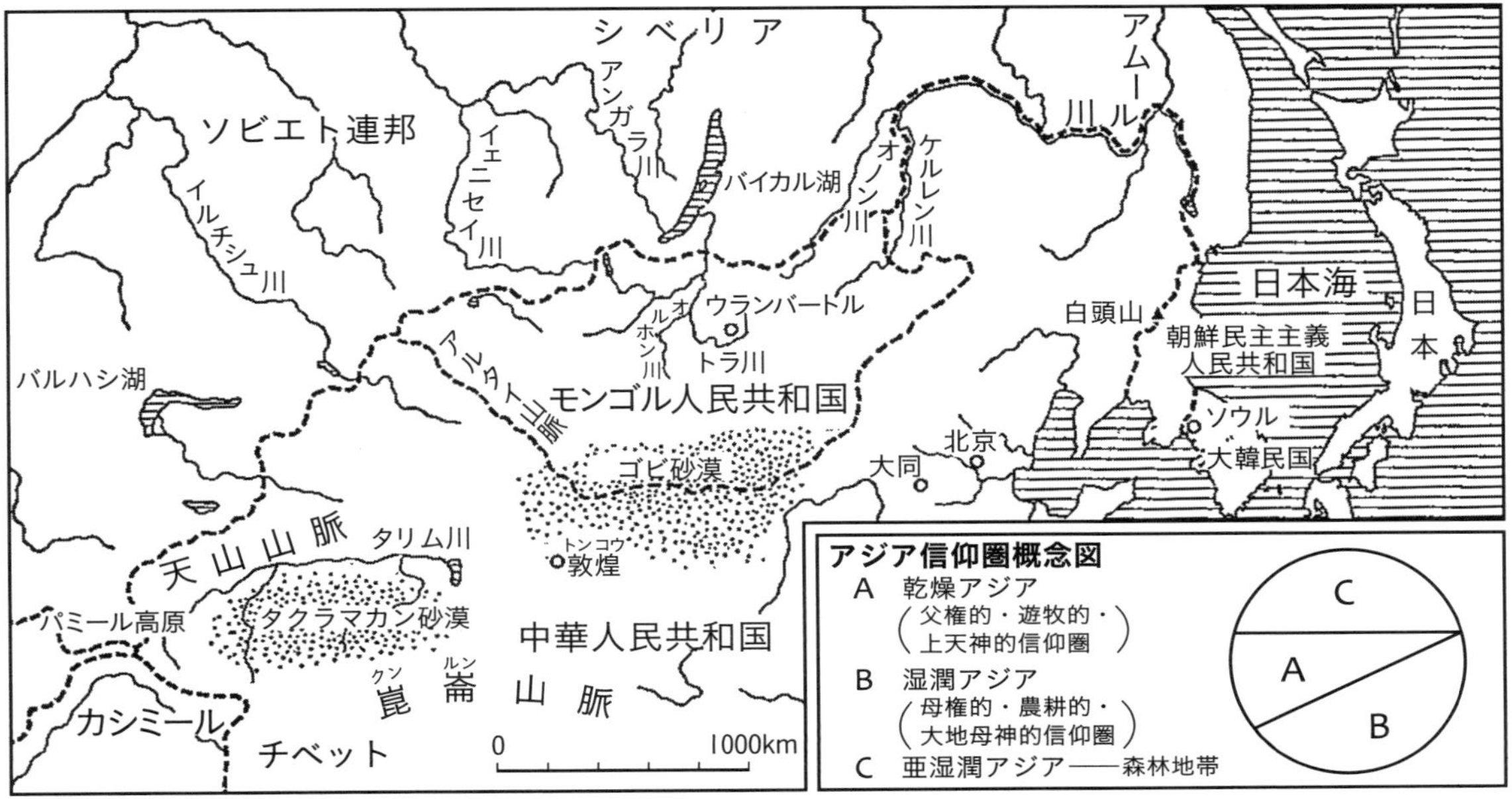

図３　アジア信仰圏概念図【護 1967: 23】

太線・点線は、年間60センチ以上・以下の降雨地域の境界線。
凡例は上から、
・年間降雨量20センチ以下の地域
・年間降雨量20～60センチの地域
・年間降雨量60センチ以上の地域

図4　ユーラシア大陸の降雨量分布【Frobenius 1904: 666】

以下の雨しか降らない大陸中央部と西南部のステップ・砂漠である。もっとも、人口稠密《ちゅうみつ》地帯同士を結ぶ中継地域といった別の条件もあるので、人口密度は降雨量とすっかり重なるわけではない【FROBENIUS 1904: 666-668】。

梅棹忠夫が一九五七年に発表した「文明の生態史観」も、これと似た発想にもとづいている。梅棹によれば、旧世界すなわちユーラシア大陸は、横長の長円であらわすことができる。そして左右の端に近いところで垂直線をひき、その外側を第一地域、内側を第二地域と呼ぶ［図6］。第一地域とは日本と西ヨーロッパであり、「塞外《さいがい》野蛮の民としてスタートし、第二地域からの文明を導入し、のちに、封建制、絶対主義、ブルジョア革命をへて、現代は資本主義による高度の近代文明をもつ地域である」。対する第二地域は、(Ⅰ)中国世界、(Ⅱ)インド世界、(Ⅲ)ロシア世界、(Ⅳ)地中海・イスラーム世界と、さらに四ブロックに分けられる。

梅棹によれば、第二地域にあるのは、大陸を斜めに

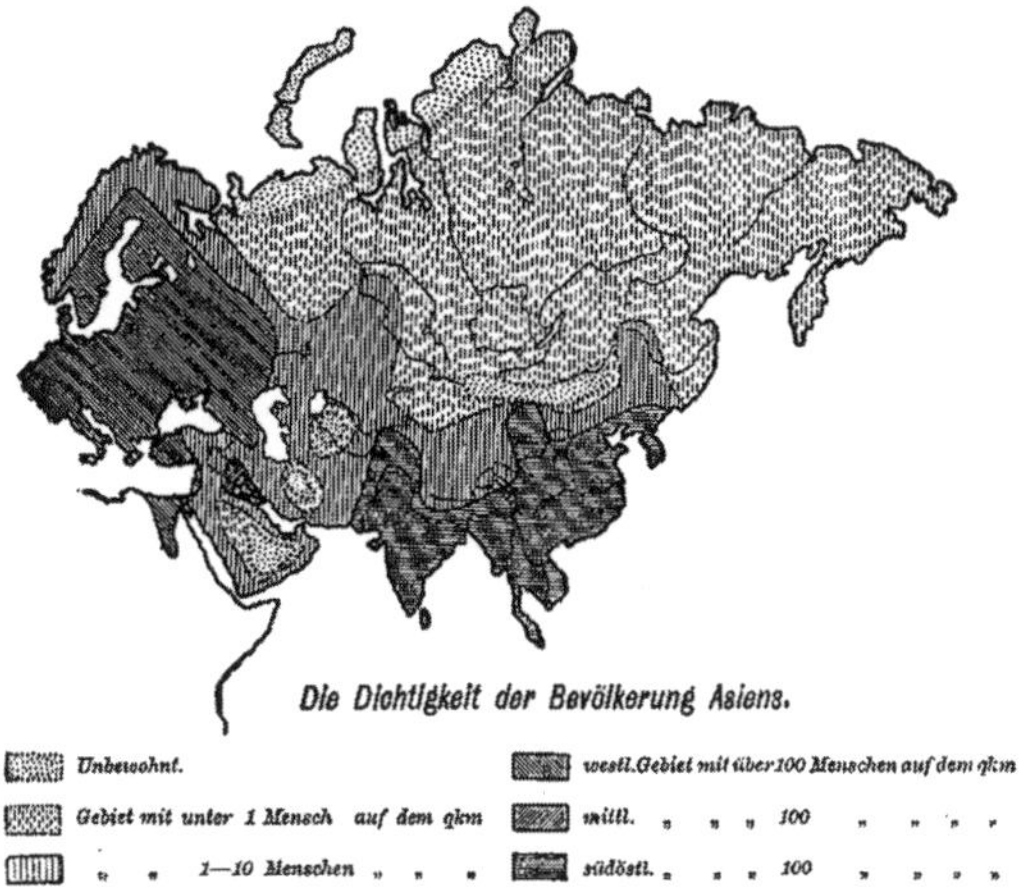

凡例は左上から右下へ、
・無人地域。
・1平方キロあたり1人以下
・1平方キロあたり1～10人
・1平方キロあたり100人以上（ユーラシア大陸西部）
・1平方キロあたり100人以上（ユーラシア大陸中部）
・1平方キロあたり100人以上（ユーラシア大陸東南部）

図5　ユーラシア大陸の人口密度【Frobenius 1904: 667】

横切り、東北から西南に走る大乾燥地帯で、これが歴史的に大変重要である。この乾燥地帯は「悪魔の巣」、「暴力と破壊の源泉」であって、ここから古来くりかえし「遊牧民そのほかのメチャクチャな暴力があらわれて、その周辺の文明の世界を破壊した」。そして文明社会に、しばしば回復できないほどの打撃を与えてきた。他方の第一地域、すなわち西ヨーロッパや日本は、「暴力の源泉からとおく、破壊からまもられて、中緯度温帯の好条件のなかに、温室そだちのように、ぬくぬくと成長」し、現代にいたった、ととらえられた【梅棹 1998: 202-203】。

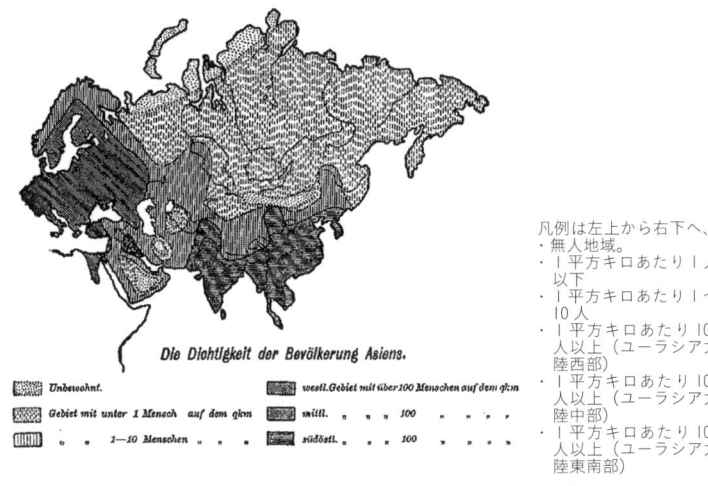

もちろん、こうした「暴力」「破壊」といった、やや負のイメージを持つ歴史記述に異をとなえ、モンゴル帝国が世界史上に果たした役割を積極的に評価する立場もある【杉山 2010】。けれども、自然・生態環境が文明史の背景にあるという事実自体は認められよう。

湿潤・乾燥といった条件以外にも、さまざまな地勢的前提が文化史的意義を有したとみる者もいる。た

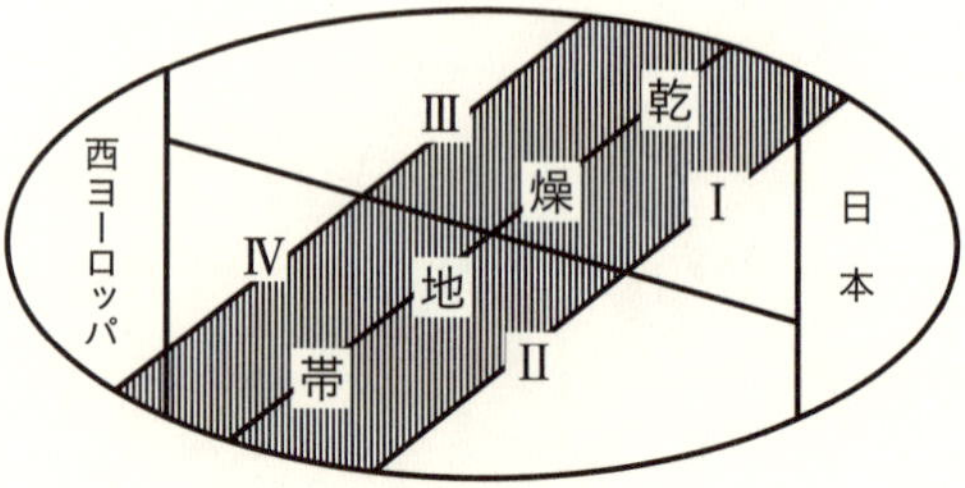

図6　旧世界の構造図【梅棹 1998: 202】

とえばジャレド・ダイアモンド『銃・病原菌・鉄』では、独自の文明論が展開されているが、その中にヨーロッパと中国の海岸線を比較した部分がある［図7］。それによると、ヨーロッパの海岸線は激しく入り組んでいる。ギリシャ、イタリア、イベリア、デンマーク、スカンジナビアといった5つの半島が海岸線から突出していて、その先に島々が点在している。これらの地域は独自の言語、民族、政府を生じさせた。他方、中国の海岸線はあまり入り組んでおらず、なめらかである。こうした事情が、中国の長期にわたる統一とヨーロッパの長期にわたる不統一の理由となった、というのである【DIAMOND 1999: 413-415, 邦訳下：382-384】。こうした地政学的《ジオポリティカル》要因を過度に強調することには問題もあろうが、まったく無視できるものでもない。

　さて、文化領域の設定、すなわちある一定時点における特徴的な文化要素の分布によって文化を空間的に分類する試みは、みてきたような生態学的な領域、そしてそれに基づいた生業活動の領域と、歴史的な要因たとえば言語や文化の中心などという、大きく2つのファクターの妥協の産物とされる。そしてとりわけ東アジアについては、国家という枠組みが歴史的に大きな役割を果たしてきたことから、これを除外しての文化領域設定は困難だ。こうして民族学者の大林太良は、東アジア・東南アジアにかけて、主作物や言語、国家など多様な要素を考慮に入れた上で、文化領域設定の試みをおこなった［図8］【大林 1990】。この検討は今後に残された課題といえよう。

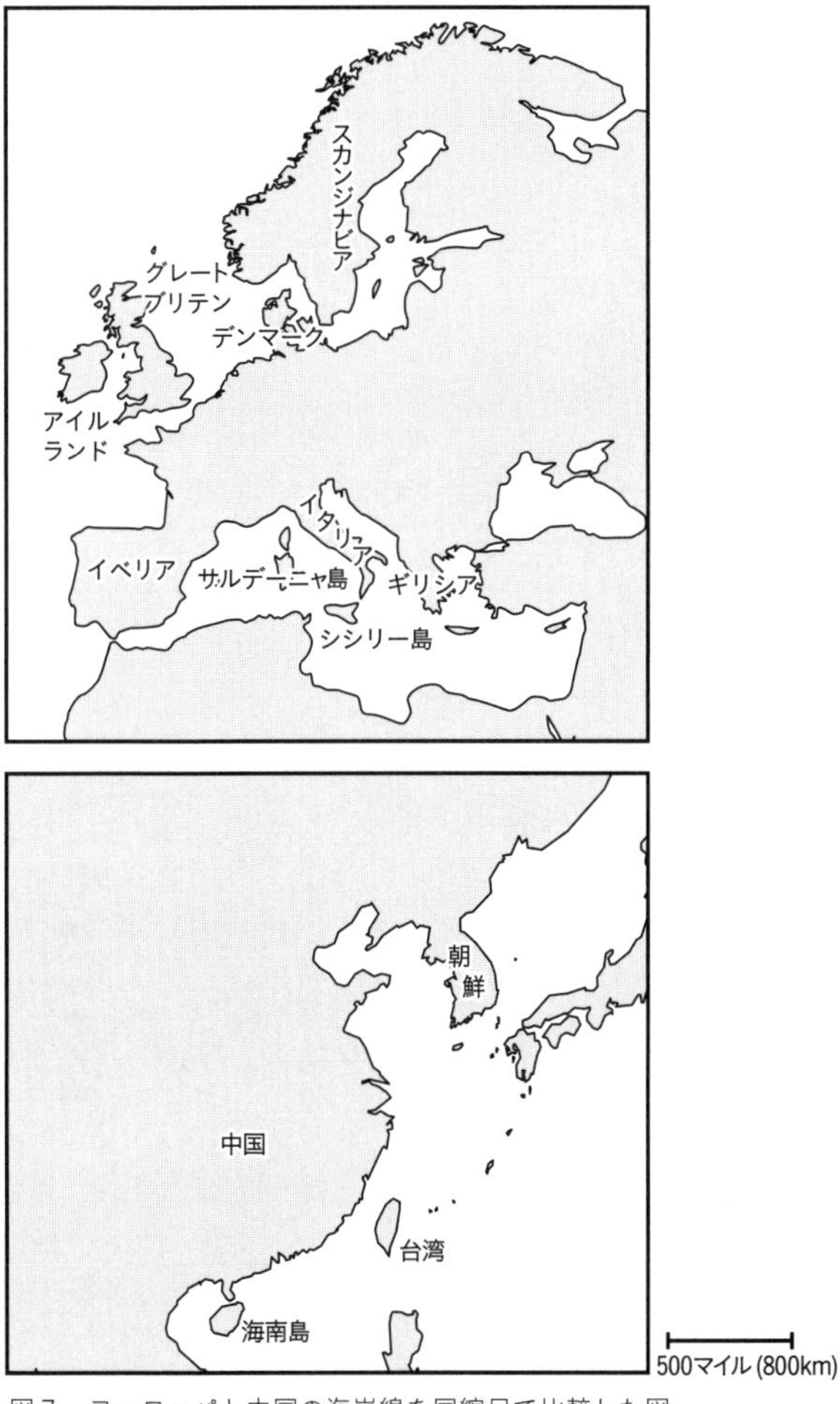

図7　ヨーロッパと中国の海岸線を同縮尺で比較した図
【ダイアモンド 2012 下：383】

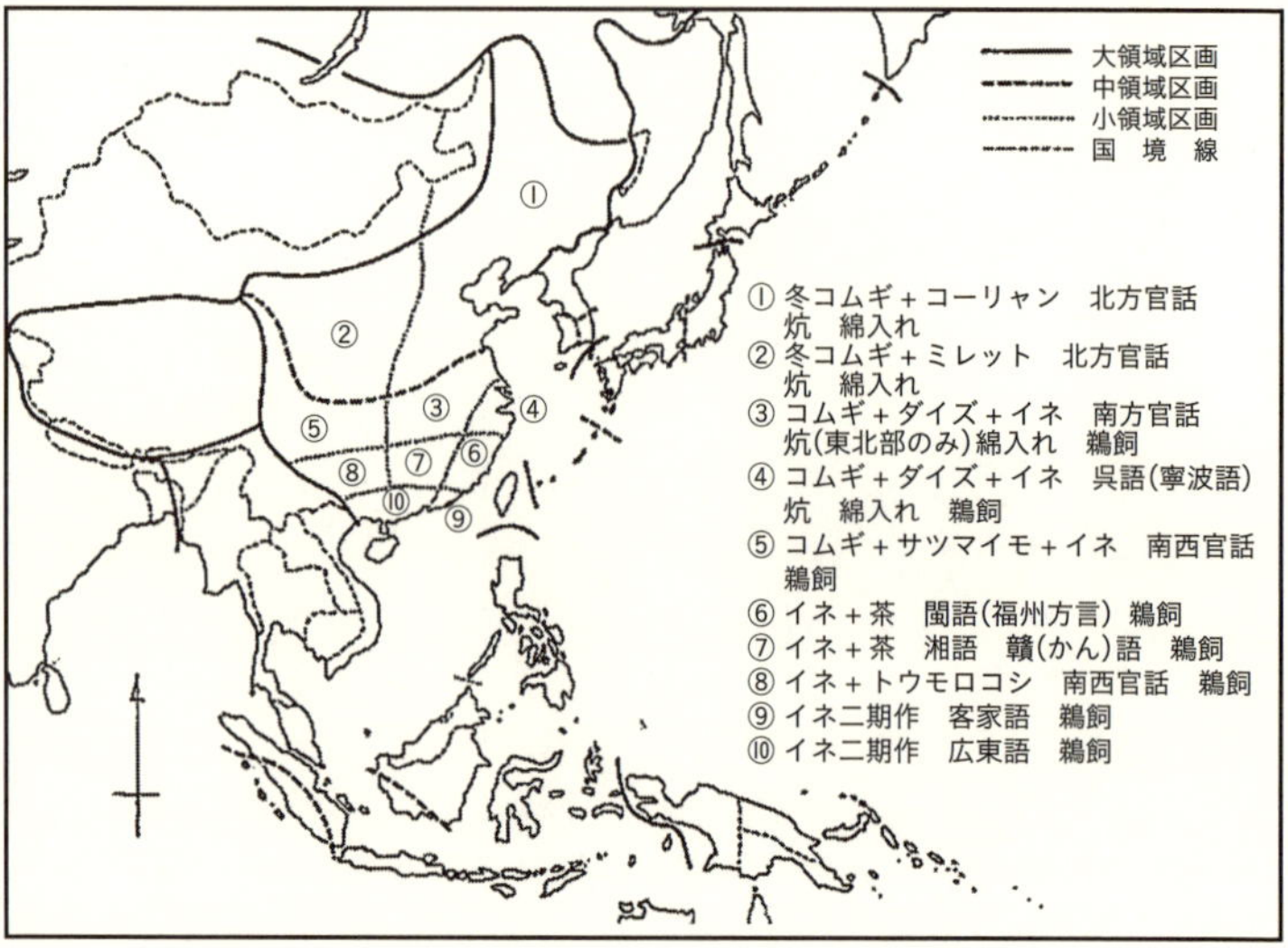

図８　東アジア・東南アジアの文化領域【大林 1990: 226】

3　生業と交流

ところで生業、すなわち人がいかにして食物を手に入れるかという活動は、伝統的にはいちおう狩猟・（漁労・）採集、牧畜（遊牧）、農耕というように3つに分けてとらえることができる。

3-1　狩猟・採集

狩猟採集民と言ってもピンと来ないかもしれないが、ここに興味深い地図がある［図9・10・11］。狩猟民研究の古典となっている『狩りする人』から採ったもので、上から紀元前1万年、紀元後1500年、そして1972年と、歴史上のある時点でどれだけの狩猟採集民がどこにいたか、ということを示した地図である。

まず一番上は、紀元前一万年、すなわち農耕・牧

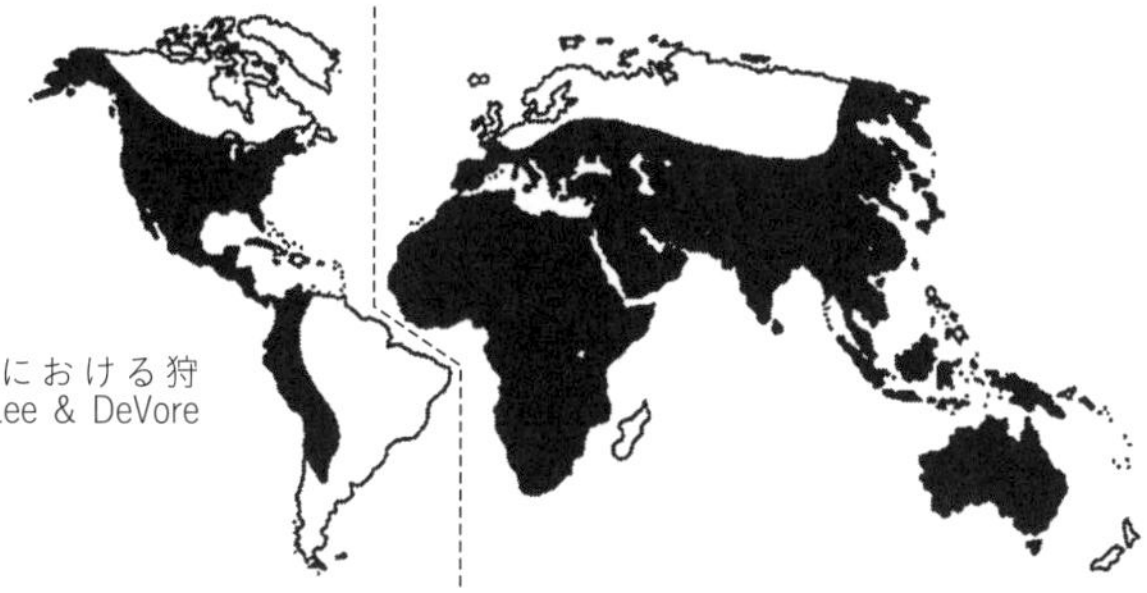

図 9
紀元前 1 万年における狩猟民の分布【Lee & DeVore eds. 1979】

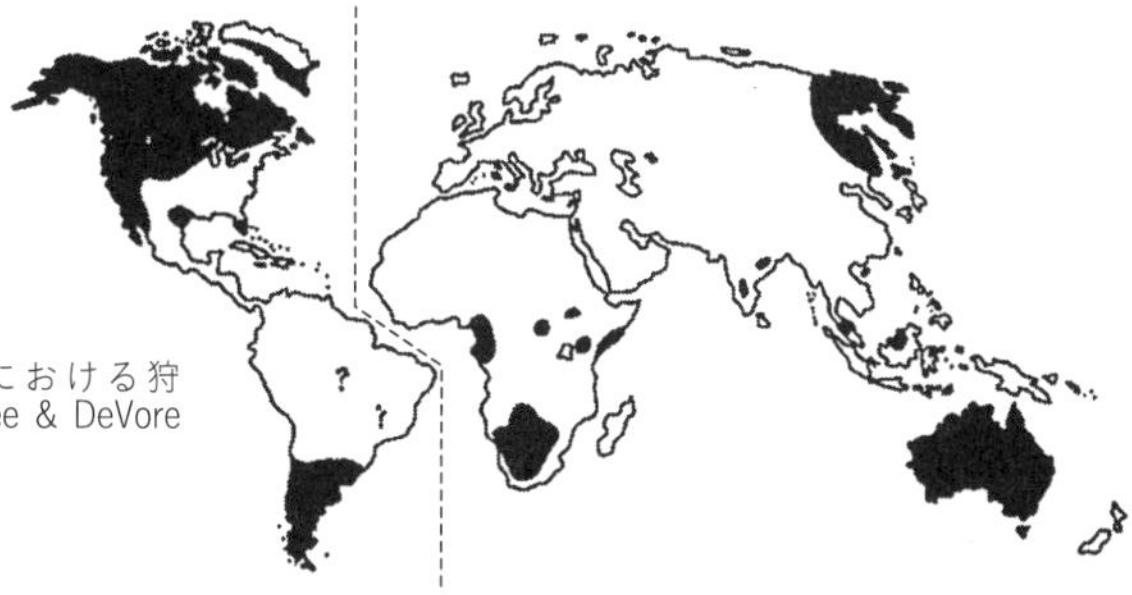

図 10
紀元後 1500 年における狩猟民の分布【Lee & DeVore eds. 1979】

図 11
紀元後 1972 年における狩猟民の分布【Lee & DeVore eds. 1979】

畜の開始以前であり、当時の全人口が１０００万人だったとすると、１０００万人全員が狩猟民だった、ということになる。次に紀元後１５００年、つまり大航海時代が始まり、ヨーロッパ人が世界各地に乗り出していったころ、全世界の人口は3億５０００万人と見積もられている。しかしそのうち狩猟民は、すでにそのうち1％くらいになっていたという。この地図では、その主要な分布域は、環北極域、オーストラリア、南アメリカ南部、アフリカ南部、そして赤道に近い熱帯雨林といった、農耕・牧畜にさほど適していない地域に限られている。最後に一番下の１９７２年時点をみると、地球全体の人口は約30億人、そのうち狩猟民はわずか０・００１％とされている【LEE & DEVORE eds. 1979】。

では、かつての狩猟採集民にはどんな人々がいたのだろうか。ドイツの民族学者・社会学者リヒャルト・トゥルンヴァルトによれば、狩猟採集民は４つのグループに分けられる。

第一に、氷の狩猟採集民。例として、極北のエスキモー（イヌイット）、カナダのコッパー・エスキモー、シベリア北部の人々が挙げられている。

第二は、ステップ・砂漠・草原の狩猟採集民で、西南アフリカのベルクダマ、南アフリカのブッシュマン（サン）、オーストラリア人（アボリジニ）、カリフォルニア・インディアン、北米・大塩湖のインディアンが例として出ている。

第三に森の狩猟採集民。これに属するのは、アンダマン諸島民、セイロン（スリランカ）のヴェッダ、マレー半島のいわゆるネグリート、スマトラ島のクブ、中央アフリカの諸民族である。

第四は水辺の狩猟採集民であり、東シベリアの海岸チュクチ、コンゴの漁労・交易民ロケレが例とされている【THURNWALD 1931】。

なお、2004年にペーパーバック版が出た『狩猟採集民事典』にはアジアの狩猟採集民として、以下の人々が出ている。北ユーラシアのアイヌ、チュクチとユピック、エヴェンキ、イテンムイ（イテリメン）、ユカギール、ケット、ハンティ、ニア（ガナサン）、ニヴフ。南アジアからは、アンダマン諸島民、ビルホール、チェンチュ、ナヤカ、パリヤン、ヒル・パンダラム、ワンニヤラ・アエット（ヴェッダ）。そして東南アジアのアグタ、バタック、バテック、独竜（トゥルン）、ジャハイ、西部プナンである【LEE & DALY eds. 2004】。

ただ、ここで急いで付け加えておくべきことが少なくとも2つある。

第一に、狩猟採集民というのは、その外部世界とは全く交渉せず、隔絶された辺境にひっそりと生きてきた人たちというわけではない。たとえばシベリアや東北アジアの狩猟民の場合、17世紀ないし18世紀以降、黒テンを獲り、その毛皮をロシア人商人経由でヨーロッパに売り、その見返りに布製品やナイフ、斧、やかん、鍋などの金属製品、茶、タバコなどの嗜好品を入手していた。黒テンの毛皮は傷つけないようにとの配慮から、銃ではなく罠で獲られた。このように狩猟採集民社会は、「開かれたシステム」【佐々木編 2002】を成していた。

もう一点として、もともと農耕をおこなっていた人々が、森林などの自然環境に適応する中で農耕を自ら放棄し、森林資源に依存しつつ、場合によってはそれらを交易する生活スタイルへと移行していった可能性が指摘されている。これは、やや価値観の含まれた表現だが「文化的退行(cultural regression)」論と呼ばれ、東南アジアのプナンやムラブリといった諸民族についてそうした議論がなされている【KLEIHAUER 1991】。

3-2 牧畜

牧畜（遊牧）は日本史上、生業形態としてはほぼ存在しなかったこともあり、あまり馴染みのないなりわいかもしれない。単純化を恐れずに言えば、狩猟民と遊牧民は、どちらも動物に依存する生活だが、その依存の仕方が異なっている。すなわち、狩猟民は、まさに動物を殺すことによって生きているのに対し、牧畜民は動物を生かすことによって暮らしている。梅棹の表現では、牧畜民は「貯金をむやみにひきだしてくってはいけない。そうすると自滅するわけでありますす」【梅棹 1976: 106-107】。

そこで肉食よりもむしろ乳利用を発達させてきた、と梅棹は続けている。さらに、牧畜という生活様式は旧世界の乾燥地帯にみられるとして、4つの類型を挙げた。

第一には、ツンドラにおけるトナカイ遊牧民。東シベリア、北満州、ラップランド（スカンジナビアの北端、つまりノルウェー、スウェーデンとフィンランドの北端）。

第二の類型は、中央アジアのステップにおける遊牧民で、ウマ・ヒツジ以外の家畜ももっているが、ウマ・ヒツジを主力とする。モンゴリアにおけるモンゴル遊牧民、キルギス遊牧民など。現在ではウシが非常に重要になってきている。

三番目は、砂漠とオアシスの地帯における、ラクダとヤギを主力とする遊牧民。西南アジア、

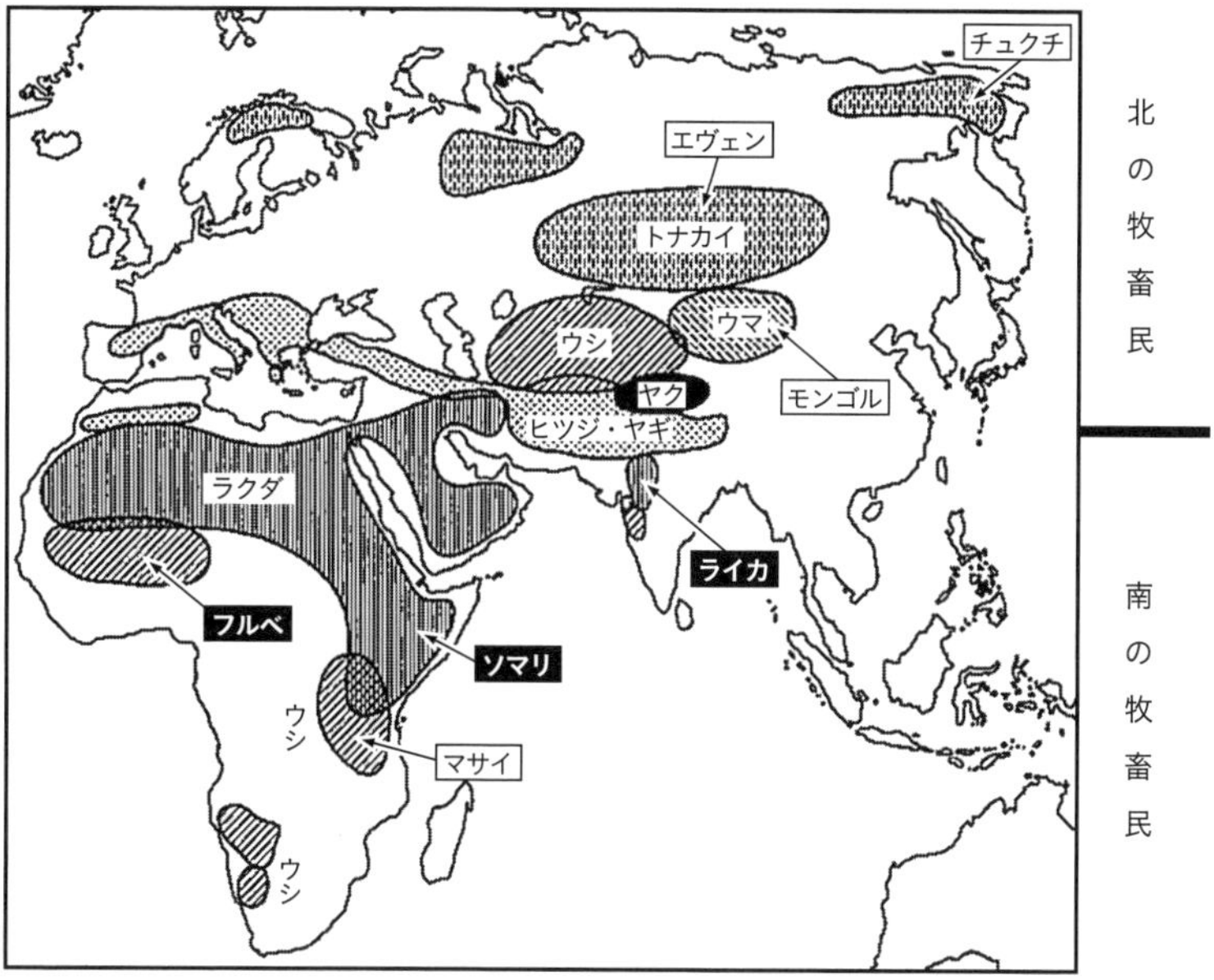

図12　アフロユーラシアにおける牧畜民の分布【池谷 2006: 4】

あるいはオリエント地方、そして北アフリカ。

四番目は、サバンナにおけるウシの牧畜民。東アフリカからスーダン一帯にかけてすんでいる。アフリカの、とくにナイロート系あるいはいわゆるナイロ・ハマイト系の牧畜民は、だいたいみなこの類型に入る【梅棹 1976: 122】。

人類学・地理学の池谷《いけや》和信が示した分布図〔図12〕も、梅棹の挙げたものとほぼ重なる。ただ、加えてチベット高地などで飼育されてきたヤク（ウシの一種）が提示されている【池谷 2006: 4】。

牧畜民と農耕民の関係については後述しよう。

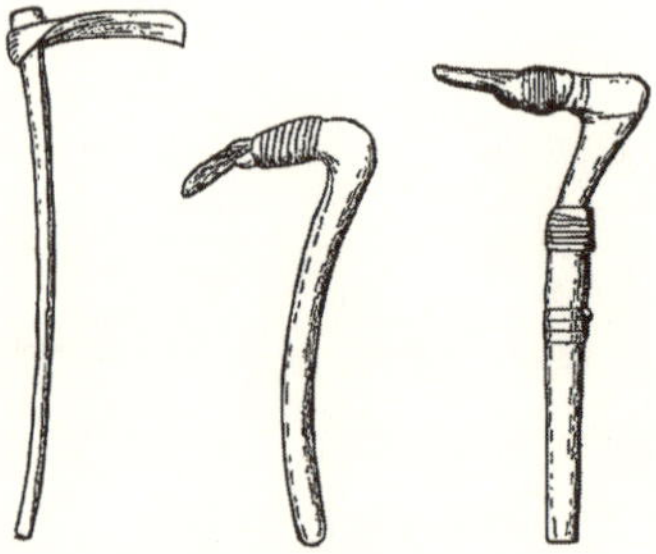

図 14　東南アジアの手鍬
【ヴェルト 1968: 191】

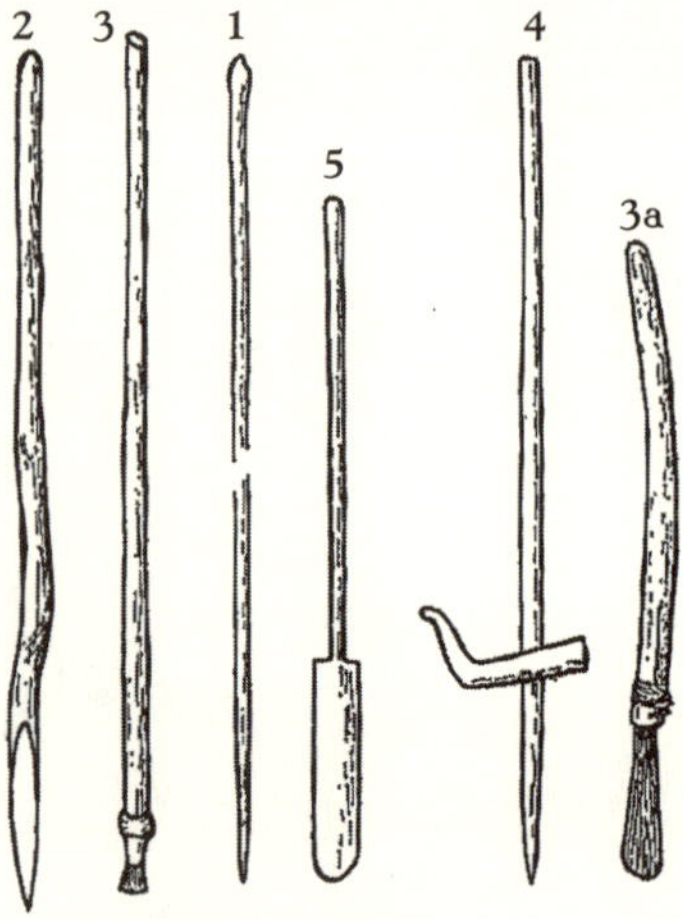

図 13　東南アジアの掘棒の形態
【ヴェルト 1968: 179】

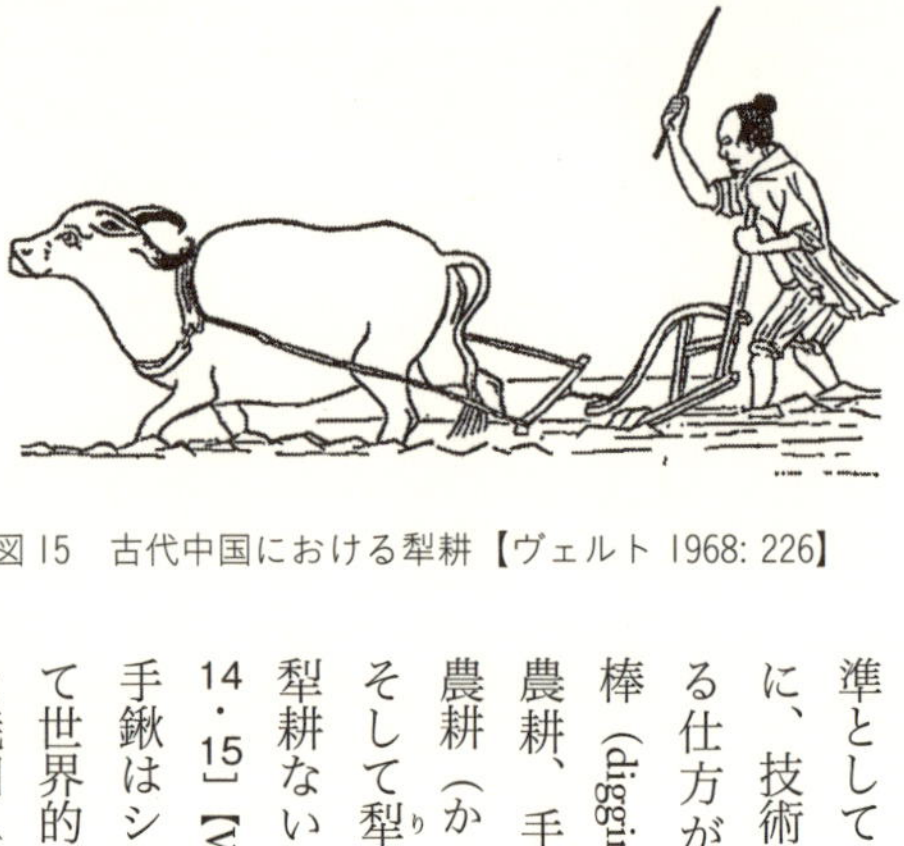

図 15　古代中国における犁耕【ヴェルト 1968: 226】

3-3　農耕

農耕民の分布や類型を示すのは容易ではない。いちおうの基準としては、主要な農具をもとに、技術的段階を3つに区分する仕方がある。それらは、掘棒（digging stick）を用いた掘棒農耕、手鍬（hoe）による手鍬農耕（かつては耨耕《どうこう》と呼ばれた）、そして犁《り》（plough, plow）による犁耕ないし犁農耕である［図13・14・15］【WERTH 1954】。掘棒や手鍬はシンプルな道具で、かつて世界的に広くおこなわれてきた焼畑（swidden / shifting / slash-and-burn cultivation）においても、よく用いられてきた［図16］

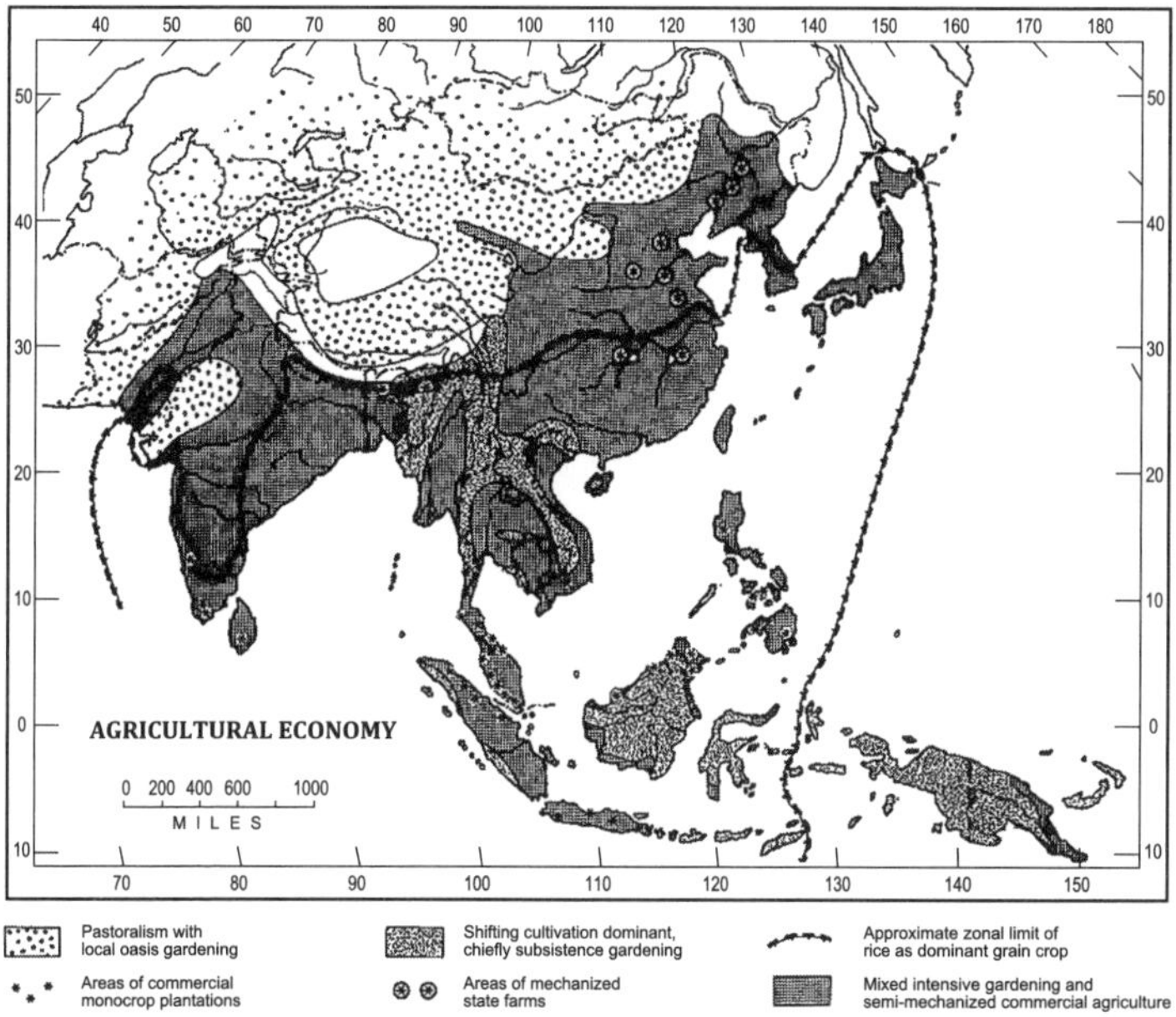

凡例は左上から右下へ、
・地域的オアシス園耕を伴う牧畜
・商品作物単作地域
・焼畑優越地域
・機械化された国家農園地域
・米が主要作物である地域のおおよその境界
・集約的農業と準機械化された商品作物生産の混合地域

図16　アジアにおける農耕諸地域【Spencer & Thomas 1971: 253】

【SPENCER & THOMAS 1971: 253】。他方、犂においては役畜《えきちく》が用いられるのが普通であり、ある意味では牧畜的要素が農耕に結びついたものとみることもできる。

誤解を抱いてほしくないのは、農耕民といえば畑仕事しかしない、という思い込みである。農耕民といえど、狩猟もすれば漁労もし、家畜の世話もする。私が近年、共同調査に参加しているラオス北部ルアンパバーン県の焼畑農耕民たち（タイ・ルー、カム、モン、ラオなどの諸民族）は【写

写真１　ラオス北部カム族の焼畑火入れ

写真２　ラオス北部ラオ族の現役マレー式ふいご

真1］、猪やオオトカゲ、野鳥などの狩猟もするし、河川で魚や小エビを捕ったり、豚・鶏・犬・牛・水牛などを飼ってもいる。河川が重要な交通路なので、村落間の行き来には舟が用いられるが、その製作や修理も村の男たちの仕事である。除草の季節には、朝からその日に使う除草具の刃の部分を家長がととのえる。その際には、ふいごや砥石が用いられる。つまり彼らは鍛冶屋でもある［写真2］。女性たちは、糸紡ぎや機織りなどで現金収入を得ることもある。カム族の村は水源から離れており、水汲みは子供たちの仕事になっていた。社会の分業化・専門化が本格化していないため、一人が何役もこなすのである。

3-4　移動・交流・対立

狩猟採集・牧畜・農耕といった生業形態からは、ややはみだしてしまうような生活様式も存在する。たとえば東南アジアには、バジャウやサマルなど、さまざまな「漂海民」が居住してきた。彼らは舟を生活の場とし、漁労や採集に従事しつつ、海産物を他民族と交易したり、時に海賊行為をはたらいたりしつつ、生計を立ててきた［図17］【藪内 1969】。日本や香港にも、家船《えぶね》に暮らす水上居民が存在した。

陸上にも漂泊の生活を送ってきた人々がいる。華南からインドシナにかけての過山系ヤオ族は、『山関簿』とか『評皇券牒』と呼ばれる文書を持ち、これらの権威にもとづいて、自分の集団は他集団とは違うのだという主張、王者や貴種から特権を受けたという主張、同一の祖先・故郷に

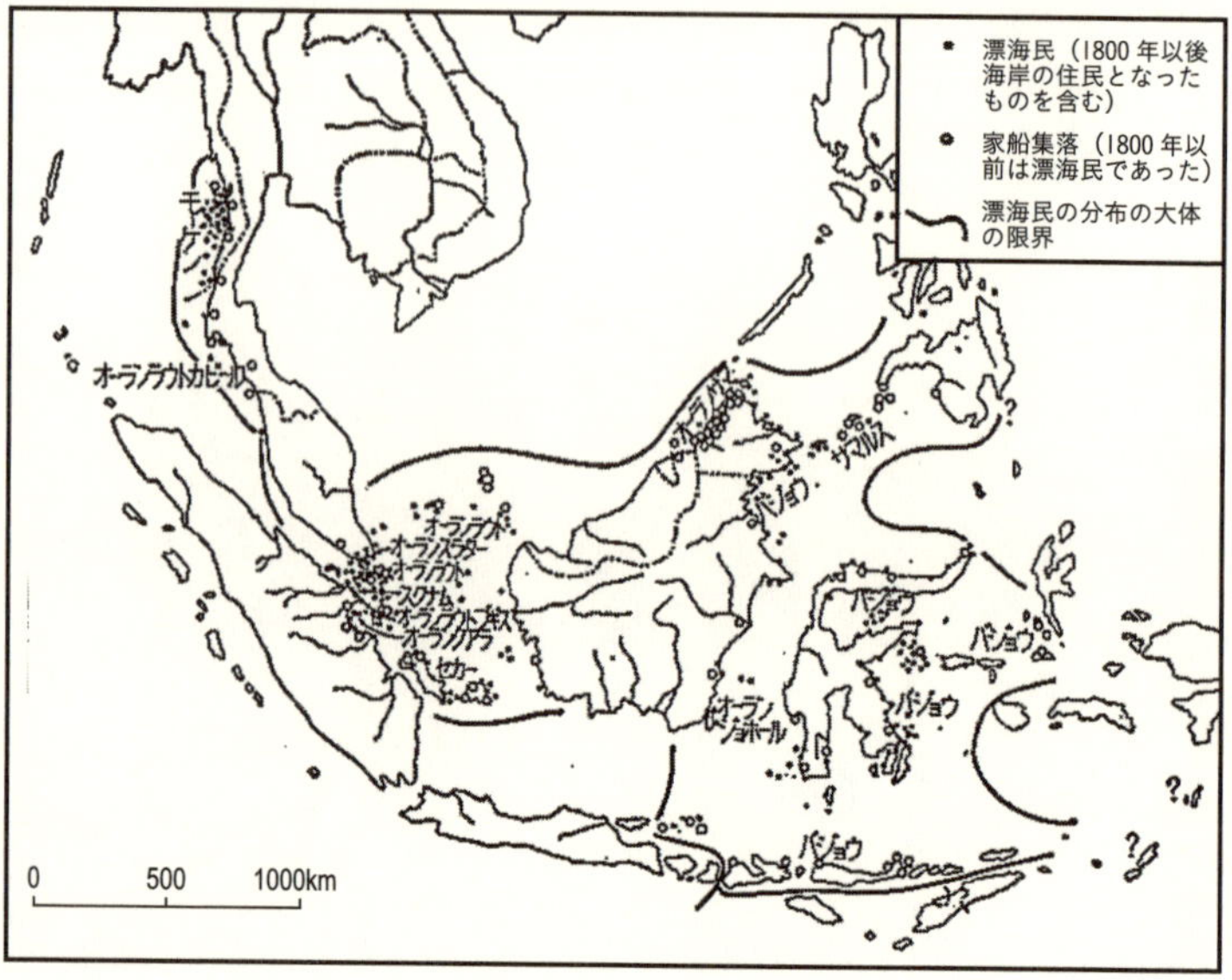

図 17　漂海民の分布【藪内 1969: 28】

由来するという主張をおこない、隣接するマジョリティとしての漢人・ベトナム人・タイ人などと経済的共生関係をきずいてきた。

これは大林が指摘するように、日本におけるマタギや木地屋《きじや》の場合とよく似ている。すなわち、日光流マタギはふつう『山立根元記《やまだてこんげんき》』という由来書、狩猟の特許状を持っていた。また木地屋の場合、文徳天皇の皇子・惟喬《これたか》親王の裁許を受け、西に櫓櫂《ろかい》の立つところまで、東は駒の蹄《ひづめ》の通うところまで、自由に入ることを許すという文書を持ち、轆轤《ろくろ》で食器やこけしなどを製作して各地に移住を繰り返した【大林 1990: 168-174】。

アジア全体を視野に入れても、交易路は古くから存在した。ことに北のいわゆるシルクロードと、南方の「海のシルクロード」、さらに両者をつなぐいくつかのルートを通じ、東西の文物がやり取りされ、文化の交流がおこなわれた。

交易の拠点には、しだいにオアシス国家や港市国家、あるいは盆地国家が形成されていった。東南アジア港市国家の建国神話をみると、支配者が自然への影響力と、周辺世界からの認知とを強調していることがよく分かる。たとえば後背地で竜脳（竜脳樹の樹脂、香料などに用いる）・金・胡椒を産出した北スマトラのパサイ王国（13世紀末—16世紀）の『パサイ列王伝』によれば、初代王ムラ・シルは、竹から生まれた竹姫と象に育てられた男の子との結婚によって生まれた。14世紀末に建国され、1511年にポルトガルに占領されるまで中継港として栄えたマラッカ王国の王統記『スジャラ・ムラユ』は、王室の祖先が海の王の血統に連なると主張する。さらに、これらパサイやマラッカの王統記では、建国後に夢で支配者がムハンマドの啓示を受け、イスラームに改宗したことが述べられ、広域世界との結びつきをも強調している【弘末 2003】。

一方で、交流は平和的な性格のものにかぎられない。異民族間の対立もたえず起こってきた。古くは農耕によって人口圧が高まると、農耕民たちは拡散を開始し、それとともに地球上のさまざまな語族が広い地域に移住したという考えが提出されている。その際、農耕民たちは行く先々で狩猟採集民と出会い、平和的共存に至った場合もあったろうが、深刻な対立を招いたこともあったに違いない【BELLWOOD 2005】。

また、人類史上おおきな意義をもったのは、牧畜民による農耕民の征服である。一般に、牧畜民は軍事的・政治的組織化にすぐれる一方、不足する物資を補うためにしばしば近隣の農耕民を襲撃し、支配下に置くことに成功してきた。しかし、やがて農耕民たちの文化を吸収・融合した国家・文明へと変容していくことが多かった。東アジアにおける匈奴などいわゆる胡族と漢族の関係、アフリカ諸地域における国家形成には、こうしたプロセスが見出されるのである【THURNWALD 1950; EBERHARD 1968: 3, 邦訳 11】。

このようにして異質な文化が伝達されると、衣食住のあり方も変化してゆくことになる。たとえばズボンはもともと遊牧騎馬民族において馬に乗るのに便利なように仕立てられた衣服であったが、五胡十六国から南北朝期の漢族に採り入れられ、以来、上着とズボンという服装形式は、今日にいたるまで漢族の服装の基本となった。他方ズボンはヨーロッパへももたらされた。

同時期、漢族においては椅子に腰かけることも始まった。それまで漢族は、室内では床に敷物をしいて座っていたのである。椅子のことを胡牀《こしょう》と呼ぶのは、それがもともと胡族の習俗だったからだ【大林／生田 1997: 101】。

食文化も変化する。今日の日本では箸を横向きに置くが、中国では縦に置く。もともと中国でも箸は横向きに置いていたのが、宋・元代に変化したのである。それは、やはり、支配者としてやって来た牧畜民からの影響である。牧畜民は肉を切るのにナイフを用いたが、刃物はうっかりすると怪我をするから、食事のときには自然とナイフの先を反対側に向くように置く。これは西洋の食事マナーでも同様だ。漢族はこれを箸に応用したのである【張 1997: 163-181】。

4　言語と形質——環太平洋への視点

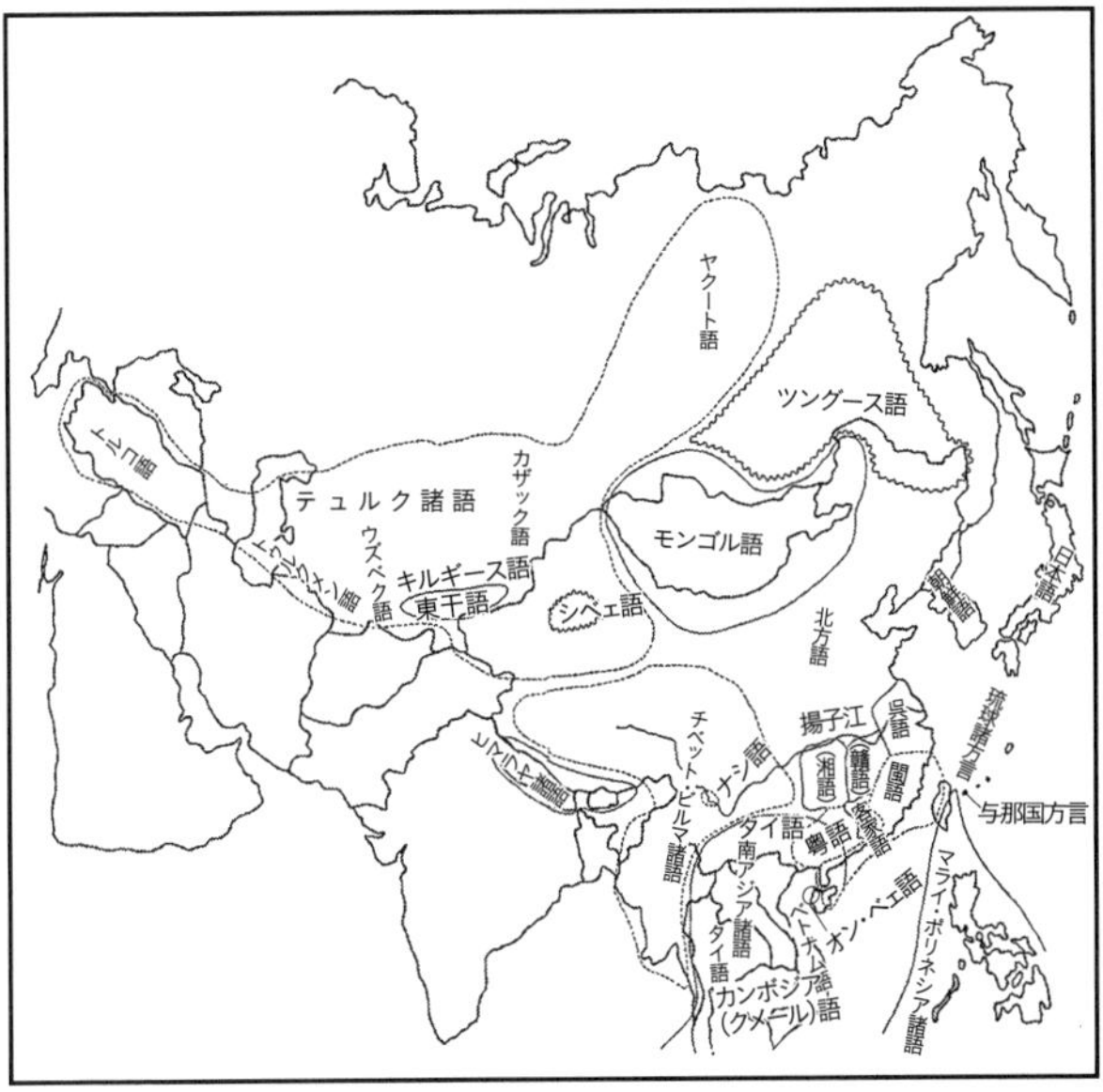

図18　アジアの諸言語【橋本 1978: 38-39】

アジアにおける言語の分布は複雑だし、研究者によって分類の仕方にも違いがあるが、言語学者のメリット・ルーレンにしたがいつつ、おおまかに俯瞰《ふかん》すれば次のようになるだろう〔図19〕。まず北・中央アジアには、古アジア諸語、アルタイ諸語、ウラル諸語がならんでおり、アルタイ諸語はツングース、モンゴル、テュルクに下位分類される。その南にシナ・チベット諸語が存在し、東南アジア大陸部・島嶼部にかけてはミャオ・ヤオ諸語、オーストロアジア諸語、タイ諸語、オーストロネシア諸語を話す人々が入り組みながら居住してきた。南アジアにはドラヴィダ諸語とインド・ヨーロッパ諸語、さらに西へ行くとアフロ・アジア諸語へと移行してゆく【RUHLEN 1991】。

　言語学者の橋本萬太郎は、かつて牧畜民型言語と農耕民型言語という区別を提唱した。

1
2
3
4
5
Australian
Na-Dene
Amerind
1 Basque
2 Burushaski
3 Ket
4 Gilyak
5 Nahali
Islands
Indo-Hittite
Eskimo-Aleut
Austroasiatic
Austronesian

凡例は左上から右下へ、
・コイサン
・ニジェール・コルドファン
・ナイロ・サハラ
・アフロアジア
・コーカサス
・インド・ヒッタイト
・ウラル・ユカギール
・アルタイ
・チュクチ・カムチャツカ
・エスキモー・アリュート
・ドラヴィダ
・シナ・チベット
・ミャオ・ヤオ
・オーストロアジア
・タイ
・インド・パシフィック
・オーストラリア
・ナデネ
・アメリンド
1 バスク
2 ブルシャスキ
3 ケット
4 ギリヤーク（ニヴフ）
5 ナハーリー
・インド・ヒッタイト
・エスキモー・アリュート
・オーストロアジア
・オーストロネシア

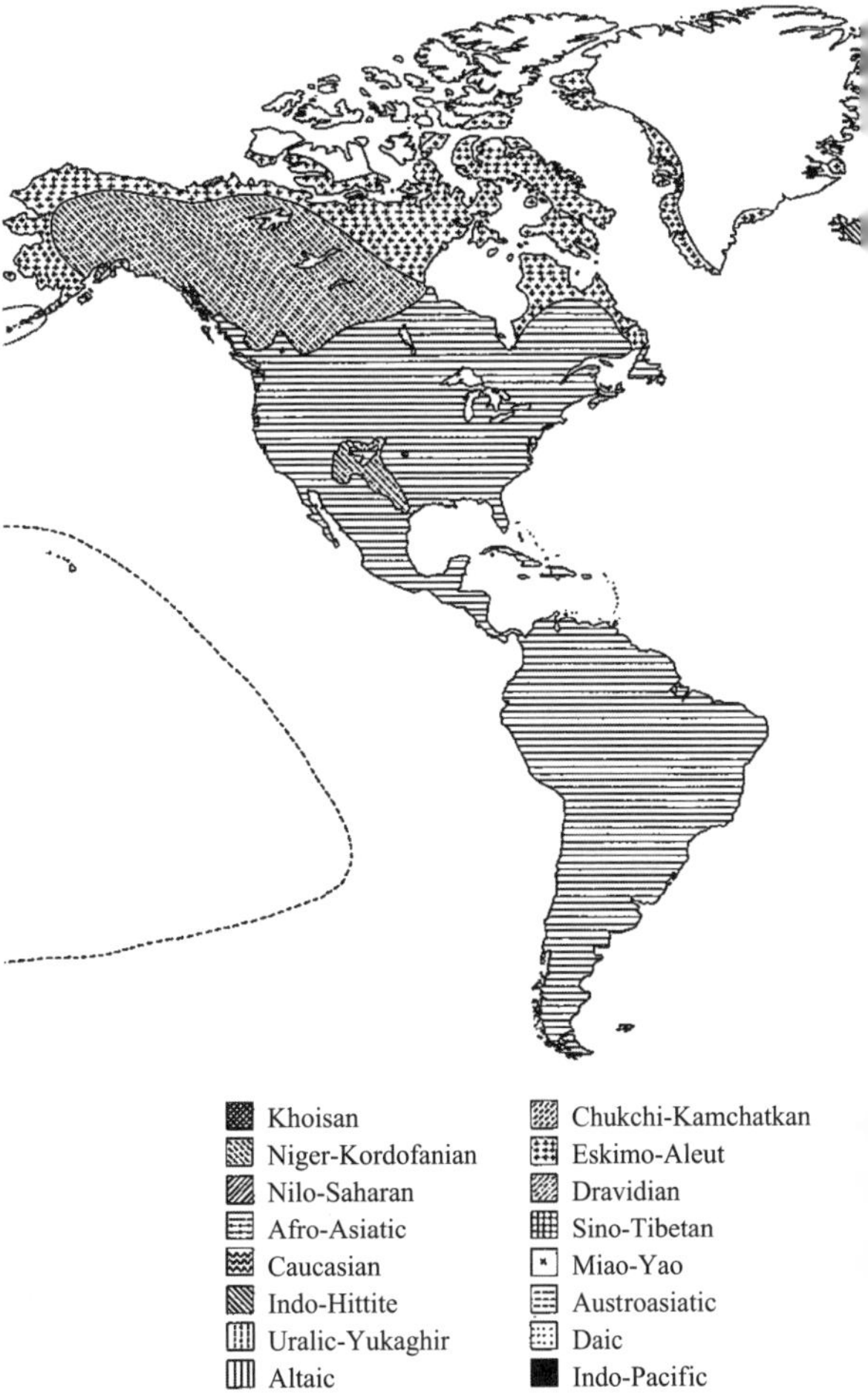

図19　世界の諸語族【Ruhlen 1991: 284-285】

それによれば前者には古代の「インド・ヨーロッパ人」やアラブ人があてはまる。彼らは牧畜や通商のため、活発に人口移動をおこない、ダイナミックな地域集団を作ってきた。彼らの言語は、その系統が比較的うちたてやすい。それに対して農耕民型言語、ことに定着農耕を主とした東アジア大陸の言語の発展は、政治・経済・文化の中心地から、徐々に周囲に及ぶ、ゆるやかな同化による変化を基盤としている【橋本 1978: 215】。

このため、インド・ヨーロッパ語族におけるような系統樹の探究は東アジアの諸言語については困難であり、別の言語形成プロセスを想定すべきだというのである。これは、橋本が描いた東アジア諸言語分布図［図18］において、ことに華南の諸言語の複雑さをみると、納得できるであろう。閩《びん》語（福佬《ふくろう》語など）、客家《はっか》語、粵《えつ》語（広東語など）といった諸語は一般に「漢語の方言」とされるが、事情はさほど単純ではなく、さまざまな要素の混淆《こんこう》と重層の過程が想定されるのである。

同様の困難は、日本語の形成についても言えよう。ルーレンは日本語をアルタイ系に分類しているが、その形成にはオーストロネシア諸語や漢語などさまざまな要素が寄与したとみられるし、朝鮮語やアイヌ語との関係もいまだ明らかになってはいない。また、オーストロネシア諸語とオーストロアジア諸語、さらにはタイ諸語やシナ・チベット諸語などの早期における相互関係を探る研究も続けられているが、不明な点が多いのである。

ここで、ルーレンの示した言語分布図において、アメリカ大陸に眼を移してみよう。すると、ここは3つの語族ないし諸語に分類されている。すなわち南からアメリンド、ナデネ、そしてエスキモー・アリュートである。これらは、ユーラシア大陸からベーリング海峡をわたってアメリカ大陸へ移住した人間集団の波が、おおきく3つあったことに呼応しているとみられている。そのうち最初の波は、約2万数千年前に当時氷河におおわれていたベーリング海峡をわたったと考えられている。彼らは、約8万5000年前にアフリカから出発した現生人類の子孫のうち、アジアを通ってきた者たちであり、身体形質からいえばいわゆるモンゴロイドであった〔図20〕【OPPENHEIMER 2003】。

太平洋とそれを取り巻くいわゆる環太平洋は、近代になって人の移住が劇的に増加する以前は、モンゴロイドの世界だったのである。こうみるならば、アジア、ことにその東部はユーラシア大陸の東側というだけでなく、環太平洋地域の西側ととらえることも可能となる。

実際、環太平洋には共通した文化がさまざまに存在している。神話や昔話のモチーフにも共通性があって、たとえば日本の「3枚のお札」のような呪的逃走説話や、殺された女性の死体から作物が生ずる神話などが例として挙げられる。ただし、こうした共通の文化はすべてベーリング・ルートで新大陸にもたらされたというわけではなく、おそらく太平洋を横断する形での文化交流によるものもあるだろう。今の例で言えば、呪的逃走はおそらく前者、死体化生《けしょう》型作物起源神話は後者のルートをとったのではないかと考えられる【山田 2012】。

ついでながら、日本は地理的には、アジアの東端とも、環太平洋の一部ともみなすことができる。そして今日の国際政治においても、中国など東アジアのいわゆるランド・パワーとの結びつきを強めるべきなのか、あるいは米国をはじめとする環太平洋のシー・パワーと連携を深めるべきなのか、という地政学的議論が頻繁になされていることは周知のとおりである。

図 20　現生人類の移動・拡散【オッペンハイマー 2007: 410-411】

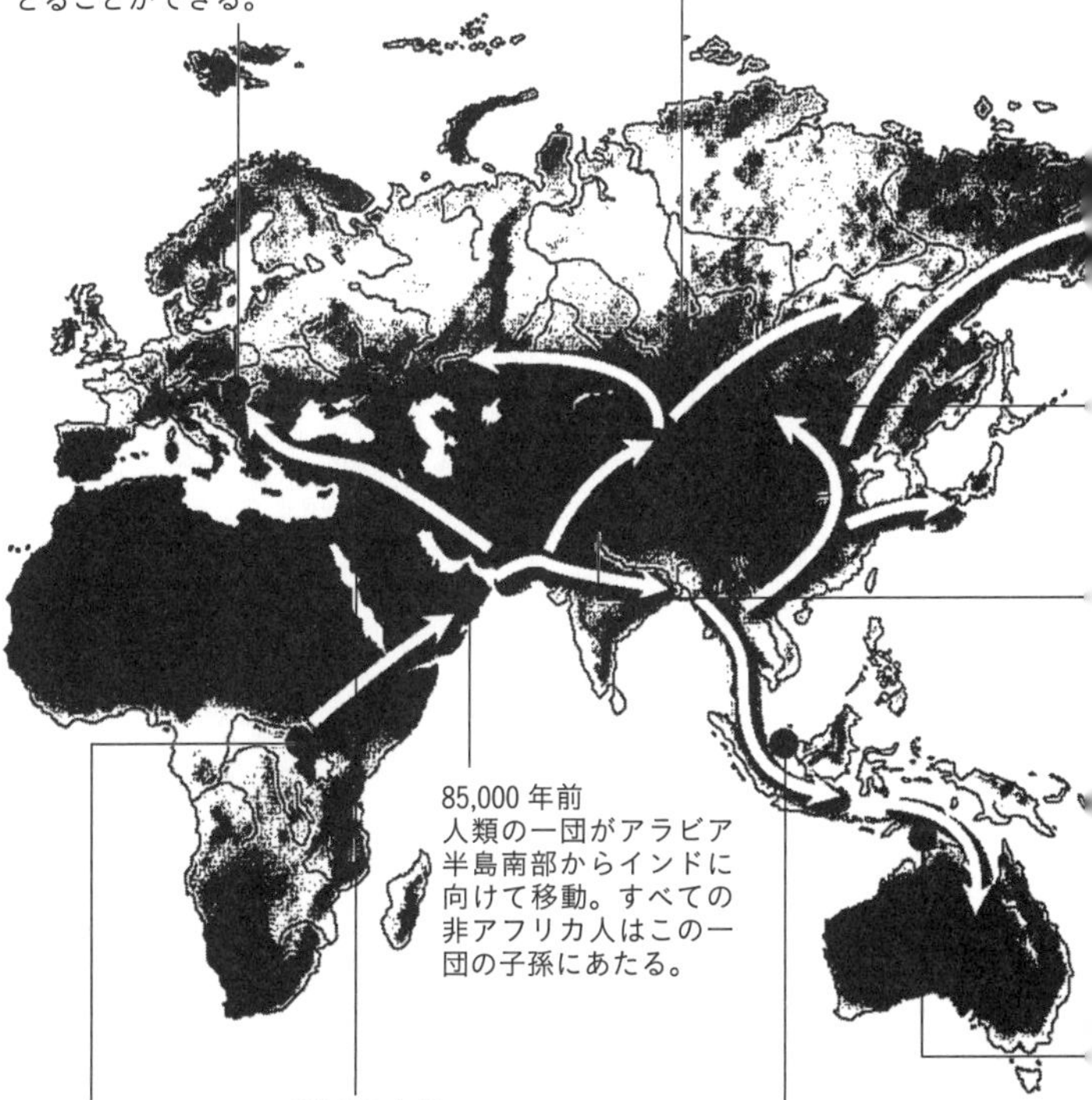
52,000 〜 45,000 年前
ホモ・サピエンスがヨーロッパに進出。今日のほとんどのヨーロッパ人の祖先は、50,000 〜 13,000 年前に出現したミトコンドリア HND 系統へたどることができる。
40,000 〜 25,000 年前
中央アジア人が、西のヨーロッパと東のベーリンジアへ移転。
85,000 年前
人類の一団がアラビア半島南部からインドに向けて移動。すべての非アフリカ人はこの一団の子孫にあたる。
125,000 年前
人類の一団がエジプトとイスラエルから北方へ進出したが、90,000 年前に死滅。
起源アフリカ
150,000 年以上前、わたしたちのミトコンドリア DNA 上の祖先である現生人類はアフリカで暮らしていた。
75,000 年前
現生人類はインドから東の東南アジアと中国へ移動。

5　日本における「アジアの人類学」

以上みてきたように、「アジア」というのはそれ自身、歴史的に構築されてきた概念だが、今では一定の地理的領域をさすものとして広く受け入れられている。そこには生態環境、生業、言語や形質において、多様性と共通性とが混在しており、本章ではそれらをどうとらえたらよいのか、いくつかのヒントを紹介してきた。しめくくりとして、日本において「アジアの人類学」はどう実践されてきたのか、そしてその現状について、あらましを述べておきたい。

冒頭で述べたように、日本における「アジアの人類学」は、西洋・東洋から相異なる伝統を引き継いできた。それが明治に入り、鳥居龍蔵、河口慧海、大谷光瑞らの探検とならび、坪井正五郎らによる人類学・民族学の組織化を経て、現在に至る大きな潮流が形成された【寺田 1981、坂野 2005、山路編 2011、クライナー編 2012】。

同時期、欧米各国は、植民地運営の実際的必要や、キリスト教の宣教といった要請にともない、世界各地で現地民の調査をくりひろげたが、アジアはその主要な舞台を提供した。イギリスはインド、ミャンマー、マレーシアを、オランダはインドネシアを、ドイツは独領ニューギニアやミクロネシアを、フランスはインドシナ三国（ベトナム、ラオス、カンボジア）を、アメリカはフィリピンを、ロシアはシベリアを主要なフィールドとしたが、日本もこれに参入し、台湾や朝鮮半島、樺太や満蒙、ミクロネシアでの調査・研究が盛んになった。

19世紀末から20世紀前半におこなわれた、こうしたいとなみの結果としての民族誌群は、それ以前にも以後にも不可能な規模と質をそなえたものであった。それらは、今日における人権的・倫理的見地からの当否はさておき、全世界が一つの巨大な政治・経済ネットワークに呑み込まれていく疾風怒濤の中で後世にのこされた、貴重な記録と言ってよかろう。

とはいえ、人類学・民族学・民族誌などと一口に言っても、そこには国ごとに異なる伝統が存在してきた。それは欧米でも日本でも同様である【BARNARD 2000; BARTH, GINGRICH, PARKIN & SILVERMAN 2005】。そのうち、日本の人類学においては、日本民族起源論が一つの基軸をなしてきた。明治期のコロポックル論争に始まり、鳥居龍蔵の日本人起源論、岡正雄の生業・語族・社会構造にもとづくシェーマ、江上波夫の騎馬民族征服説、中尾佐助や佐々木高明の照葉樹林文化論、大林太良の日本神話研究、大野晋や村山七郎らの日本語系統論、埴原和郎らの日本人の二重構造論などがそうした例である。

こうした日本民族文化起源論は、第二次大戦後、ある程度の盛り上がりをみせたものの、近年は低調である【佐々木 2009】。それにはいくつかの理由が考えられる。ことに、明治期や大戦後は、日本人としてのアイデンティティが強烈に求められた時代であった、ということが一つの要因として挙げられよう。その時期、新興の国民国家としての日本は欧米から眼差される他者であったと同時に、それ自身がオリエントとしての他者を必要とする存在でもあった。米国の歴史学者ステファン・タナカの著作は、いみじくも『日本のオリエント』と題され、近代日本における東洋史学の成立と、その過程で「支那」が日本にとってのオリエントとされていった経緯が論じられている【TANAKA 1993】。

タナカがこの書の中心に据えた東洋史家・白鳥庫吉《くらきち》が、日本における東洋史学の中心的役割をになったのみならず、1934年に初代の日本民族学会理事長を務めたことは、ある意味で象徴的である。

21世紀も10分の1を経過した今日、われわれは近代日本が進めてきた「アジアの人類学」をどのような形で発展的あるいは批判的に継承できるだろうか？「日本のオリエント」としてのアジア観は乗り越えられたのか？ 戦前のコロニアルな関係が、経済格差により置き換えられたかにみえる現状を、いかに認識してゆけばよいのか？ ネイティヴ人類学者との関係は？ 国際的な政治経済のネットワークに巻き込まれた「村社会」について、われわれはいかなる民族誌を書きうるのだろうか？ グローバルな変化を記述するうえで、人類学の方法論としてのフィールドワークはどこまで有効なのか？ 社会学や政治学との差別化は？

現在、日本で「アジアの人類学」をおこなおうとするならば、こうした多くの問いがつきつけられる。けれども、単なる悲観論や開き直った楽観論に陥りすぎることなく、アジアをみてゆくこと、研究することは可能なはずである。この章をふくめ本書が、その手がかりになるよう願っている。

参照文献

◆**綾部恒雄（監修）**

2005-08『講座世界の先住民族　ファースト・ピープルズの現在』全10巻、明石書店。

◆**Barnard, Alan**

2000 *History and Theory in Anthropology*. Cambridge: Cambridge University Press.（アラン・バーナード『人類学の歴史と理論』明石ライブラリー73、鈴木清史訳、明石書店、２００５）

◆**Barth, Fredrik, Andre Gingrich, Robert Parkin & Sydel Silverman**

2005 *One Discipline, Four Ways: British, German, French, and American Anthropology*. Chicago: The University of Chicago Press.

◆**Bellwood, Peter**

2005 *First Farmers: The Origins of Agricultural Societies*. Malden: Blackwell.（ピーター・ベルウッド『農耕起源の人類史』地球研ライブラリー6、長田俊樹／佐藤洋一郎監訳、京都大学学術出版会、２００８）

◆**張競**

1997『中華料理の文化史』ちくま新書。

◆**Diamond, Jared**

1999 *Guns, Germs, and Steel: The Fates of Human Societies*. New York: W. W. Norton.（ジャレド・ダイアモンド『銃・病原菌・鉄

――一万三〇〇〇年にわたる人類史の謎』上下、倉骨彰訳、草思社文庫、２０１２）

◆**Eberhard, Wolfram**

1968 *The Local Cultures of South and East China*. Leiden: E. J. Brill.（W・エバーハルト『古代中国の地方文化　華南・華東』白鳥芳郎監訳、六興出版、１９８７）

◆**Evans, Grant (ed.)**

1993 *Asia's Cultural Mosaic: An Anthropological Introduction*. New York: Prentice Hall.

◆**Frobenius, Leo**

1904 *Geographische Kulturkunde*. Leipzig: Friedrich Brandstetter.

◆**橋本萬太郎**

1978 『言語類型地理論』弘文堂。

◆**弘末雅士**

2003 『東南アジアの建国神話』（世界史リブレット第2期　72）山川出版社。

◆**池谷和信**

2006 『現代の牧畜民――乾燥地域の暮らし』（日本地理学会海外地域研究叢書　4）古今書院。

◆**Kleihauer, Maike**

1991 *Kulturelle Regression bei Jäger- und Sammlerkulturen*. (Ethnologische Studien; Bd. 14) Münster: Lit Verlag.

◆**クライナー、ヨーゼフ（編）**

2012 『近代〈日本意識〉の成立——民俗学・民族学の貢献』東京堂出版。

◆**Lee, Richard B. & Irven DeVore (eds.)**

1979 *Man the Hunter*, 7th printing. New York: Aldine Publishing Company.

◆**Lee, Richard B. & Richard Daly (eds.)**

2004 *The Cambridge Encyclopedia of Hunters and Gatherers*. Pbk. ed. Cambridge: Cambridge University Press.

◆**松枝到**

2005 『アジアとはなにか』大修館書店。

◆**宮崎市定**

1987 『アジア史概説』（中公文庫）中央公論社。

◆**護雅夫**

1967 『遊牧騎馬民族国家』講談社現代新書。

◆**大林太良**

1990 『東と西　海と山——日本の文化領域』小学館。

◆**大林太良／生田滋**

1997 『東アジア　民族の興亡——漢民族と異民族の四千年』日本経済新聞社。

◆**岡正雄／江上波夫／井上幸治（監修）**

1983-91『民族の世界史』全15巻、山川出版社。

◆**Oppenheimer, Stephen**

2003 *Out of Eden: The Peopling of the World*. London: Constable.（ス

ティーヴン・オッペンハイマー『人類の足跡一〇万年全史』仲村明子訳、草思社、２００７）

◆**Ruhlen, Merritt**

1991 *A Guide to the World's Languages*, Vol. 1: Classification. With a Postscript on Recent Developments. Stanford, California: Stanford University Press.

◆**酒井直樹**

2002 「アジア」永井均／中島義道／小林康夫／河本英夫／大澤真幸／山本ひろ子／中島隆博（編）『事典哲学の木』19－22、講談社。

◆**坂野徹**

2005 『帝国日本と人類学者　一八八四－一九五二年』勁草書房。

◆**佐々木高明**

2009 「戦後の日本民族文化起源論――その回顧と展望」『国立民族学博物館研究報告』34（2）：211－228。

◆**佐々木史郎（編）**

2002 『開かれた系としての狩猟採集社会』（国立民族学博物館調査報告 34）国立民族学博物館。

◆**Spencer, Joseph E. & William L. Thomas**

1971 *Asia, East by South: A Cultural Geography*, 2nd ed. New York: John Wiley & Sons.

◆**杉山正明**

2010 『クビライの挑戦――モンゴルによる世界史の大転回』講談

社学術文庫。

◆**Tanaka, Stefan**

1993　*Japan's Orient: Rendering Pasts into History*. Berkeley: University of California Press.

◆**寺田和夫**

1981　『日本の人類学』角川文庫。

◆**Thurnwald, Richard**

1931　*Repräsentative Lebensbilder von Naturvölkern*. (Die menschliche Gesellschaft; 1. Bd.) Berlin: Walter de Gruyter.

1950　*Der Mensch geringer Naturbeherrschung. Sein Aufstieg zwischen Vernunft und Wahn*. Berlin: Walter de Gruyter.

◆**梅棹忠夫**

1976　『狩猟と遊牧の世界——自然社会の進化』講談社学術文庫。

1998　『文明の生態史観』改版、中公文庫。

◆**ＷＣＧ編集室（編）**

1999-2001『ワールド・カルチャー・ガイド』全23冊、トラベルジャーナル。

◆**Werth, Emil**

1954　*Grabstock, Hacke und Pflug. Versuch einer Entstehungsgeschichte des Landbaues*. Ludwigsburg: Verlag Eugen Ulmer.（エミール・ヴェルト『農業文化の起源——掘棒と鍬と犂』藪内芳彦／飯沼二郎訳、岩波書店、１９６８）

◆**藪内芳彦**

1969 『東南アジアの漂海民』古今書院。

◆**山田仁史**

2012 「環太平洋の日本神話――一三〇年の研究史」丸山顕徳（編）『古事記――環太平洋の日本神話』（アジア遊学 158）6–24、勉誠出版。

◆**山路勝彦（編）**

2011 『日本の人類学――植民地主義、異文化研究、学術調査の歴史』関西学院大学出版会。

2

フィールドワークと民族誌

片岡樹 —— *KATAOKA tatsuki*

1　フィールドワークとは？　民族誌とは？

文化人類学とは何か。これを説明するのは案外難しい。誤解を承知でうんと簡単に言えば、フィールドワークをおこない民族誌を書く、という手法を用いて、人々の文化の多様性を明らかにすることだ、とでも言えようか。

もちろんこれだけではわかったようでわからない。フィールドワークというのは直訳すれば野外調査のことだが、人間の文化についての調査が常に屋外でおこなわれるわけではないから、より正確には現地調査の意味である。ただし、現地調査をおこなう学問はたくさんあるので、「現地調査イコール人類学」というわけにもいかない。考古学者の発掘調査も、歴史学者の古文書収集も、社会学者のアンケート調査もみな現地調査である。そのなかにあって人類学の調査に特徴的なのは、参与観察という手法をとりわけ重視することである。参与観察とは何かについては、すぐあとで説明する。とりあえず、対象地域の人々のあいだに入って、一定期間生活を共にしながら観察することだ、と理解されたい。

この参与観察の成果を文章にまとめたものを民族誌と呼ぶ。こうした人類学のスタイルは、20世紀に英国の人類学者マリノフスキーによって確立されたといわれる。彼の処女作『西太平洋の遠洋航海者』には、その方法論が簡潔にまとめられている。彼によれば、フィールドワークにもとづく人類学の調査は、次の3段階に分かれる。それはまず第1には、調査地に関する「具体的な統計的資料の作成」であり、次に第2には、統計には表れにくい「実生活の不可量部分と行動の類型」の観察と記録であり、最後に第3には、人々の考え方の記録である「口碑文」の蒐集である。こうした手続きを経て、民族誌が最終的にめざすのは、「彼の世界についての彼の見方を理解すること」である【マリノフスキ2010】。この立場は、基本的にこんにちにまで引き継がれている。

え、方法論ってそれだけ？　と思うかもしれない。極論すれば、それだけなのである。意外に思うかもしれないが、人類学の現地調査にはマニュアルが存在しない。いま述べた3段階の図式というのも、これだけではかなり抽象的である。もちろんマリノフスキー以後の人たちが、人類学のフィールドワーク論についていろいろ書いてはいるのだが、彼の提言を大きく超えるものはないと言ってよい。そうしたフィールドワーク論の多くは、「彼の世界についての彼の見方」を知るためにはどういう心構えが必要かを述べているのであり、ようするに認識論というか精神論である。だからそういうものを読んでも、実際にどういうデータをどのようにとらなければならないかが具体的にわかるわけではない。結局ほとんどの人類学者は、マニュアル化された方法論をもたずにぶっつけ本番で調査をしているということになる。

冷静に考えると、これは異常なことかもしれない。たしかに私も、フィールドに入り始めた当初は、具体的に何をすればよいのかわからず途方に暮れたものである。しかしフィールドワークを終えて日本に帰るころには考えが変わっていた。体系的な方法論がなくてもそれはそれでよいのではないか。今ではそういう考えに傾いている。事前に精密な調査項目のリストを作っても、実際の調査の場ではほとんど役に立たない。どっちみちぶっつけ本番になってしまうのである。

なぜそうなるのかについては、今から説明しよう。以下では、ぶっつけ本番のフィールドワークがどのようなものであるのかを、自分の経験も交えながら説明し、そのなかであわせて「アジアとは何か」という大きな問題も考えていきたい。

2　参与観察とは

ところで、参与観察というのは、その社会、文化がどのようなルールに従って動いているのかを、可能な限り当事者の視点から観察することである。これは、その社会では何が常識で何が非常識なのかを見極めることから始まる。この作業は簡単なようで難しい。なぜならば、常識というのはいちいち説明しなくてすむから常識なのである。説明を求めても、「そんなの当たり前じゃないか」と言われてオシマイ。これでは聞き取りにならない。結局いちばん大事なことほど説明してもらえないということになる。

この点に関し、ある人類学者がおもしろいことを言っている。日本文化論の古典ともいうべき『菊と刀』のなかで著者ベネディクトが書いている言葉である。ベネディクトは日本文化の研究にあたり、文化とは何かについて述べるなかで、文化とはすなわち眼球のレンズである、という比喩を展開する【ベネディクト 2005】。眼球のレンズを通して、我々は当たり前の風景を当たり前のものとして見ることができる。そしてそのレンズには、その社会、その文化ごとに特有の色がついている。ではこの色眼鏡のレンズは何色なのか。当然ながら、当事者はそんなことを説明してくれない。それがなぜ当たり前なのかを当事者に問うのは、自分の眼球のレンズを自分でみろと言うのと同じぐらいナンセンスである。眼球の構造は眼科に聞かねばわからないのと同様に、文化という色眼鏡がどうできているのかについても、人類学者が自ら観察し、分析しなければならない、とベネディクトは言う。

その意味では、「これが私たちの文化です」という当事者たちの説明はあまりあてにならない。調査の初期にはこの種の紋切り型の言明をよく聞かされるのだが、そのなかには、外部のお客さん向けに必要以上に美化された説明もあるし、理念としては美しいが実際には誰も従っていない架空のルールもある。あるいは、すでに現存しないか、または急速に失われつつある規範が説明されることもある。「我々の文化は本来こうあるべきだ」という主張として、である。フィールドでしばらく過ごせば、人々の行動がそうした言明に従っていないことはすぐにわかるから、実際に何が称賛され、何が黙認され、何が公然と非難されるのかについてのコードは、具体的な生活の中で観察するしかないのである。

抽象的な話だけではわかりにくいかもしれない。はたして良い見本となるかどうかはわからないが、ここで私のフィールドワークの経験を記そうと思う。

3　タイの山地で

私は1999年の4月から2002年の3月まで、3年間をタイ国の山地で過ごした。タイ国北部のミャンマー、ラオス国境に近い山地には、低地のいわゆるタイ人とは異なる民族が多く住んでいる。山を伝って隣国との往来を繰り返し、伝統的には焼畑農業を営んできた人たちである。私はその中でもラフという民族の村に住み込んだ。そして人類学者の多くがそうであるように、私もまたラフ語での呼び名を与えられ、自分を受け入れてくれたホスト・ファミリーの「息子」というフィクションに従って村での生活に参加するようになった。

ところで、これは当然のことなのだが、外国からやってきた人間が村にいきなり住み始めたところで、すぐにその社会のことがわかるようになるわけではない。フィールドワークはぶっつけ本番だと言ったが、やみくもに「とにかく住んでみればよい」というだけではだめで、やはり一定の下準備（語学の勉強、先行研究の整理）は最低限必要である。また調査にあたってはそれなりの期間も必要である。ともかく最初の数ヵ月は、大した情報には接することができないと考えておいたほうがいい。

大した情報に接することができない理由、それはまず第一には言語である。海外の調査地の言語をフィールドワークの初日から流暢《りゅうちょう》に操ることのできる人はまずいないだろう。ちなみに私が行ったのは少数民族の村である。タイ語はいちおう日本で勉強しておいたが（これも実ははじめのころは使い物にならなかった）、村で使われているのはラフ語というぜんぜん違う言語である。村に入る前に半年ほどタイ北部の大都市チェンマイでラフ語のレッスンを受けたが、当時の私のラフ語というのは最小限の初級会話にも事欠く状態であった。そんな状態で情報が耳に入ってくるはずがない。

情報収集をはばむもうひとつの理由は人間関係である。私が住んでいたのは戸数50軒ほどの村であるが、はじめのうちは村人ひとりひとりの顔も名前も知らないし、誰と誰がどういう関係なのかもわからない。「チャウは私の妹の息子なんだよ」と言われても、そもそもチャウという人が誰なのかをわからない以上、それは情報としてほとんど意味をなさない。「昨日チャフとナミが喧嘩をしてナミが家を出て行った」と聞いても、それが夫婦喧嘩であることを理解するには、まずこの村にチャフとナミという名前の夫婦が存在することを知らねばならない。そんな具合である。

ようするに村の中で顔の見える人間関係に参加しないことには、あらゆる情報が無意味になってしまう。そのため私も村人と一緒に畑についていったり、田植えを手伝ったりしながら、少しずつ村のひとりひとりと顔なじみになっていくようにつとめた。2、3ヵ月もすると、だいたい一通り顔と名前が一致するようになり、それぞれの人間関係も少しずつわかるようになってきた。たぶんそのころには、私のラフ語も多少は上達していたのだろう。村人たちの噂話も少しは理解できるようになった、と思っていた。

しかし今にして思えば、当時はまだ何もわかっていなかったのである。より正確にいえば、自分が何もわかっていないということをわかっていなかった。そのことにようやく気づいたのは、村に住み始めて半年ほどたった後である。

そのころになって、ある村人が「ト」なるものについて話してくれるようになった。トというのは人類学の用語でいえばいわゆる妖術霊のことで、日本でいうキツネ憑きとかのたぐいである。なんでも、他人に害をなす悪い霊がいて、しかもその霊は特定の血筋にとりついて代々遺伝するのだという。それを私に教えてくれた人は、さらに村の中であの人とあの人にトの疑いがあるから、特に夜は気をつけたほうがよい、と忠告してくれた。聞かされたこちらはびっくりである。何しろその話を聞かされるまで、私は半年間、「ここには邪悪な精霊など存在しません」「我々はそんな迷信を信じません」という説明を繰り返し聞かされ、無邪気にも信じ込んでいたのだから。

あとでよく考えてみると、思い当たるふしはある。ある村人(仮にAさんとしておく)と一緒に外出して帰ってきたときなど、周りの人から「怖くなかったかい?」と聞かれて目を白黒させた経験があるにはあった。しかしそれが遠回しの隠語だとは知らなかったので、そのまま聞き流していたのである。今となってはわかる。Aさんはトの容疑者で、村はずれで人を襲って食べるという噂が立てられていたのだ。

この状態は、暗闇に目が慣れてくると、突然いろいろなものが視界に飛び込んでくるのに似ている。トの存在を知ったことで、どういう隠語がトに対して用いられるかもわかってきた。夕べ変な時間に犬が吠えたとか、尻尾のない猫を見かけたとか、見慣れない猫がAさんの家の周囲を徘徊していたとか、赤ん坊が異様な泣き方をするので外に出てみたら暗がりの中にAさんが立っていたとか、Aさんは目が赤いとか、そういう表現。特に注意していなければ聞き逃してしまう日常のささいなやりとりも、トが深夜に活動し犬を恐れること、猫（特に尻尾のない猫）に姿を変えること、トに憑かれた人は夜になると目が赤くなるといわれていること、赤ん坊がトに狙われやすいこと、そしてAさんにその疑いがかけられていることなどがわかれば、すべてがきわめてリアルなトの描写であったことに気づく。トをめぐるキーワードを知らない私は、半年間にわたり、目の前で繰り広げられていたはずのそうしたやりとりにまったく気づかなかったのである。

同じような例は枚挙にいとまがないのだが、もうひとつだけあげると、私は最初の半年間、村には呪術など存在しないと信じ込まされていた。実際には村に呪文を使える人がうじゃうじゃいることが判明して驚いたのも、トの謎が明かされたのとほぼ同じころである。村では呪術を使うことを「呪文を吹く」と表現する。文脈によっては「吹く」というだけでも意味が通じる。たとえば吹き出物に悩んでいる人に向かい、ある人が「Bさんに吹いてもらえば」と言ったとする。これは、吹き出物を治すには呪文が効果的だと考えられていること、Bさんがその種の呪文に通じていること、また、「吹く」というのが呪術の隠語であることを知っていれば、呪術による治療をすすめているのだと瞬時に理解できる。しかしそれを知らないかぎり、この表現は文意不明である。事実私は、最初の半年間はちんぷんかんぷんのままに聞き流し、しかもうかつにも「村の文化については大体わかった」とうぬぼれていたのである。

村に住み続ける限り、新しい発見は続く。いつまで続くのか。それはおそらく終わりのないプロセスである。ではフィールドワークをいつ終わらせればよいのか。

一般にはフィールドで過ごす期間は2年間が望ましいといわれる。一種の経験則なのだが、それなりに理由はある。まず第一に、農村の生活サイクルを一通り観察するには1年間通して住み続ける必要があること。しかし1回だけではきっと何か見落としがある。それを補うにはもう1年観察すべきだ、ということになる。実際に情報の聞きもらしは必ず出てくるし、年に1回きりの年中行事などの場合、1回見ただけでわかるはずがない。しかし2年目になれば、当事者たちがどこに関心を注いでいるのかがだいたいわかるから、重要ポイントを見逃さずに観察や聞き取りができるわけである。

この点から言うと、フィールドで3年間も過ごしてしまった私は反面教師である。その経験をふまえて言うと、やはり最長2年でよいように思う。私の場合、3年目に入ると目に見えてフィールドノートが貧弱になってしまった。一つの理由は私が怠惰だったからだが、それだけではない。我々はただ漫然とフィールドノートを書くのではない。何か新しい発見を書きとめるのである。最初の1年目はすべてが発見だから、とにかく何でもかんでも書く。2年目になると、具体的な固有名詞がちりばめられた噂話の背後にあるものも見えてくるし、隠語の世界もどんどん見えてくるから、フィールドノートの情報に奥行きが出てくる。しかしまる2年を過ぎると、村での人間関係がマンネリ化し始める。もちろん人間関係自体はまちがいなく深まるのだが、新しい発見は激減する。

実際には、どんな生活であれ、新たな発見がゼロになることはありえない。しかしその頻度はある時期を境に減少に転ずる。せっかく長く住んでも、それに見合った収穫が非常に少ないという状態（経済学でいう限界効用の逓減《ていげん》）にいつかは逢着する。3年を過ぎて限界効用の壁を実感した私は、ちょうど調査向けの奨学金が期限切れになったこともあり、フィールドワークを切り上げ日本に帰国したのであった。

4　生老病死、冠婚葬祭、喜怒哀楽

理念としては、人類学者は調査地で村人たちと苦楽を共にすることが望まれる。これは、人類学者がたぐいまれな善人だということを意味しない。一緒に暮していれば、祝い酒を酌み交わす機会も、ヤケ酒につき合わされる機会もおのずと多くなる。そういう意味である。そしてそういう祝い酒やヤケ酒の席では、その社会での人間関係や幸不幸の基準などが具体的に語られるので、実際とても勉強になる。

参与観察というのは、神のように中空から見おろすのではなく、地べたをはいずりまわる視点をとることを意味する。参与するだけならば、村人の生活に入り込めさえすればよいのだが、観察するためには一歩引いたところから眺めることが望ましい。しかし中に入ってしまうと、神のごとく公正無私な視点をとることは困難である。ここが悩ましい。できるだけ客観的に見るようには心がけても、参与する以上は何がしかの利害関係に巻き込まれる。もうひとつ言うと、生身の人間として参与するからには、自分自身の喜怒哀楽を背負って生活することになる。我々は、利害も感情もない透明人間として観察するのではないし、無理にそうする必要もないだろう。もちろん分析に私情を交えてはいけないが、参与観察の場面で自分の感情を封印して能面になってしまうと、調査地の人々の感情の起伏にふれる機会も失われる。そうすることで「彼らの世界についての彼らの見方」が遠のいてしまうのである。人々の等身大の喜怒哀楽の機微にふれたいのであれば、こちらも自然体で怒ったり笑ったり泣いたりすればよいのではないかと思う。

そうした喜怒哀楽の延長上に、さまざまな事件が発生する。たとえば冠婚葬祭がその典型であるが、そうした嬉しい事件や悲しい事件の場に居合わせることが、その社会への観察を深めていくきっかけにもなる。

ひどいことを言うようだが、村での重病人の発生は人類学者にとって千載一遇のチャンスである。何しろ葬送儀礼研究は人類学の重要テーマの一つなのだ。そこでは、この世の社会関係が集中的にあらわれるのみならず、人々があの世をどう考えているかもきわめて具体的に表現されうる。人類学者としてこれを見逃す手はない。治癒の見込みのない病人が断末魔のうめき声をあげ、家族がなすすべなく泣き崩れているとき、そのかたわらで人類学者は「これで論文一本いただき！」と心中ほくそ笑む。まるで死に神である。

しかしこちらがいくら他人の不幸を心で念じたとしても、こちらの注文通りに不幸がやってきてくれるとは限らない。「私はフィールドで葬送儀礼の調査をします」と宣言したところで、自分の滞在中に都合よく村人が死んでくれる保証はないのである。閻魔大王よろしく死人が出るのを待ち続けているうちに、ある日突然別の事件が起こるかもしれない。

これは私が出くわしたケースだが、私の滞在中に村のおばさんが突然発狂するという事件が起こった。噂は瞬時に村中に広まり、そこに尾ひれがついていく中で人々は宗教的な解釈をほどこし、また普段は隠されていた村内の派閥対立を読み込んでいった。最終的にこの事件は、村の派閥対立に呆れた神が、このおばさんを発狂させることで警告のシグナルを送ったのだという解釈に落ち着き、村を挙げての祈祷会を経て派閥対立の終息が宣言される、という結末に至った【片岡 2007】。

あるいはこんな事件。私の滞在中に、ある村の若者（C君としておく）がミャンマー国境の村に出かけたきり約束の日になっても帰ってこなかったため、山中でゲリラ兵士に誘拐され殺されたという噂が広まった。この時点でC君の家族は絶望の涙にくれることになったのだが、この噂にはさらに尾ひれがつく。当時は農繁期だったため、村の女たちは少し離れた出小屋集落に寝泊まりして畑仕事をしていた。ある人が山の斜面で畑仕事をしているときに不意に変な声を耳にした。その人はそれがC君の声に違いないという。非業の最期をとげた人は幽霊となり、死ぬ瞬間の声で叫び続けるのだという考えがその背景にある。びっくり仰天して畑から出小屋に駆け戻ったこの人は、ほかの村人たちにも事の次第を伝えたところ、出小屋集落はたちまちパニックに陥った。普段はそれぞれ別の出小屋で寝泊まりする人たちが、一人で寝るのを怖がって全員で一軒の小屋に集まり夜を明かした。まさに幽霊の襲撃を間近に控えた非常事態である。この緊張が極限に達したとき、C君がふらりと村に帰ってきた。何のことはないすべてはガセネタだったのである。

こんな事件もあった。

ある日突然、村の若者D君が駆け落ちしたとのニュースが村の中をかけめぐった。ラフの社会では駆け落ちというのは慣習法違反で、村会議で罰金制裁の対象になるのだが、実際にはそうした事件がしばしば発生する。結婚にあたっては新郎側が使者を立てて新婦側の親族に許可を求め(日本と違い本人が求婚してはいけない)、縁談が成立すると新郎側が新婦側に豚を提供して披露宴をおこなう。その過程で、新婦側の親族に求婚交渉を拒否されたり、あるいは披露宴の多額な出費を負担できないと考えた若者は、実力行使により既成事実を先行させる場合がある。その方が披露宴の金額交渉を有利に進めることができるし、罰金制裁があるということは、一定額の罰金を払いさえすれば事後承諾してもらえるということでもある。そうした理由から、貧しい若者にとっては駆け落ちというのがそれなりに有望な選択肢になっている。

そんな事件に出くわしてから、私は村の駆け落ち事例に興味をもつようになった。もちろん調査の初期には各世帯のことを一通り調べるのだが、そこで「あなたたちの結婚は駆け落ちでしたか」とはいちいち念を押さなかった。しかしいざ試しに聞いてみると、出るわ出るわ。誰かに「実はあなた今の嫁さんとは駆け落ちで結婚したらしいですね」と話を向けると、「いや、俺だけじゃない、○○さんだって」という話になる。そこで○○さんに聞けば、「いや、俺だけじゃない、××さんも」という具合。そうしたやりとりのなかから、さきに述べたような、「制度化された慣習法違反」ともいうべき駆け落ちの性格がわかってきたのである。

村に住むなかでさまざまな事件に振り回されるのは、観察者にとってはチャンスである。それぞれの事件は、村の派閥対立の構図や人々の信心のありか、精霊の観念、駆け落ちに際しての婚姻ルールの運用などを知るためのきっかけになった。ひとつひとつの事件をきっかけに、その社会あるいは世界観がどのように動いているのかを探っていく。いいかえれば、我々の調査は偶発的な事件に左右される、ということでもある。村で葬式に出くわさなかったら、人々の死生観について考える機会は遠のいたかもしれない。目の前で駆け落ち事件が起こらなかったら、正規のルールを迂回した結婚がどのように処理されるかなど考えもしなかっただろう。

こういう言い方は少々極端かもしれないが、結局のところ我々の調査のネタは、向こうから勝手にやってくるのである。明日どんな事件が起こるかは誰にもわからないし、その事件が、自分の知的好奇心にどのように訴えかけてくるのかも予測できない。そういう思いがけないきっかけの積み重なりの中でものを考えるから、フィールドに行く前と帰ってきた後とでは問題意識ががらりと変わっている、ということも珍しくない。

我々は調査に先立ってマニュアル化されたチェックリストを用意できない、と冒頭で述べたのは、まさにそういう意味である。そういう点から言うと、人類学のフィールドワークは単に仮説を検証する場ではないということになる。いましがた述べたように、我々の仮説自体がフィールドで事件に流されていく過程でどんどん変わっていく。我々の問題意識はあくまでフィールドから与えられるのだとすれば、仮説や興味の対象が変わっていくのはむしろ望ましいことでさえある。

別の言いかたをすれば、フィールドに行く前と帰ってきた後とで主張が変わらない人というのは面白くない。事前の仮説というのは、机の上で、頭の中でこしらえた仮説である。だからフィールドから帰ってきてもまだ同じことを言っているのだとすれば、その人はフィールドワーク前の想像力を一歩も踏み越えていないのである。自分の仮説の帳尻を合わせるためだけに調査に赴く人は、フィールドで向こうから突然やってくる事件たちに心を閉ざしているのであろう。最近は現代思想の本ばかり読んで、流行の最先端に身を置くためにはどういう立場表明宣言をすべきかばかり考え、フィールドで何を見たことにすべきかを調査をする前に決めてしまう人類学者がいるが、何をかいわんやである。

5　キリスト教徒の村

私が過ごしたのは、キリスト教徒の村である。仏教国として知られるタイ国でも、北部の山地少数民族地域にはキリスト教徒が多い。一般的なイメージからすると、キリスト教徒の村は文化人類学の調査に適さないように思われる。なぜなら、キリスト教に改宗する人には伝統文化があまり残っていなさそうだからである。人々はキリスト教に改宗すると、それ以前の宗教を捨てねばならない。伝統的なしきたりというのは、大なり小なり神話とか宗教的信念とか儀式とかと結びついているから、そういうものを研究したい人にとって、キリスト教の宣教というのははなはだ迷惑である。だからキリスト教への改宗者は、えてして「文化のない人」と呼ばれがちである。しかしこれはよく考えてみればおかしい。人間は文化をもつことで人間たりうる、というのが文化人類学の大原則である。文化をもたない人間というのは定義上存在しない。つまりキリスト教徒にだって当然文化はあるのである。ほかの研究者がそういう文化に興味がないのであれば、むしろチャンスではないか。そこから何か、新しい発見ができるかもしれない。

そんな考えから、キリスト教徒ラフの村を調査地に選んだのだが、住み始めてみると予想外に面白い。そりゃそうだ。日本ではキリスト教徒の村というのをあまり聞かない。九州の離島には隠れキリシタンの村があるが、近年プロテスタントに改宗した人たちが大挙して山奥に村を構えて焼畑農業を営んでいるなんて話は聞いたことがない。キリスト教徒の村というのは、それだけで珍しかった。

もっといえば、キリスト教そのものが私にとっては珍しかった。教会には、これまでカトリックの友人の結婚式で行ったぐらいで、私の生活にほぼ無縁だった。家ではクリスマスを祝ってはいたが、これはケーキを食べる日という程度の認識である。生まれて初めてまともに聖書を読んだのは、フィールドに行く直前にあわてて日本のキリスト教書店で買ってから、実質的には村に住み始めてからのことである。実は村に住んでいていちばん「異文化」を感じたのが、ほかならぬこのキリスト教なのである。

そのときに気づいたことがある。人類学の世界には、キリスト教について書かれた本が驚くほど少ない。あるにはある。しかしそういった本の大半は、キリスト教布教と植民地主義との関わりを断罪するものであったり、その土地でのキリスト教化がいかに表面的であるかを論ずるものであったり、そうでなければ、キリスト教との接触によって生じた特異なカルト運動にばかり焦点を当てていたり、という具合であった【橋本 1996: 9】。私が一番知りたかったこと、つまりそもそもキリスト教がどういう宗教なのかについてはぜんぜん説明してくれない。仏教やイスラム教の場合、それらの宗教を人類学の視点から説明する論考がたくさんあることを考えれば、ひどい偏りである。

この偏りの理由は簡単に説明できる。人類学とは元来「西洋人にとっての異文化の学」であり、西洋人にとってキリスト教は自明だからいちいち説明しなくてもよかったのである。もう一歩踏み込んで言うと、キリスト教イコール西洋文化、という大前提がそこにある。この前提にしたがう限り、タイの山地で出くわしたキリスト教を理解するには、何か特別な説明が必要になる。考えられる選択肢は2つである。ひとつは、キリスト教はあくまで西洋の伝統であって「彼ら」のものではない、つまりそこにあるのはニセモノのキリスト教と（キリスト教布教によって）破壊された本来の伝統でしかない、という説明である。もうひとつの説明はそれとは全く逆で、「キリスト教は今や土着の伝統なのだ」という主張である。この2つの説明が、これまで西洋の外で生じるキリスト教の普及を論じる際に、人類学者によって好んで用いられてきた。

キリスト教は西洋の宗教なのか、それとも土着の伝統なのか。私もキリスト教徒のフィールドに赴くにあたり、この問いを事前に用意していた。その上で内心では後者に軍配を上げようと考えていた。キリスト教が西洋に固有の宗教だというのは西洋中心主義者のたわごとだ！　由来はどうあれ、「今ここ」にあるものこそが人々にとってのリアルな伝統なのだ！「すべての偽者の伝統は本物である【ハンドラー、リネキン 1996】！」フィールドから帰ったら、そういうかっこいい宣言をしてやろうと、実は心の中でそろばんをはじいていた。

先にも言ったように、事前の思い込みほどフィールドであてにならないものはない。村に住み始めてすぐに、「キリスト教が西洋のものか土着のものか」という問い自体がそもそも当事者レベルで存在しないことに気づいた。キリスト教を信じるのは、それが西洋の宗教だからでも、ラフに固有の伝統だからでもない。それが人類が等しく信奉すべき普遍的真理だと人々が考えているからであった。そうである以上、キリスト教がどこの国の固有文化なのかをたずねるのはおよそナンセンスである。

私がフィールドで経験した限りでいえば、先ほどの二者択一の説明は、はじめの前提自体が間違っているということになる。少なくともキリスト教に関する限り、人類学の先行研究は、当事者の信心とはおよそ関係のない見当違いの前提をめぐってぐるぐる回っているように思われてならない。そうなってしまうのは、「キリスト教＝西洋文化＝自文化」という自意識過剰のゆえだろう。そして西洋人でもキリスト教徒でもない私もまた、知らず知らずそこに巻き込まれてしまっていた。考えてみれば奇妙な話である。

ともあれ、私は当初はフィールドで、キリスト教と伝統文化や民族意識との接点を考えようと思っていた。それを考えるためにはまずキリスト教を一から学ばねばならない。しかも人類学者の先行研究はあてにならない。しかたがないから、私は村に住みながらあわてて聖書を読み、日曜の礼拝に参加し、わからないことを村人や牧師に質問する、ということを繰り返した。素朴な疑問は山のようにあった。神をあがめるのはいいとしても、なぜほかの神仏を拝んではいけないのか。キリスト教を信じない者は死後に地獄に落ちると言うが、ならば私の死んだ祖父はいま地獄にいるのか。神が父でイエスが息子で、しかもイエスが神なのだとしたら、神は一人ではなく二人ではないのか。ある女が中東で私生児を生んだことがなぜ人類全体の福音なのか。2000年前に中東のある場所で30歳の青年が処刑されたことがなぜ全人類の救いになるのか。神が全人類を愛するならなぜ中東にのみイエスを遣わし、日本や東南アジアを千年以上放置してきたのか。そもそも神が全能ならばなぜ地上に悪がはびこるのか。などなど。

　結局ここでもぶっつけ本番になってしまったわけだが、そのおかげで先入観抜きに村人の視点を通して「キリスト教とは何か」について考えることができた。私のこの試みが成功しているのかどうかは、自分の書いたもの【片岡 2007】への読者の評価にゆだねるしかない。もしこの試みがまだまだ内実を伴っていないのだとすれば、それはまだ発展途上ということなのだろう。異文化を学ぶ民族誌の探求に終わりはない。

6　近いアジア、遠いアジア

ところで、タイの山地に住む人々は、比較的早くから日本の人類学者たちに注目されてきた。正確にいうと、タイのほか、ミャンマー、ラオス、ベトナムの北部から中国南部、さらにはインド領のアッサムあたりにまたがる山地の人々が注目を集めてきた。それはなぜか。簡単にいうと、日本人の目から見て文化が近い（と感じられる）からである。たしかにタイ国内で調査をしている日本の人類学者のうち、北部の山地を調査地に選ぶ人が私を含めかなりの比率を占める。同じくタイの山地で調査をしている日本人の同業者とその話になったとき、その同業者はこんなことを言った。

「やっぱりタイの山地に来ると、何かほっとするんだよね。既視感っていうか、日本人の心の中にある原風景に出会ったような気がする。日本人の研究者が山地に来たがるのもそういうのがあるからじゃないかな」

写真1　ラフの村落の光景（タイ国）

おそろしくナイーブな表現になるが、ひょっとするとこれは一面の真理を言い当てているかもしれない。山の斜面にへばりついたモノトーンの茅葺き集落と、谷あいの猫の額のような段々畑の光景は、身も蓋もない言いかたをすれば我々の心に無条件で安心感を与える。我々の考える「ふるさと」のステレオタイプにあまりにも近いのである。私はかつて調査村で、ラフの人々に日本の農家の写真を見せたことがある。「何これ、アカの家じゃん」という反応。アカというのは、ラフに隣接して住む山地民族である。そのぐらい、日本の山村とタイの山村とのたたずまいは似ている。

そうした漠然とした印象論だけではない。たとえば山地の村では納豆を作って食べる。お祭りがあると赤米を蒸して一種のお赤飯を作って祝う。また焼き米も作る。これはあまりなじみがないかもしれないが、実は日本の山間部でも、稲の収穫前に半熟の米粒を加熱してたたいて食べるという焼き米の習慣が各地に残されている。それから正月になると餅をつき、大みそかの深夜には若水取りに出かける。

非キリスト教徒の村では、正月明けに森で模擬狩猟の儀式をおこなう。これは村はずれの森で山の神に祈りをささげ、狩りをする動作をして一同が「獲れたぞ!」と叫び、そのあとで持参した餅をあぶって食べる、という儀式である。このときには餅を餅と呼んではならず、「イノシシ肉」と呼んで食べる。これがすべて終わると、村の山仕事が解禁される。実はこの一連のプロセスは、正月明けに南九州でおこなわれる「山の口開け」とまったく同じである【小野 1970】。最初にタイの山地でこの儀式に出くわしたときには、私もあまりの類似に驚いたほどである。

それだけではない。神話や民話にも日本とそっくりなものがたくさんある。たとえばラフの創世神話には、人類始祖となる兄妹が登場する【チャレ 2008】。この二人が結婚しないと人類が繁栄しないのだが、二人とも恥ずかしがって結婚を拒む。最後に二人はようやくあきらめて結婚に踏み切るのだが、はたして生まれた子供は奇形児で、それを気味悪がった両親は捨ててしまった。実はこれ、『古事記』に出てくるイザナキ、イザナミ神話とまったく同じである。ラフの創世神話では、このあと捨てられた奇形児の肉塊を神が切り分け、それが各民族（バージョンによっては穀物）の祖先になったと伝えられている。日本神話ではこれと似た話は、直接にはイザナキ、イザナミ神話には出てこないが、後段の別の個所で、やはり死体や排泄物から穀物の祖先が生まれたという説明がある。

こんな昔話もある。あるみなし子が、悪い人を退治するために、栗、うなぎ、竹の子の皮、それから杵と相談をした。そして作戦決行。この悪者の家の囲炉裏で夜中に栗がはじけて悪者に当たった。やけどをしてびっくりした悪者はあわてて手を洗おうとしたところ、鉢の中で待ち構えていたうなぎがかみついた。さらに驚いて走って家から出ようとしたら、竹の子の皮にすべってそのまま縁側に転げ落ちた。その上から杵が落ちてきて悪者は死んだそうな【チャレ 2008】。以上、ラフ版の「さるかに合戦」である。ここは本当に外国なのか。

この地域の山地諸民族の文化を、日本文化との類似から説明する議論の一つが、いわゆる照葉樹林文化論【上山編 1969、佐々木 1971】である。これはうんと簡単にいえば、日本から中国南部、東南アジア大陸部山地、さらにアッサムにかけての照葉樹林（常緑広葉樹）帯には、きわめて似通った文化が共有されている点に着目するという説である。そのなかにはいま述べたような食習慣や神話、世界観のほか、焼畑農耕やそれに付帯した物質文化なども含まれる。すぐに想像がつくように、この一連の議論には、日本文化あるいは日本人の起源をどこに求めるのか、という問いが含まれている。もっとも、現時点での類似から、いきなりそうした推論を導くのはあやうい。そこではたとえば、水稲耕作の本格的普及に先立つ日本の古代文化が、この地域の焼畑民文化と何らかの関係があるのではないかという想定がなされるのだが、しかしそれを論じるには、東南アジアなどの焼畑民の文化が古代にどうであったのかをまず復元しないことには比較のしようがない。とはいえ、この地域の焼畑民文化の一部には、そうした期待を抱かせるほどの親近感を日本の観察者に与えるのは事実である。

7 「当たり前」を疑え――人類学からのアジア理解のために

人類学が異文化の学であるとすれば、そこで問われるのは、何が誰にとっての異文化なのかという点である。私の場合でいえば、フィールドで最も異文化を感じたのはキリスト教であり、逆に最も違和感が少なかったのは「古事記」や「さるかに合戦」にそっくりの神話や民話であった。おそらく欧米の観察者にとっては、これがちょうど正反対になるはずである。そこではキリスト教が自明となり（つまり説明されない）、逆に土着の神話、民話は、我々が想像する以上の違和感を観察者に与えるかもしれない。とすれば、我々がフィールドで「これって日本と同じ」と感じる要素の中には、そうであるがゆえに安易にわかった気になって真剣な考察を怠っているものがきっとあるのだろう。

我々がアジアをどうとらえるのか、という問題も、この点に関わってくる。人類学はいうまでもなく欧米を発祥地とする学問であるから、そこでアジアが対象化されるときには、彼らにとっての異文化に焦点が合わされる。これはよいことでも悪いことでもない。異文化理解というのはそういうものである。注意を要するのは、そうした欧米標準のアジア理解が先行研究として参照されることで、我々のアジア理解のひな型になっているという点である。そこでの主語は「我々欧米人」であり、そこから見出されるのが「彼ら（アジア人）」の異文化である。こうした言葉づかいは、たとえばその本が和訳されるときにもそのまま残る。そのため知らず知らずのうちに、日本の人類学者もまた「我々欧米人」という言葉づかいにそのまま乗っかってしまい、その視点でアジアに接することになりやすい。

誤解のないように言うと、ここで私は、我々は西洋中心主義に対抗してアジア主義を掲げるべし、と言いたいのではない。何が当たり前に見え、何が説明を要する異文化なのかはその人の文化的背景に左右される、という当然のことを指摘したいだけである。人類学者のフィールドでは当たり前のものほど説明してもらえない、という冒頭の話を思い出してほしい。そしてその、当たり前すぎて説明から脱落するものほど、その社会を理解するうえで重要なのであった。

このことは、フィールドの人々だけではなく人類学者の世界にも当てはまる。欧米の観察者にとって当たり前すぎて説明の必要がないものが、我々にとって当たり前とは限らない。それを自分にとっても当たり前だと誤認してしまうと、説明なしには理解できないことをそのまま素通りしてしまうことになる。逆の危険もある。我々がフィールドで「こんなの当たり前じゃん」と思うことが、ほかの人たちにとって当たり前とは限らない。だからそこは本来きちんと分析しなければならないのにそれをさぼってしまう。もっといえば、一見我々と同じに見える文化でも、それが置かれた社会的脈絡は違うのであるから、その意味づけや用法は当然違っているはずである。そこで「こんなの日本人にとっては当たり前」といって目を閉じてしまうと、その瞬間に異文化理解への道が閉ざされてしまう。「当たり前のものほど疑え」。この金言は、我々がアジアに関する民族誌を読んだり書いたりする時にもそのまま当てはまるのである。

参照文献

◆ベネディクト、R

2005『菊と刀——日本文化の型——』（長谷川松治訳）講談社学術文庫。

◆ハンドラー、R、J・リネキン

1996「本物の伝統、偽物の伝統」岩竹美加子編訳『民俗学の政治性——アメリカ民俗学一〇〇年目の省察から——』未来社、pp.125-156。

◆橋本和也

1996『キリスト教と植民地経験——フィジーにおける多元的世界観——』人文書院。

◆片岡樹

2007『タイ山地一神教徒の民族誌——キリスト教徒ラフの国家・

民族・文化――』風響社。

◆**チャレ**

2008『ラフ族の昔話――ビルマ山地少数民族の神話・伝説――』（片岡樹編訳）雄山閣。

◆**マリノフスキ、B**

2010『西太平洋の遠洋航海者』（増田義郎訳）講談社学術文庫。

◆**小野重朗**

1970『農耕儀礼の研究――南九州における発生と展開――』弘文堂。

◆**佐々木高明**

1971『稲作以前』ＮＨＫブックス。

◆**上山春平編**

1969『照葉樹林文化――日本文化の深層――』中公新書。

第Ⅱ部

暮らしの中の文化

牧畜にみるアジア

生業・思考・国家

3

シンジルト
SHINJILT

1　アジアの奥地から

地図の上でその存在が確認できるように、アジアは物理的実在性をもつ。一方で脱亜入欧のようなスローガンすらありえたように、アジアは観念的存在である。日本におけるアジアをめぐる議論の歴史は長いが、近年のアジア論の関心も、中国・インドそして東南アジアといった農耕社会にとどまる傾向がある。この点に、欧米は牧畜文明であり、アジアは農耕文明なのだ【松本2003】というアジア観が窺える。だが地図をみると、アジアの奥地には雄大な乾燥草原地帯が拡がっていることが分かる。乾燥草原といっても、それは無人地帯ではない。そこには牧畜民が暮らしており、ユニークな文化を生み出している。

1990年代初期に来日した筆者は、東京都杉並区の自宅付近にある専門店で初めて「ジンギスカン」を食べた。それから十数年後、英国滞在時にこの国を代表する料理フィッシュ・アンド・チップスを食べた際に、「タルタルソース *tartar sauce*」と出会った。ユーラシア大陸の両端に浮かぶ2つの島国における2種の食べ物の名は、いずれも、内陸アジア牧畜民の歴史文化とつながっている。「ジンギスカン（成吉思汗）」は、モンゴル帝国の創始者チンギス・ハーンの名に因んだものである。「タルタル（タタル、韃靼）」は、ヨーロッパ人（および中国人）によるモンゴルひいてはアジア牧畜民全般に対する呼称である。

しかしながら、モンゴル人である筆者の舌には、ジンギスカンもタルタルソースも馴染まなかった。それにしても、牧畜民の特定の歴史人物や集団名が、なぜ、ユーラシア大陸の両端に暮らす人々の日常生活の細部にまで定着したのか。肉と乳製品は、牧畜民の単なる換喩だからなのか。けれども他にも例えば、タルタルステーキ、ダッタンソバ（韃靼蕎麦 *fagopyrum tataricum*）、韃靼海峡などの存在を考えると、おそらく単なる比喩ではなかろう。ここで、タタルと呼ばれる牧畜民が、西洋そして東洋の農耕社会に与えたインパクトを改めて吟味する必要がある。

現代日本におけるエスニック・フードの多くは、グローバル化（世界の一体化）の産物であろう。世界史的にみた場合、グローバル化は、何も産業革命や冷戦以降に限られるものではない。産業革命や大航海時代をさらに遡って、グローバル化は既に始まっていた。それを促したのが、モンゴル帝国の拡張がもたらした、ユーラシア大陸の内陸交通とインド洋における海洋交通の有機的結合を意味する「13世紀世界システム」だった【アブー＝ルゴド2001】。ヨーロッパ人が、アジアをよりリアルに認識することになったのは、この時代からだった。当時のヨーロッパ人にとっての「世界」の全体像は、マルコ・ポーロが著した『東方見聞録』を反映したものであった。そこに登場したタタル（モンゴル）人の存在は、それまでの曖昧なアジア人像をより具体化した。『東方見聞録』はヨーロッパ人の探検心を刺激し、図らずも新大陸の発見にまで導いてしまう。

このように、アジアという範疇を生み出したヨーロッパにとって、ヨーロッパという自己同定の獲得に直接寄与した重要な他者のひとつは、東方から続々とやってくる牧畜民だった。彼らはアジア諸（農耕）文明にとっても脅威の存在だったが、同時に諸文明建設に欠かせぬ触媒でもあった。だが「近代」以降、彼らの存在は、東西の両方にとってもはや看過《かんか》して済むような周辺的な存在となった。洋の東西を問わず、近代（国民）国家にとって、牧畜民の生業・生活様式は、総じて異質なものだったが、近年、地球環境問題が注目される中、彼らの生業・生活様式に新たな可能性を見出そうとする動きもみられる。それでは、牧畜と牧畜をめぐる外部の動きをどのように理解すべきか。本章は、主に生業としての牧畜（その一形態である遊牧を含む）、そしてそこで生まれた牧畜文化をとりあげることで、アジアの多様性への理解を促し、アジアという範疇の動態を考察するものである。

2　生業としての牧畜

2-1　草原の人と家畜

家畜を養育しその乳、肉、毛、毛皮などを生活の糧とする生業様式を牧畜だとすれば、アジアにおける牧畜地域の分布は広い。牧畜の前提は草原（牧草地）の存在であるため、草原の分布からおおよそ牧畜民の分布を特定することが可能である。狭く捉えた場合、アジア草原は、大興安嶺山脈の西、万里の長城の北、バイカル湖以南、アルタイ山脈以東に位置するモンゴル草原、アルタイ山脈から西へ広がるジューンガリア草原とカザフ草原、そしてウラル・ヴォルガ両河の下流域に展開する南ロシア草原やアナトリア半島などの地理空間まで含む。ユーラシア大陸の中央部を東西に横たわるこの帯状の草原地帯は、中央ユーラシア草原ともいわれる。広く捉えた場合、

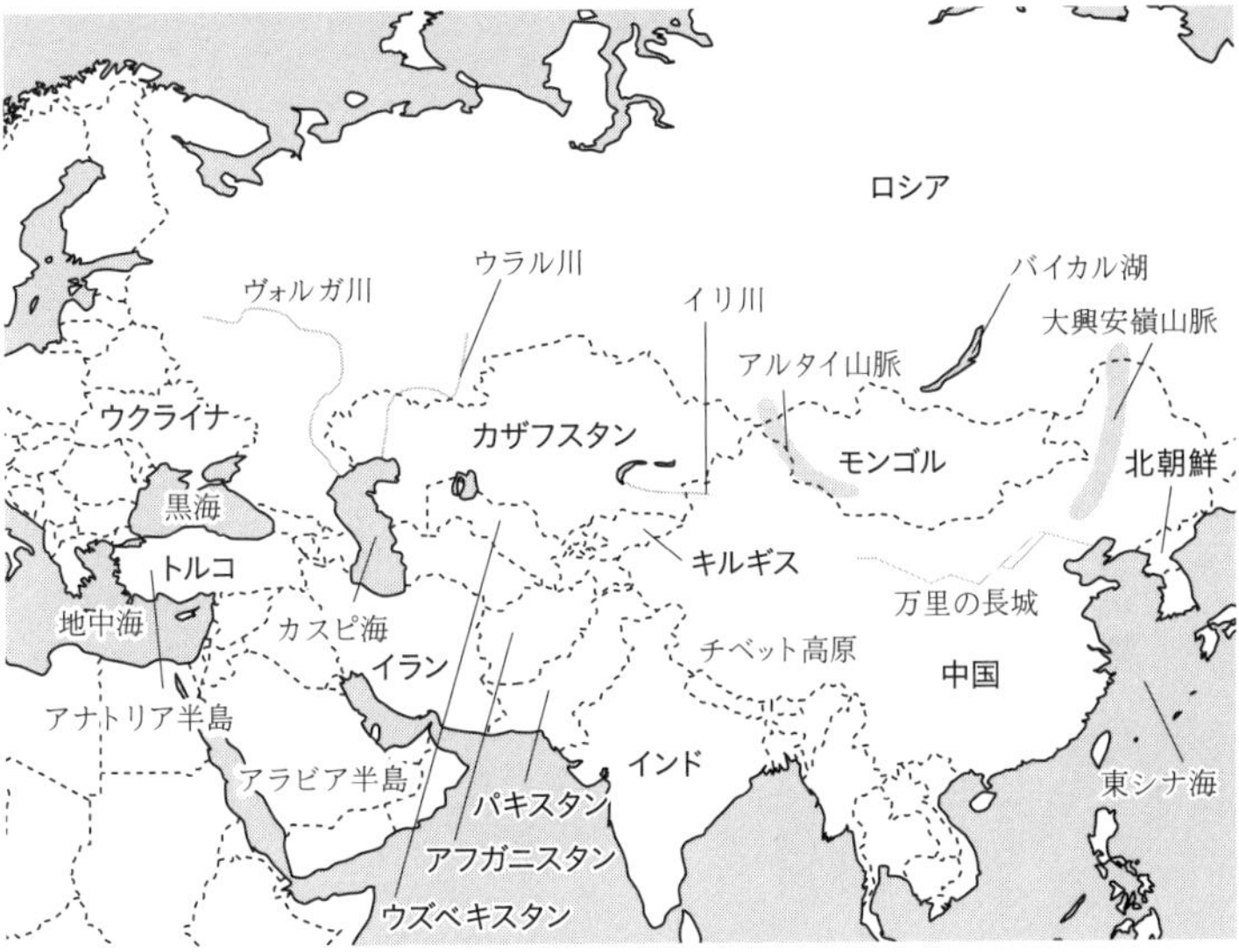

図表1　ユーラシアにおける牧畜地帯

シベリアの寒冷地帯、チベット高原、アラビア半島、西南アジアなども含まれる。狭い意味でのアジア草原の主要な住民は、その宗教や言語的な特徴から、イスラム教を信仰するテュルク語系の牧畜民とチベット仏教を信仰するモンゴル語系の牧畜民の二つに大別することが可能である。

牧畜は、農耕に適さないこうした乾燥した草原地帯でおこなわれてきた。旱魃《かんばつ》や雪害などの自然災害を避けるため、家畜を常に移動させる必要があり、牧畜民の間では、牧草地を特定個人の所有物とみなす意識は薄い。牧畜民のなかには、冬営地、春営地、夏営地、秋営地をめぐって季節毎に住居と共に移動しながら放牧する遊牧民もいれば、放牧のかたわら農耕に携わる半農半牧の生活をおくる者もいる。そのため鶏、豚、ロバ、ラバなどを飼う牧畜民もいるが、それらを家畜とは認めないケースも多い。この点では農耕社会で考えられている家畜とは異なる。例えば、日本の自然科学者が中心となって編纂された『アジアの在来家畜』

写真1　新疆西部イリ川流域の草原

【在来家畜研究会 2009】という大著は、ブタ、イヌやネコ、そしてニワトリやアヒルなどをも家畜に算入しながら、ラクダを含めない。これに対して、牧畜民にとっての家畜は、馬、牛、ラクダ、羊、ヤギの5種類に限られる傾向がある。

宗教的な相違を超えて、テュルクとモンゴル語系の牧畜民は前述5種類の家畜をマル ***mal*** と総称する。総称のみならず、家畜をめぐる共通用語が数多くみられる。例えば、家畜の下位分類（馬 ***aduγu***、牛 ***üker***、羊 ***qoni***、ヤギ ***imaγa***、種馬 ***ajirγa***、種牛 ***buqa***、種ラクダ ***buγura*** など）、家畜の身体部位（肋骨 ***qabirγa***、筋 ***širbusu***、尻尾 ***segül***）、家畜の毛色（斑色 ***alaγ***、黄色 ***šira***、灰色 ***boru***）、家畜の年齢（3歳の牝 ***γuna***、3歳の牡 ***γunajin***、4歳の牝 ***döne***、4歳の牡 ***dönejin***）、畜産物（乳 ***sü***、ヨーグルト ***taraγ***、初乳 ***uγuraγ***）、家畜のあり方（家畜の群れ ***sürüg***、側対歩の馬 ***jiruγa***、乗用の家畜 ***unaγa***）、家畜の管理利用（集落 ***ayil***、鞍 ***emegel***、馬の腹帯 ***olang***、馬の手綱 ***jiluγu***、乳を搾る ***saγaqu***）などと広範にわたる【孟達来・吉田 2006: 7-8】。

2-2　白と赤の食べ物

生態人類学では、搾乳《さくにゅう》と去勢という2つの技術の誕生によって牧畜が成立したとみなされている【今西 1968、梅棹 1976】。モンゴル研究者の田中は「モンゴル人の生活が、衣食住の全般にわたって家畜に依存していることはあらためて述べるまでもない。しかし畜産食品のうちで最も重要なものが何かと問われれば、肉よりもむしろ乳の方を掲げるべきだという認識はとぼしい」と述べた【田中 1977: 281】。栄養学・微生物学者の石井は、モンゴル草原の牧畜民の搾乳と乳加工の特徴を次のように分析する。「家畜の泌乳量が多くなる夏季、ヒツジ、ヤギ、ウシ、ラクダの1日の搾乳回数は朝夕の2回である。泌乳量の少ないウマのみ1日に8回前後搾乳されている。科学的見地から捉えたモンゴルの乳加工の特色は、第1に搾乳した乳を最初に脱脂すること、第2に脱脂した乳を専用の発酵容器で発酵させること、第3に無駄になる成分がないことである」。そして、夏季の牧畜民の食において、30種類近くの自家製乳製品がエネルギー摂取源の70%をも占めるという【石井 1997: 31、2007: 197-198】。

ひと口に搾乳や乳の利用といっても、そのあり方は多様である。牧畜地域を中心にアジア大陸における乳文化を考察した平田は、牧畜生態学の見地から、アジア大陸には8つの乳文化圏が存在し、それらはさらに、北方乳文化圏（モンゴルやカザフなど）、南方乳文化

図表2　モンゴル牧畜民の家畜利用【石井 2007: 198】

	生きたままの利用					屠畜後の利用			
	乗用	使役	乳	毛	毛の紐	肉	皮	皮紐	皮袋
ヒツジ			○	○	○	○	○		
ヤギ			○	○		○	○		
ウシ		○	○		○	○	○	○	○
ウマ	○		○		○	○	○	○	
ラクダ	○	○	○	○	○	○	○	○	

圏（アラブやイランなど）、南方・北方乳文化重層圏（トルコやチベットなど）の3つに大分類できるという。そのうえで、「南方域の西アジアで、バターオイルやチーズを加工する発酵乳系列群の保存技術が発達した段階で、西アジアから北方域に伝播し、北方域では、西アジア型のこの発酵乳系列群の乳加工技術を基にして、冷涼性ゆえにクリームの分離や乳酒つくりの乳加工技術へと変遷・発達した」と、南北の乳文化圏の相互関係を指摘する【平田 2008: 194】。

夏の主食である乳製品は、モンゴル語でツァガン・イデー *čaγan idegen*（白い食べ物）と総称される。それに対して肉製品はオラーン・イデー *ulaγan idegen*（赤い食べ物）と総称される。肉は冬の主食である。白と赤の食べ物は季節的にも、栄養的にも相互補完的に草原の食卓を支えている。

家畜の中で最も頻繁に食されるのは羊である。モンゴルの伝統的な屠畜方法は、腹割き法である。小刀で胸部を少し割いてから素手を突っ込み、人差し指と中指で心臓近くの大動脈をつかんで切断して即死させる方法である。家畜が絶命してからは、皮と肉を分離する。胸から腹にかけて縦に一文字に割き、四肢もそれぞれ一文字で割く。それからはもっぱら拳で皮をはがしていく。はがした後は、胃、小腸、大腸、膵臓、脾臓、肝臓などの内臓を別々に取り出す。それから、血をすくい取る。肉の本体は、胸部、臀部、左右2つの前肢部、左右2つの後肢部、首、頭部の8つの塊に分解される。そこで、血は腸に詰めソーセージにし内臓と共に茹でて食し、毛皮は加工されていく。結果として、胆のう以外、家畜のすべての部位が有効に生かされている。なお、肉は通常、塩味で茹でて料理するが、冒頭に話した「ジンギスカン」のような焼き肉料理は一般に見受けられない。焼くことで肉の脂肪分、したがって、滋養と旨みが失われてしまう、と理解されているからである【小長谷 1992: 121-142、石井 1997: 27-31、呉人 2002: 31】。

2-3 性のコントロール

家畜とは「その生殖がヒトの管理下にある動物である」【野澤 1987: 66】と定義されるほど、牧畜民にとって、家畜の去勢つまりその性のコントロールは重要である。去勢されると、馬とラクダは乗用になり、牛は役畜となり、羊・ヤギは肉用として太って美味になる。また群れの安定をもたらすと同時に、それぞれの家畜種ごとに、去勢の効果が発生するからである【小長谷 1991: 53】。これまでの事例に登場したモンゴル牧畜民はアジア草原の東の端の住民であるが、アナトリア半島南部と地中海沿岸の地域を年間約450キロメートルにわたって移動しながら、放牧生活をするトルコ共和国の牧畜民ユルックは、まさにその西の果ての民である。

社会人類学者の松原によれば、モンゴルと同様、ユルックにとっても、ヤギ、羊、ラクダ、馬、牛だけが真の意味での家畜である。彼らはマルと総称される上述5種類の家畜に対して去勢をおこなうが、羊とヤギの去勢は秋営地で、ラクダ、馬、牛の去勢は冬営地でおこなわれる。この違いは、家畜における発情期の違いを反映したものである。ヤギを去勢する際は、2人がかりでヤギを地面に横倒しにし押さえつける。一人は小さいナイフで睾丸の先端部の皮膚に3センチメートルくらいの切れ目をいれる。睾丸の根元を指で圧迫し皮膚の切り口から半分くらい外へ押し出す。むき出しになった睾丸の中ほどに10センチメートルくらいのふとい針をつきさし、針穴にとおした糸を指にからめてぐるぐるまわしながら睾丸を抜き取る。もういっぽうの睾丸も同じ手順で摘出する。傷口に松脂からつくった外傷薬を塗る。傷口はしばらずにそのままにしておく。去勢がおわるとすぐに立ちあがらせ、あたりをしばらくつれ歩く。去勢後そのまま地面に寝かせておくと出血がひどくなるので、運動させる必要がある。

これがいわゆる摘出法である。これ以外には、例えば、指や糸を使って、睾丸への血脈の流れをとめる結紮《けっきゅう》法、板ではさんだ睾丸を石などで叩きつぶす叩打法などがある。こうした去勢の運命をまぬがれた家畜は種オスとなる。しかし種オスといってもその交尾は常に自由というわけではない。むしろ発情期を迎えている群れから、種オスがいったん隔離されることが多い。それによって、発情をかきたてて交尾活動を盛んにさせる。これは交尾期の到来を、家畜たちに深く確認させるための方法である。妊娠可能なメスたちにまんべんなく種付けさせ、すべてのメスから子どもを得ることが、牧畜民の希望である【松原 1983a: 78-86】。

2-4　人畜のコミュニケーション

去勢以外にも、牧畜民による家畜管理の技術は多くみられる。家畜に対するかけ声や個体識別などがそうである。ユルックによれば、人間のかけ声によって家畜の群れが落ち着き、食欲も旺盛になるという。そういう意味で、家畜へのかけ声は、単なる人間による家畜に対する命令形ではなく、人間=家畜関係をつなぐコミュニケーションの一手段である。それ故に、家畜の種類に応じて、かけ声の内容も異なる。

ユルックは朝、放牧に出かけるため、休眠中のヤギ群を起こす時は、「シー、チュチ」と声をかける。これは穏やかに行動を起こさせる合図である。満腹して休憩中のヤギを起こしたり、放牧が終わって寝場所へ追ったりする時も使われる。羊を起こす時は、「シー」という強い歯擦音の声をかける。群れが動き始めると、「ヘイ、ヘイ」とゆっくりした調子で声をかける。放牧地に着いて草を食み始めるまで、ゆったりと間をおきながら持続的に発せられる。ゆっくり歩き続けることを促すかけ声である。羊の場合は、「ピー、ピー」とゆっくりながく尻さがりの調子で口笛を吹く。放牧地についても、さらに進もうとするヤギたちに対しては、「アイ、アイ」と声をかける。「とまれ、引き返せ」という合図である。群れから200メートルくらい離れたところでまだ草を食んでいるヤギには、「ヘ、ヘイ」または「エーイ」とかけ声をかけてやる。「こちらへこい」という意味である。遠くにいる家畜個体をこちらへ呼び寄せる声は、牛とラクダにもある。牛の場合は「クル、クル」、ラクダの場合は「ホエ、ヒンヒンヒン、ホエ」となる。

このように、家畜に対するかけ声は、人間と家畜の共有する文化的要素である。異なる文化のかけ声の体系を持ち込んでみても、家畜の反応は所期の通りにはいかないことを考えると、家畜も学習することによってかけ声の意味を体得している可能性がある。少なくとも、かけ声の体系には、人間の側からの家畜に対する認識の仕方が、反映されているといえよう【松原 1983a: 47-51】。

牧畜民による家畜の認識体系はきわめて複雑であり、本節の冒頭に紹介した、年齢（3歳の牝や3歳の牡など）と性別（種馬や種牛など）といった属性に基づいて家畜を命名する方法が、その

写真2　子牛と遊ぶイリ草原のウールド人少年

一例である。それ以外には、家畜の耳の形と体毛の色や体の部分的特徴などに基づき、家畜を記述的に類別する方法もある。ユルックの間では、例えば体毛が白で、幅広で垂れた耳をしたヤギのことを、アク・ドーウという。このように、2つの特徴を組み合わせて命名する方法を「二名法」という。また、体毛が白で、頬の部分が茶色で、幅広で垂れた耳をしたヤギならば、「三名法」により、アク・ヤナル・ドーウという。そして、クル・ヤナル・サカル・ヤグル（体毛が黒で、頬の部分が茶色で、頭部が白く、霜降り状になった幅広で垂れた耳をしたヤギ）というように、「四名法」もある。

さらに、家畜は個体としても識別されている。それは、特に家畜個体がそれぞれ異なる名をもっているという事実から読み取れる。例えば、ユルックにとって重要な家畜であるヤギや牛はすべて個体名をもっている。そうした個体名は、主に地名（例えば、買い入れた村の名称）、人名（買い入れた相手の名前、顔の似た人間の名前）、出生時の状況（出生時に母を亡くした場合、「孤児」という名をもつ）、身体的特徴（「一本角」や「ひとつ耳」）、性格や行動（「大食い」や「ゆっくり歩く」）の特徴などに因んでいる【松原 1983b: 42-60】。去勢やかけ声と同様に、個体識別も、家畜の群れを管理するうえで、有効な役割を果たす。

3 劣等視される牧畜

3-1 牧畜民の定住化と農耕化

伝統的に牧畜民は、草原の良し悪しに従って家畜を移動させ、人間も家畜の移動に従って移動する。草原の使用をめぐる牧畜民集団同士の争いが起こり、そのため、境界線が人為的に引かれることもあったが、それは常に流動的であった。だが、近代国家にとっては、特定の土地（草原）は特定の個人や集団に固有の所有物であり、土地の境界は固定的である。越境は時として、国家主権の侵犯になる。牧畜民の移動を制限し、定住化させることは近代国家にとって至上の課題となる。中央ユーラシア草原をそれぞれの統制下におさめたロシアと中国という近代国家において、牧畜は、発展段階の上では、農耕へ移行すべき遅れた生業様式だとみなされてきた。

チベット仏教を信仰するモンゴル語系の牧畜民ウールド（*ögeled*）人が創ったジューンガル帝国は、清とロシアという二大国家と1世紀あまり拮抗した末、18世紀中葉に滅亡し、歴史学者に「最後の遊牧帝国」とも呼ばれている。二大国家が、近代的な領土観念をこの地域に持ち込み、遊牧民の自由な移動を制度的に制限したからである【宮脇 1995: 246-248】。このことは、「遊牧民の遊動生活は、政治的自立によって許された自由によって保証されて」【松井 1999: 504】きた事実を物語る。ジューンガル帝国の崩壊以降、牧畜を劣等視し、農耕を万能視する考え方が、土地の条件を無視して、アジア草原地帯において一種のパラダイムとなったのである【杉山 1997: 73】。遊牧帝国崩壊後の数世紀の間、帝政ロシアや清朝およびそれらの後継者となるソ連や中国は、それぞれ今日のカザフスタンと新疆ウイグル自治区の草原地帯へ数多くの農民を入植させると同時に牧畜民に対して定住化や農耕化政策を推し進めた。

カザフスタンにおける遊牧は、ロシア政府が行政区画をまたがる移動を制限したために、19世紀中頃にはすでに衰退を始めていた。遊牧に打撃を与えた最大の原因は、国家が牧畜民の土地を国有地とみなし、そこへロシア人やウクライナ人などスラヴ系の移民を大量に入植させ、土地を占有したことであった。しばしば、入植者は放牧地に最も適している草地を占有した。季節ごとに使う牧草地の一つが奪われたり、その間の移動ルートが遮断されたりするだけでも、その地方での遊牧は大幅な縮小を余儀なくされた【宇山 1997: 11-12】。カザフ牧畜民に対する定住政策が徹底したのは、1930年代におけるソ連の農業集団化であった。牧畜民の家畜は没収され、季節移動は禁止された。それまで牧畜民は家畜の移動によって自然災害をしばしば免れてきたが、移動が禁止されたため、1932年の大寒波で、家畜の大量死が生じた。1928年にはカザフスタン全体における羊の数は2000万頭だったが、大寒波後の1933年には170万頭と10%未満にまで激減した【及川 2004: 14】。

他方、ジューンガル帝国に勝利した清朝も、帝国の本拠地だった現在の新疆北部へ、甘粛、陝西、四川省などから大量の農民を移住させると同時に、中国内地の受刑囚をも新疆へ送りこんだ。

新疆で服役すれば刑を軽減し、家族の同行も承認したうえで、釈放後は「民屯《みんとん》」に編入し、平民になることを約束するなど新疆への移民優遇政策をとった。民国時代も、新疆は自然災害のため甘粛、陝西、河南省などから来る漢人移民を大量に受け入れた。共和国時代においては、国家建設や国防上の必要から、辺境への漢人移民が組織的かつ計画的におこなわれてきた。とりわけ新疆において国家は、新疆生産建設兵団という巨大な土地開墾専業集団を組織した。最盛期をすぎた、1999年末現在、兵団の人数は242万人にのぼった。その結果、新疆の人口は、1930年代の250万から1964年の727万、1982年の1308万人と、50年間において5倍に増加した。移民がもたらした人口圧や農地面積の拡大は、牧畜社会の生業形態や生活様式を大きく変化させたのみならず、人間と自然との従来の均衡関係を乱すものであった【シンジルト 2005: 6-9】。

3-2　草原の破壊と保全

ロシアや中国などの近代国家は、内陸アジア牧畜地域の開発を推進していった。開発は地域に文化的経済的な変化や自然環境への影響をもたらした。これらについて総合的に検討した社会人類学者のハンフリーとスニースは、内陸アジアで、貧富の格差の深刻な拡大や自然環境の極度の悪化が進行していると警鐘を鳴らした。その上で、こうした状況が開発によってもたらされたことを指摘し、牧畜という生業自体は多様性に富み、環境に適合的であったことを論じた【HUMPHREY and SNEATH 1999: 292-306】。

北京師範大学資源科学研究所の劉学敏は、中国の西部牧畜地域の悪化した生態環境の現状は過去の国家政策の結果でもあるとして、次のように分析した。「20世紀50年代以来、中国においては大規模な草原開墾を3回おこない、牧草を取り除き、穀物を栽培してきた。第1回の1950年代人民公社期においては、農業を大々的に興そうとして、大がかりな草原開拓をおこなった。そのため、冬と春の牧草地が減少し、土壌の砂漠化が進んだ。第2回の文化大革命期（1960年代－1970年代）においては、『牧畜地域は農業地域へ進化すべき』であり、『牧畜民は自ら穀物を栽培すべき』であるというまちがったスローガンのもとで、再び草原を盲目的に開墾し、生態環境を再度破壊した。第3回の改革開放以降においては、局部的、目先の利益のために、多くの草原地帯でまたもや開墾が大々的におこなわれた。改革開放以降、『食糧自足事業』や『野菜自足事業』などのプロジェクトが推進され、（中略）農作物や野菜の栽培に根本から適さない地域においてさえ、それらの自給自足が求められた。その結果生態系をいっそう悪化させた」【劉 2002: 47】。

さらに、牧畜民に残された草原の利用形態も、改革開放直後の1980年代初期から大きく変わった。内モンゴル自治区ではいち早く、東部農耕地域で推進されていた請負制度が導入され、牧草地の使用権は個人に配分された。これによって、それまで区切りのなかった草原においては、鉄条網で各世帯の牧草地を物理的に分断するいわゆる「草庫倫《ツォクロン》」という新しい牧草地の利用方式が確立された。この方法がやがて全国の牧畜地域に普及していった。土地を囲って放牧するという発想は、文字どおり農耕民的な発想である。十数年もたたないうちに、草原の砂漠化が顕著になり、砂漠化した地域からやがて黄砂が発生し、中国本土を襲撃するなど大きな環境問題を生み出した。

悪化する生態環境の修復や保全の名目で、牧畜民を草原から外へ移住させる「生態移民」キャンペーンが、21世紀に入ってから、中国において繰り広げられてきた。牧畜民を都市部や新たに建設された小型町に移住させ、彼らの生活様式と生業形態を変えることで、自然環境に対する人間の依存度を減少させ、生態の保全につなげていくのだ、というのが生態移民政策のシナリオである。これに対して、砂漠化防止に取り組むNGO団体などは、「遊牧こそ草原のストレスを軽減し生態系保全に貢献できる生業形態だ。遊牧業が生んだ遊牧文化は、水と草を第一に、家畜を第二に位置づけており、人間と自然とを一体に融合したエコ・カルチャーで、人類が追求すべき最高の境地だ」と、それまで後進的な生業形態としてしか理解されてこなかった牧畜や牧畜民の伝統文化にエコロジカルな要素を発見し、それを強調するようになったのである【シンジルト 2005: 10-26】。

4　思考としての牧畜

それでは、いったい牧畜民の伝統文化とはどのようなものであろうか。第2節でみてきた事柄が、彼らの生存レベルでの技術だったとすれば、この節では主にその実存レベルでの実践と思考を扱う。具体的には、牧畜民がそのおかれた環境の中で培ってきた特定の慣習を取り上げ、それが彼らの日常生活にとってどのような意味をもつのかを、主に筆者の調査研究【シンジルト2011】に基づいて検討したい。

4-1　内陸アジアの一牧畜社会

筆者の調査対象は、第3節で言及したジューンガル帝国の末裔ウールド人である。内陸アジアの中央部を東西に流れるイリ川流域には、歴史上様々な遊牧政権が誕生した。長い間内陸アジアの覇権を握っていた帝国は1750年代、清によって滅ぼされた。清によるジューンガル平定の中、西はカザフ地域、南はウイグル地域に逃げ込んだウールド人が、戦後、清が設立した「ウールド営」という国境警備隊に編入されたが、彼らを取り巻く社会環境は大きく変わっていた。カザフ人、ウイグル人、漢人などの増加で、彼らは故郷において人口的なマイノリティになってしまった。現在、イリ川流域には、約3万人のウールド人が居住する。

言語的に、ウールド人の中には母語以外、カザフ語、ウイグル語、漢語が堪能な者が多い。特にカザフ語で学校教育を受けたり、カザフ式の名前をもったりする者も珍しくなく、言葉をモンゴル語からカザフ語に切り替えた場合、両者の違いは見当たらない。牧畜を営んでいるウールド人が多いが、「新疆生産建設兵団」の設立に伴い、1950年代以降大量の牧草地が、「荒地」として開拓され農耕に転用されたため、牧畜のみによる生計が困難になり、半農半牧のウールド人の数も増えてきた。

牧畜民かいわゆる元牧畜民かを問わず、ウールド社会には、ほとんど誰でも知っている「セテル（*seter*）」という言葉がある。大まかにいえばセテルとは、特定の家畜などの個体を屠《ほふ》ったり売ったりせず生を全うさせること、および、その個体自体を指す。セテルの語源は、命（*tshe*）を解放する（*thar*）ことを意味するチベット語の「ツェタル（*tshe thar*）」だが、現地においてその語源を知る人はほとんどいない。ウールド人の間では、セテルは単に名詞としてというより、「セテルラフ」「セテルタタフ」（いずれもセテルをするとの意）のように動詞化された形態で、あるいは「セテル・マル」（セテル家畜）、「セテル・モド」（セテル樹木）のように複合名詞として使われるケースが多い。具体的な実践においてはじめて、セテルは人々にとって意味をなす。第2節でみたように、家畜は牧畜民の生存にとって文字通り糧であり、所有財である。セテルの実践は、自らの所有財の使用を一部放棄することを意味する。にもかかわらず、彼らはこの実践を、「そうするのがよい」と一言で言い表す。一見して不思議に思われるこの実践をどのように理解すべきなのか。

写真３　写真の右側にみられるのはイリ草原を分断する国境線の鉄条網

4-2　牧畜民にとってのよいこと

何らかの理由で、自らの家畜をセテルする牧畜民がいる。それゆえセテルに関する牧畜民の知識は豊かで複雑であるが、元牧畜民もセテルすることの積極的な意義をしばしば力説する。セテル儀礼をおこなう際に、可能な限り僧侶を招聘し、しかるべき経を読んでもらうことが期待される。原理的にあらゆる種の家畜の個体がセテルの対象になりうる。選別する際、家畜の顔つきに威厳があること、体格が大きいことなど、視覚的な要素が重要視される。セテル儀礼を受けた家畜は、「セテル・マル」と呼ばれる。家畜だけでなく、樹木もセテルの対象になる。そもそも草原に少ない樹木は牧畜民に敬遠される場合が多い。ウールド地域も、生きている樹木（クク・モド）を伐らないという慣習がある。この慣習を前提に、クク・モドがセテルの対象となるケースがあり、結果として「セテル・モド」が生まれる。

セテル儀礼を受けた家畜や樹木の個体は、特別な存在とみなされる。特別であることは、いくつかの約束事によって保証されている。まず、セテル・モドを伐ることはもちろん、それに登ったり、枝を折ったり、近くで小便したりすることもできない。そして、セテル・マルを屠ったり売ったりすることはもとより、その毛を刈ったり（羊・山羊）、それに乗ったり（馬・牛）することもできない。セテルとなったモノに対して人間は手を出さない。これらの約束事は人間の行動を規制するもので、一種の禁忌とも言える。では、人間がなぜ進んで自らの行動を拘束するのか。

理由の一つは、不幸から自分や家畜を解放するためである。例えば、家畜が病に罹《かか》りやすくなった時、人間の場合であれば、女性が流産した時、幼児が死亡した時、手足を怪我した時、肢体不自由、精神的な病になった時などにセテルをする。これらの不幸は、家畜や人間の「ケシゲ（*kešig*）」（幸せ、恵み）が低下したために起こったとされるからである。セテルの実践は、このケシゲを回復させると観念されている。ここでは不幸から免れることが、セテルをおこなう理由である。

もう一つの理由はケシゲを呼び寄せるためである。セテルすれば、人間も家畜も健康で、土地も安寧でい続けられるのだという。例えば、木をセテルすると、土地や水の主を喜ばせることができ、喜ばせることが人間の幸福・安寧をもたらすことにつながるという。家畜をセテルするのは、家畜の群れのケシゲを維持するために必要だからである。というのは、ほかの家畜に比べて、群れの中で最も目立ち、人の目に付くのがセテル・マルであるために、群れ全体の数や個々の家畜の存在が目立たなくなり、家畜全体のケシゲを保護する役割を果たすからだという。ここでいう人とは家畜泥棒に限定するものではなく、普通の人も指す。牧畜民は一般的に、他人に自分の家畜の数を聞かれたり、家畜の増加が注目されたりするのを好まない。また、オオカミなどもセテルの威厳に圧倒され、家畜の群れを襲撃できなくなるという。ここでは幸福の獲得や安寧の維持は、セテルをおこなうことの帰結であり理由となる。

この実践はしばしば、実践者たちに「そうするのがよい」と端的に説明される。この説明は、すべてのモノ、つまり人間および人間以外の家畜、樹木、土地など自然界のあらゆる個体の中に、ケシゲがあるという認識に支えられている。ケシゲは、幸運、吉祥、幸福などに類似する。しかし、非運や悪運などのような偶然性を表す表現、不吉や不祥あるいは不幸などのような否定的な表現は、ケシゲにおいては成立しない。絶対的で肯定的な価値を指示するのが、ケシゲという語である。人間界のみならず、自然界にもこうしたケシゲが遍在するという観念からは、人間と自然の両者が共存する世界が本質的に「善」なるものであり、人間と自然の間に差異を認めないとする立場を読み取ることができる。ケシゲというよいものを獲得するためには、セテルをするのが必要となり、「そうするのがよい」というわけである。ケシゲ自体は、ある特定のおこないによって減ったり、また別のおこないによって増えたり、さらに蓄えたりすることが可能である。ケシゲの低下を防止し、その増加や蓄積を目論む能動的かつ可視的な行為の一つが、セテルである。

写真4　セテル・マルになった羊

ケシゲが遍在するという認識は、牧畜民や元牧畜民がおかれる自然環境、従事してきた生業のなかで獲得された「自然認識」の一つと言えよう。ケシゲは、おのずからあるものである「自然」だけではなく、その「自然」との関わりにおいて存在する人間自身に対する認識でもある。後者において、幸福追求としてのケシゲの本質がより顕著に表れる。ケシゲのためにセテルをすることがよいとみる彼らにとって、無論、よいものやよいことはほかにも多くある。それらは例えば、よい気候・よい牧草地（耕地や企業）・よい家畜（農作物や製品）・よい肉（収穫量や賃金）・よい健康状態・よい家庭・よい子ども・よい人生といった具合に、ほかのどこの社会の人間とも変わらないような事物や物事である。ただ、それらは、互いに内的な関連が希薄である。牧畜民や元牧畜民である彼らにとって、それらを繋げるのがケシゲという認識であり、セテルという行為である。諸存在によいものとしてケシゲが遍在し、そのためにセテルをおこなうのがよいということの意味は、あらゆるよいものを相互に活性化し、あらゆるよいことを統合することにある。

4-3 迷信から伝統文化へ

しかし、直線的因果律で考えれば、セテルは証明不可能な論理に基づくものである。そのため、セテルも科学の対極にある「迷信」として扱われてきた。イリ地域が社会主義政権下におかれたのは1949年であったが、その直後、土地改革や人民公社化が始まり、家畜や放牧地などの生業資源はすべて集団化された。さらに迷信排除の強化に伴い僧侶は寺を離れた。そのため、牧畜民は当然セテルもできなくなった。1980年代以降、国家による宗教統制が緩和され、経済政策が変更されるとすぐに、多くの牧畜民はセテルを復活させていく。時代を超えて、セテルは牧畜民にとって魅力的なものである。

セテルにおおよそ相当する漢語は、「放生（*fangsheng*）」である。1990年以降、経済発展に伴い中国で富裕者が増えたが、彼らが善行や贖罪のため、毒蛇や肉食亀などのより珍しい野生動物を買い取り、公園や湖等に頻繁に放つようになった。こうした放生が行き過ぎた結果、貴重な野生動物の密猟に繋がっていると関係機関から警告を受け、また、動物虐待や環境問題を引き起こしているとされ、「科学的な放生」が勧められている。全体として2000年以降、放生をおこなうことは環境保護意識が高まる今の中国においてはプラスの評価を受けている。マスメディアやアカデミズムにおける放生は、単なる「迷信」ではなく、仏教伝来以前からすでにあった中国の伝統文化として位置づけられ、さらにその関連で牧畜民の伝統文化への肯定的な評価も増えている。特に、チベット族やモンゴル族に代表されるチベット仏教諸社会におけるセテルなどの慣習に内在する環境保護としての積極的な意義を力説し、牧畜民の伝統文化の継承と発揚を唱える論述も多く現れている。

しかし、牧畜民の伝統文化の一つとしてのセテルに、環境保護としての意義を見出すことができるだろうか。少なくとも、牧畜民はそのようにはみなしていない。1990年代以降、環境保護のため、ウールド人が生活するイリ川流域においても、樹木の伐採が国家の関連法規などによって禁止された。そこで、環境を保護するための行為とセテルをするための行為には、表面的に類似性がみられる。だが基本的な相違もあった。保護する側からみれば、植物としての「木」という種を彼らが保護していることになる。セテルする側からみれば、自分たちは個々の生き物として「クク・モド」に手を出さないでいるだけである。確かに多くの人は、家畜をセテルするのと同じように、木をセテルしている。セテル実践の前提がケシゲの存在に対する確信であり、セテル実践の目的が幸福への追求だとすれば、そこでセテルの対象となっている個々の「クク・モド」は、ケシゲの持ち主であって、人間によって保護されるべき自然の一種としての「木」ではない。

動物の命を自由にする、神のために聖別するという実践は、既述のウールドのようなチベット仏教社会や中国以外に、例えば日本・ミャンマー・スリランカ・台湾・香港・タイなどアジアのあらゆる仏教地域にもみられる【HOLLER 2002; RÖSING 2006; THARGYAL 2007】。そのため、セテルを東洋仏教的、従って「アジア的」な価値観に基づくものとして、一元的に解釈したくなる。

しかし、前述の中国の事例に加えて、筥崎宮、石清水八幡宮、宇佐神宮等での金魚や鳩にがしといった行事に代表されるような、現代日本の放生《ほうじょう》実践も【中野 1998; 中村 2001】、基本的に、特定の時間（陰暦8月15日）と場所（寺や神社の境内）でおこなわれる宗教儀式あるいは観光を誘致するイベントであることを勘案すると、セテルを一概に「アジア的」なものだと断定するのは無理がある。かつて、言語学者のポッペは、セテルをシャマニズムに基づくものと分析し【POPPE 1957】、歴史学者のハイシッヒは、厄払いとの関連でセテルを、神への無血の供犠獣と位置づけ、前イスラム時代の北アジアと内陸アジアにすでに存在していたと指摘した【HEISSIG 1986】。要するに、セテルないしセテルのような実践は、いわゆる世界宗教が受容される前に、牧畜を営む該当地域においてすでに広範にわたり存在していたというわけである。このことから、セテルという「伝統文化」と牧畜という「生業」との密接な関係が窺われる。

4-4　思考としての牧畜

ここでいう「伝統文化」とは、いわゆる「西洋近代」の対義語として理解されてよいが、だからといってそれを無条件に「東洋」や「アジア」の伝統と分類するのは早計であろう。「西洋近代」を特徴付ける一大要素が、産業革命による資本主義の成立だとすれば、その産業革命の前提は、西欧の人口革命そしてその人口革命を生み出した農業革命であった。19世紀前半までのイギリスにおいても農業が最大の産業だった【ウォーラーステイン 1997】。「生業」的な連続性に着目すれば、西洋近代は、いわば「農耕の近代」とでもいうべきものだろう。また、国民国家のシステムは、西洋近代と深い親和関係をもつナショナリズムの下で生まれたとすれば【吉田 2002】、ナショナリズムは、やはり、定住農耕文化との親和関係は否定できない。

ナショナリズムを「政治的単位と民族的な単位とが一致しなければならないと主張する一つの政治的原理」【ゲルナー 2000: 1】であるとすれば、異なる政治的民族的な単位は相互に明確な空間的境界で区分されるべきであるという国民国家的な発想自体は、「定住民中心的な発想」である【佐川 2009: 160】。社会人類学者バルトは牧畜社会における集団やその境界形成の特徴を次のように指摘する。牧畜民集団の生成は、共有された財産や境界によるのではなく、共に移動することに合意した天幕やキャンプの社会的結合によるものである。比較的に大きい集団も、共通に従われる首長の権威と庇護のもとで生じた社会的政治的な結合によって形成される。すなわち、牧畜民の集団性は、支配とパワーの領域から発生するものであり、物理的に囲まれた地域内からではない【BARTH 2000: 23-24】。

このように、スケールの違いがあるとはいえ、特定の地理空間が特定の人間集団の所有物であるという意味において国民国家的な発想と通底する、定住民的な境界観念と、牧畜民のもつ境界観念とは相容れないものである。このような、特定の自然条件のもとで形成される生業、特定の生活慣習、特定の観念に基づく倫理的態度などが、相互に規定しあって立ち現れる行為や思考の性向を、「生業のエートス」と人類学者の松井は表現した【松井 2011】。それにならって本章で提示してきた牧畜をめぐる生存的実存的なレベルでの諸事象、牧畜民の独自性を「牧畜のエートス」と表現してもいいかもしれない。

この表現には、やや本質主義的な響きがあるが、それを用いるのは次の理由による。国民統合の文脈で「迷信」と政策的に排除されてきたものはともかく、環境保護の文脈で「伝統文化」と位置づけられてきた牧畜の諸慣習さえも、結局のところでは、その外部から「認識する者の主観的な願望を色濃く投影した表象であり、表象の対象の存在形態を規制するという意味で支配的な表象」【清水 1998: 49】だからである。「牧畜のエートス」を用いることで、「アジアの牧畜」の特徴がいわゆる「農耕文明」としてのアジアの外にある、ということをより明確に示すことができるという意義がある。さらに、アジア（およびその対義にあるヨーロッパ）と表裏一体となる近代ナショナリズムを可視化する意味で、「牧畜のエートス」には建設的な可能性が秘められている。

5　牧畜にみるアジア

本章冒頭に登場した「タルタル」は、もともと「地獄からの使者」を意味するラテン語だった。「13世紀世界システム」はモンゴル人を中核とする遊牧民集団の軍事力の下で確立されたが、このシステムに編入されつつあった当時のロシアやヨーロッパは、東方から続々と襲撃してくる恐ろしげな遊牧民集団を「タルタル」と総称した。モンゴルの一部族名「タタル」と似ていることで、語呂合わせで遊牧民一般を「タルタル」と呼んだのだ。しかし「ロシア人を一皮剥けばタタル人が出てくる」という西欧諸国に流布する諺にもみられるように、タタルの統治を2世紀以上受けてきた当のロシアはその歴史においては、必然的にヨーロッパの一員ではなかった。ロシアのヨーロッパ（西欧）化は、「タタルのくびき」からの脱却、その東洋的な後進性の否定によって初めて可能になった。タタル＝後進性という図式は、近代化を目指す東洋の文明大国中国においてもみられた。清王朝の打倒と漢人による近代国家の樹立を図る孫文は、「駆除韃虜、回復中華」というスローガンを掲げた。韃虜とは韃靼つまりモンゴルの蔑称であるが、ここでは清の支配民族である満州人を意味する。このように、ロシアにとってのタタルが野蛮なアジアの代名詞だとすれば、中国にとっての韃靼はアジアの前近代の代名詞であろう。

ジューンガル帝国崩壊以来、牧畜民は例外なく近代国家に属することとなった。牧畜を劣等視する国家は、草原を国有地あるいは荒地とみなし、牧畜民の定住化農耕化を制度的に強制してきた。こうした状況の下で、変化しながらも牧畜はユーラシア各地において維持されている。東のモンゴル牧畜民や西のユルック牧畜民のさまざまな事例から分かるように、生業としての牧畜に共通にいえるのは、自然状況が牧畜民に計画性、忍耐力、判断力を要請し、その要請に牧畜民が高度な技術をもって応じたということである。内陸アジアのウールド牧畜民の間にみられるセテル事例からも分かるように、牧畜は彼らにとって生活の様式でもあり、存在の根源を問う実践哲学を生む。

昨今、産業開発によって、アジアもヨーロッパも共通に、環境問題に直面するようになるなかで、セテルなどのような牧畜民の伝統文化に環境保全の意義を見出そうとする動きがある。しかし、セテルのような牧畜民の慣習は、牧畜が生み出したものである。牧畜社会には、農耕やその延長で発生した産業社会にみられるような、自然を人間の対立項と捉える規範はない。自然は征服の対象でもなければ、保護の対象でもない、ということを、セテルは語る。異なる生業のエートスをもつ牧畜と農耕との間には相違はあっても、優劣はない。

本章では、牧畜文化の紹介を通じて、アジアの多様性に対する理解を促そうとした。アジアを物理的実在と措定した場合、この目標はある程度達成されたといえよう。だが地理的にアジアに属しながら、その生業や思考的な特徴からみて、必ずしもアジア（そして、ヨーロッパ）の枠組みに捉えきれないのが、「アジア」の牧畜民である。このことから、観念的存在としてのアジアを読み取ることができよう。アジアという地域観念がナショナリズムの出現と近代国家建設の志向と切り離せないならば、近代国家の成立によって周辺化された牧畜民に注目することは、近代国家を相対化し、ひいては近代ナショナリズムと裏腹であったアジアやヨーロッパという観念を相対化する契機となる可能性を孕んでいるのではないか。

牧畜の基本は「移動」にあるゆえ、これまで近代国家の理念にとって異質なものとなった。だが近代国家の存立の形態自体が、グローバル化の流れのなかで弱体化している。その是非はともあれ、グローバル化の基本も、「移動」にあるとすれば、われわれも今後多かれ少なかれ自分たちの生き方を牧畜民化していく必要があろう。その時にも、アジアを論じる必要があるとすれば、われわれはその「外」にたって、それを論じる必要があるかもしれない。本章の題名は、「牧畜にみるアジア」であり、その逆ではなかったのは、このためである。

参照文献

◆**アブー=ルゴド、ジャネット・L**

2001 『ヨーロッパ覇権以前——もうひとつの世界システム』佐藤次高他訳、岩波書店。

◆**Barth, F.**

2000 'Boundaries and connections' in *Signifying Identities: Anthropological Perspectives on Boundaries and Contested Values*, Cohen A. P. (ed), pp.17-36, London, Routledge.

◆**ゲルナー、アーネスト**

2000 『民族とナショナリズム』加藤節監訳、岩波書店。

◆**Heissig, Walther**

1986 'Banishing of illnesses into effigies in Mongolia,' *Asian Folklore Studies* 45:33-43.

◆**平田昌弘**

2008 「アジア大陸における乳文化圏と発酵乳加工発達史」『世界の発酵乳——モンゴル・キルギスそして健康な未来へ』石毛直道編著、pp.174-197、はる書房。

◆**Holler, David**

2002 'The Ritual of Freeing Lives' in *Religion and Secular Culture in Tibet*, Blezer, H. (eds), pp.207-226, Brill Academic Pub.

◆**Humphrey, Caroline and David Sneath**

1999 *The End of Nomadism?: Society, State and the Environment in Inner Asia*. Durham: Duke University Press.

◆今西錦司

1968『人類の誕生』河出書房新社。

◆石井智美

1997「白と赤がささえる草原の食卓」『モンゴル（暮らしがわかるアジア読本）』小長谷有紀編、pp.27-34、河出書房新社。

2007「モンゴル遊牧民の製造する乳製品の性質と呼称に関する研究——先行研究と比較して」『酪農学園大学紀要　別刷』31(2): 197-213。

◆小長谷有紀

1991『モンゴルの春——人類学スケッチ・ブック』河出書房新社。

1992『モンゴル万華鏡——草原の生活文化』角川書店。

◆呉人恵

2002「モンゴルにおけるヒツジの摂食タブーに見る動物資源観——-qai／-kei を語尾にもつ身体部位名称の分析を中心に」『北アジアにおける人と動物のあいだ』小長谷有紀編、pp.31-42、東方書店。

◆劉学敏

2002「西北地区生態移民的効果与問題探討」『中国農村経済』4: 47-52。

◆松原正毅

1983a『遊牧の世界　上』中公新書。

◆**松井健**
1983b『遊牧の世界　下』中公新書。

1999「遊牧の文化的特質についての試論――西南アジア遊牧民を中心として」『国立民族学博物館研究報告別冊』20:493-516。

2011『西南アジアの砂漠文化――生業のエートスから争乱の現在へ』人文書院。

◆**松本健一**
2003『砂の文明・石の文明・泥の文明』ＰＨＰ研究所。

◆**宮脇淳子**
1995『最後の遊牧帝国――ジューンガル部の興亡』講談社。

◆**孟達来、吉田順一**
2006『《モンゴル秘史》家畜用語の研究』早稲田大学モンゴル研究所。

◆**中村元**
2001『広説佛教語大辞典』東京書籍。

◆**中野幡能**
1998『宇佐八幡宮放生会と法蓮』岩田書院。

◆**野澤謙**
1987「家畜化の生物学的意義」『牧畜文化の原像――生態・社会・歴史』福井勝義・谷泰編著、pp.63-107、日本放送出版協会。

◆**及川俊信**
2004「定住と越冬――ソビエト連邦期におけるカザフスタンの家畜飼育の事例から」『ユーラシア言語文化論集』7:13-23。

◆**Poppe, Nicholas**
1957 'Book Reviews, Louis M. J. SCHRAM, C. I. C. M., " The Monguors of the Kansu-Tibetan Border; Part II. Their Religious Life," Transactions of the American Philosophical Society Held at Philadelphia for Promoting Useful Knowledge,' *New Series*. Volume 47, Part 1: 748-753.

◆**Rösing, Ina**
2006 *Traditional Healing in Ladakh: with the Shamans of the Changpa Nomads in Ladakhi Changthang*, Concept publishing company.

◆**佐川徹**
2009 「東アフリカ牧畜社会における横断的紐帯の持続」『アジア・アフリカ言語文化研究』78: 131-163。

◆**シンジルト**
2005 「序章　中国の西部辺境と『生態移民』」『中国の環境政策「生態移民」——緑の大地、内モンゴルの砂漠化を防げるか?』小長谷有紀、シンジルト、中尾正義編、pp.1-32、昭和堂。
2011 「牧畜民にとってのよいこと——セテル実践にみる新疆イリ＝モンゴル地域の自然認識の動態」『中国21』34: 135-162。

◆**清水昭俊**
1998 「周辺民族と世界の構造」『周辺民族の現在』清水昭俊編、pp.15-63、世界思想社。

◆**杉山正明**
1997 『遊牧民から見た世界史——民族も国境もこえて』日本経済

新聞社。
◆田中克彦
1977 「モンゴルにおける乳製品を表わす語彙について」『一橋論叢』77（3）: 279-300。
◆Thargyal, Rinzin
2007 *Nomads in Eastern Tibet: Social Organization and Economy of a Pastoral Estate in the Kingdom of Dege*, Brill Academic Pub.
◆梅棹忠夫
1976 『狩猟と遊牧の世界』講談社。
◆宇山智彦
1997 「20世紀初頭におけるカザフ知識人の世界観――M・ドゥラトフ『めざめよ、カザフ！』を中心に」『スラヴ研究』44: 1-36。
◆ウォーラーステイン、I
1997 『近代世界システム 1730-1840s』名古屋大学出版会。
◆吉田崇
2002 「ナショナリズムは動員可能な「資源」か――ナショナリズムの社会経済的条件」『同志社社会学研究』6: 95-108。
◆在来家畜研究会（編）
2009 『アジアの在来家畜――家畜の起源と系統史』名古屋大学出版会。

アジアの焼畑

4

増野高司 MASUNO takashi

1　はじめに

アジアでは、本章が扱う焼畑をはじめ水田耕作を含めた常畑での農業など、さまざまな農業が営まれている。焼畑は自然をうまく利用した農業様式として知られている。これまで焼畑に関する研究は、文化的側面を得意とする分野（例えば、文化人類学、人文地理学、以下同じ）、環境的側面を追求する分野（森林生態学、熱帯農学、環境人類学）、政治経済や歴史に関心を持つ分野（政治学、林政史学、歴史学）などから学際的な研究がおこなわれている●1【佐藤 1999:376-377】。国家の周縁地域で少数民族が焼畑に従事することが多かったためか、人類学の分野から数多くの報告がなされている。近年では、焼畑が森林破壊の要因とされたことや、各地で急速に姿を消していることなどから、焼畑に関する研究が活発になっている。

本章では、タイ北部のミエン族●2が暮らす山村の事例を中心に、日本を含むアジア各地の焼畑について、とくに焼畑を特徴付ける休閑への理解を深めることから、焼畑を営む人びとの暮らしや変化、そして、例えば土地権や自然保護の考え方との軋轢《あつれき》など、焼畑を営む人びとが直面する問題を概観する。さらに、焼畑を切り口として、自然と人間とを対立したものと捉えないアジアの自然観を再認識する重要性を考えてみたい。

2　焼畑とは？

焼畑は、熱帯地域から温帯地域にかけて広くみられる農業である［図1］。アジアを広くみてみると、20世紀中頃には、東南アジア大陸部の山間地域（タイ北部、ラオス北部、ミャンマー山間地域、ベトナム北部など）や、ボルネオ島（インドネシア側、マレーシア側）、スマトラ島（インドネシア）、ニューギニア島（インドネシア側）、チッタゴン丘陵（バングラデシュ）やインド東北部などの地域において、焼畑が中心的に営まれていた。また、現在では想像しがたいが、1950年には、日本においても、日本海側の各地と四国・九州の山地を中心に青森県から沖縄県にかけて、焼畑が広範囲に営まれていたのである。

それでは、焼畑とはいったいどのような農法なのだろうか。「焼畑」という表記からは、火を利用した農業がイメージされるだろう。森を焼くことで畑を作ることから森林破壊をイメージする人もいるのかもしれない。発展途上国でおこなわれる「遅れた」農業をイメージする人もいるだろう。じつは、さまざまなイメージによって語られる焼畑だが、不思議なことに、その本質がうまく伝わっていない。焼畑という日本語の問題が大きいのだが、多くの人が「焼く」ところに重きを置きすぎているのである。例えば福井【1983: 238】は、「「焼く」ということにウエイトをおきすぎては、焼畑のさまたげになる」とするとともに、「森林や草原を開墾するために焼いて畑をつくるというだけでは、けっして焼畑とはいえない」と注意を促している。よく知られる焼

本章で言及した地域

a 日本
b 朝鮮半島
c 台湾
d 雲南省
e アッサム
f ネパール
g インド
h ミャンマー山間部
i チッタゴン丘陵
j ベトナム北部
k 海南島
l ラオス北部
m タイ北部
n カンボジア
o フィリピン
p ミンドロ島
q パラワン島
r マレーシア半島部
s ボルネオ島
t スマトラ島
u ジャワ島
v スラウェシ島
w ニューギニア島

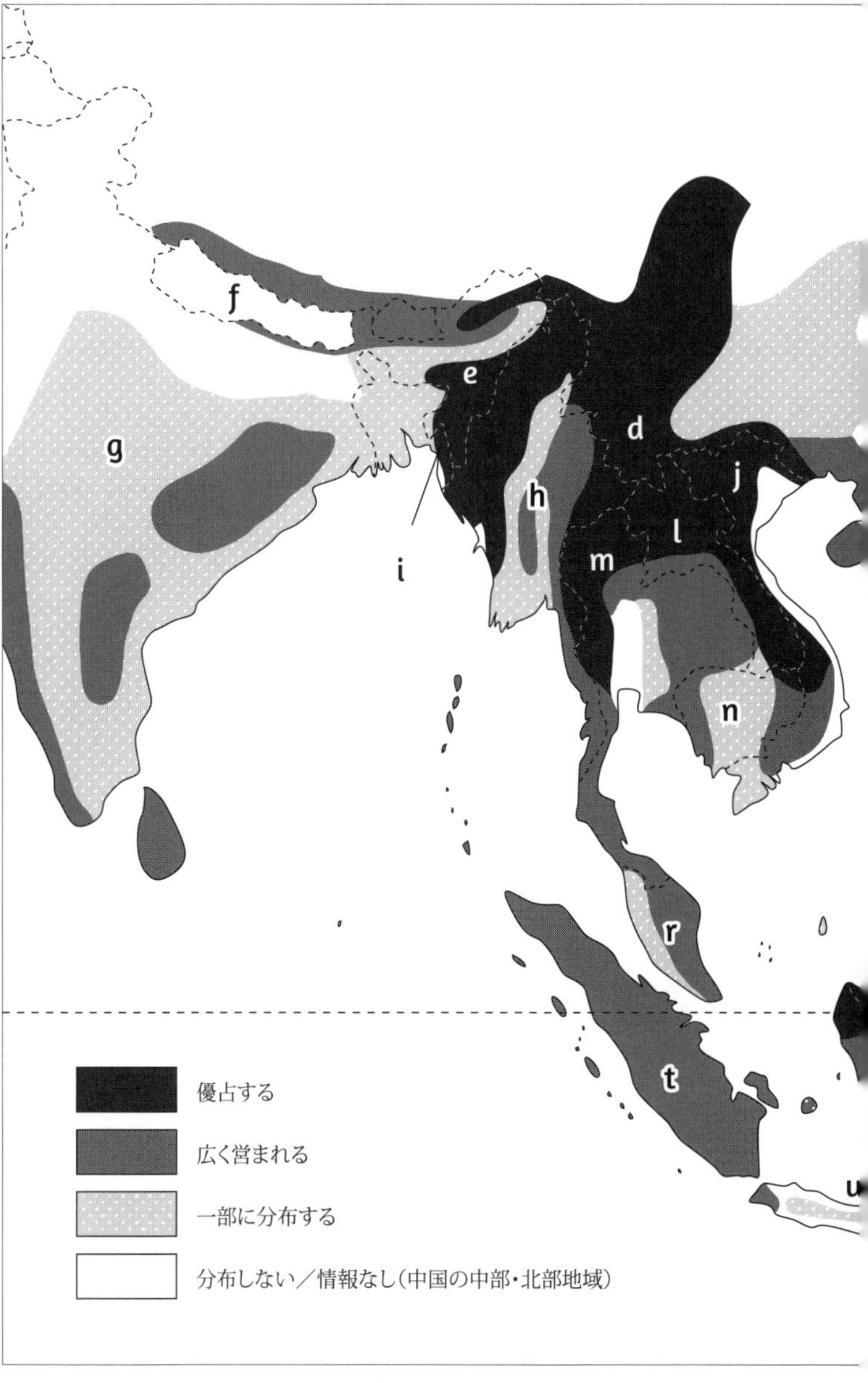

図 1　20世紀中頃のアジアにおける焼畑の分布
出所：Spencer［1997:12］を原図として、日本［佐々木、1972:23］および朝鮮半島［高、2001:44］の情報を追加し筆者作成

畑の定義は次のようなものである。

ある土地の現存植生を伐採・焼却等の方法を用いることによって整地し、作物栽培を短期間おこなった後、放棄し、自然の遷移《せんい》によってその土地を回復させる休閑期間をへて再度利用する、循環的な農耕である【福井 1983:239】。

焼畑において、焼く（焼却）という作業は農地を整地する作業の一部にすぎない。焼畑で注目すべきは、休閑である。

例えば、ある畑を1年程度使ったら、その後数年から10数年はその畑の利用を放棄する。これを焼畑では休閑すると表現し、休閑している期間を休閑期間、その年数を休閑年数と呼ぶ。そして、別の畑を整地して利用するが、原生林を開拓しつづけるわけではなく、休閑の後には再びもとの畑の場所へ戻ってくるのである。森に覆われた山肌に畑がぽつんぽつんと分布する状態を想像していただきたい。焼畑は1ヵ所の畑に着目すると、耕作と休閑を交互に組み合わせた農業様式であり、遠くから景観全体を見渡せば、耕作地、休閑地（休閑年数によって草地だったり、藪《やぶ》だったり、森林だったりする）、そして焼畑に利用されたことのない森林などがモザイク状に分布する土地利用様式である。

休閑年数については、耕作年数より長期間とるのが普通である。さらに、休閑年数として樹木が優占するのに十分な年数が必要である【MERTZ et al., 2009: 261】。具体的な年数を挙げると、タイ北部における筆者の聞き取りでは1年程度の耕作に対し、10年程度は休閑させるべきとの意見をよく耳にした。最低限必要とされる休閑年数として、ラオス北部で5年から6年【竹田 2008:277】、ボルネオ島で5年【内堀 1996:133】という記述がある。樹木が優占するまでに、休閑期間が5年ぐらい必要なのである。休閑期間が5年程度以上あるかどうかが、焼畑かどうかを判断

(1) 代表的な本を紹介すると、日本語では、佐々木による日本および熱帯の焼畑についてまとめた3部作がある【佐々木、1970; 1972; 1989】。また、福井【1974】は高知県椿山《つばやま》の焼畑に関する貴重な記録。野本【1984】は日本各地の焼畑に関する民俗を網羅的に扱った大著。宮本【1986】はミンドロ島に暮らすハヌノオ・マンヤン族の親族関係や慣習法を中心に議論したものだが、焼畑や農耕儀礼についても詳しく記述している。井上【1995】はボルネオ島のインドネシア側に暮らすケニァ族を事例として、とくに焼畑の変容メカニズムを分析している。内堀【1996】はボルネオ島のマレーシア側に暮らすイバン族の焼畑を中心とした暮らしを、わかりやすく描いている。尹【2000】は、中国雲南省の焼畑を多様な民族に触れながら包括的に報告している。増田【2012】は、スマトラ島（インドネシア）に暮らすプタランガンを事例として、焼畑をはじめとした生業活動を紹介するとともに、アブラヤシ栽培が拡大するなかで生じた慣習的な土地権と法的な土地権との軋轢《あつれき》について議論した近年の労作。英語では、サラワク州のイバン族【FREEMAN 1955】、フィリピンのハヌノオ族【CONKLIN 1957】、タイ北部のモン（Hmong）族【GEDDES 1976】の焼畑に関する民族誌が出版されている。

焼畑に興味を持った初学者の方は、まず佐藤【1999】による熱帯の焼畑研究に関するレビューを読むとよい。また、福井【1983】による民俗生態学的側面から焼畑を解説した論文、および中野【1995】による生態学的側面から焼畑を解説した論文を読むと、焼畑の理解が深まるだろう。最近の焼畑研究の動向は、*Human Ecology* 誌（２００９年37号）の東南アジアの焼畑に関する特集号、および原田・鞍田編【2011】による焼畑に関する論集と、その附録「焼畑関係文献目録」で知ることができる。

(2) ミエン（もしくはユーミエン）は、ヤオ（瑶）族と呼ばれる集団のなかでミエン語を話す集団で、中国南部を起源として、中国南部を中心にインドシナ半島に広く分布する少数民族である。タイ北部には19世紀末頃以降に移住してきたとされている。ミエンの詳細は、吉野【2005】を参照していただきたい。

するひとつの目安といえる。

それでは、休閑している間に何が起きるのだろうか。これについては、百瀬【2010】が詳しいのでぜひ読んでもらいたい。私なりに解釈すると、休閑した最初の年には、1年生の草本（1年で枯れてしまう草）が生えてくる。これに続き、数年のうちに1年生の草本に替わり、多年生の草本（数年間枯れない草）が増えてくる。その後、樹木やタケが増加して枝葉を広げると、地面に光が届かなくなるため、1年生や多年生の草本は死滅する（この植生の移り変わりを、植生の遷移と呼ぶ）。樹木が大きくなり、森林または竹林へと植生が移り変わった段階で、この森林や竹林を伐採・焼却し、すかさず作物の種をまく。そして、農作物が1年生の草本との競争に負けないように気を配りながら、1年から数年、作物を栽培し、雑草が増えたら除草に過度に労力をかけることなく畑を移すのが焼畑である。一般に、農業において除草作業は重労働とされている。休閑をとり、植生の遷移を利用し雑草を自然の力で排除することで、農民は雑草処理の負担を大幅に軽減できるのである。

また、休閑期間には土壌に有機物が蓄積されることや、回復した植生を焼却すると灰が肥料になることから、火入れによる肥料効果も期待できる【中野 1995】。焼畑は、土壌生態学の観点からは、熱帯で農業をするならば、生態系に大きいインパクトを与えることなく利用するためのほとんど唯一の方法とされている【荒木 2001: 344】。このように、休閑の有用性は雑草抑制に加えて地力維持の観点からも理解できる。ここで注意していただきたいのは、一般に、焼畑の役割について、地力維持（養分循環）の側面ばかりが強調されているが、実際のところ雑草抑制こそが焼畑の中心的な役割であることが多いということである。焼畑に1年生の雑草が増えたら新たな畑に移動し、樹木が優占して1年生の雑草が排除されるまで畑を休閑するのである。アジアの焼畑は雑草との戦いである。

まとめると、アジアにおける焼畑は、植生の遷移を利用した雑草抑制を中心とした農業技術である。焼畑の特徴は休閑を取ることにあり、農地を整地して農作物を栽培する場面だけでなく、休閑期間を含めた農地利用として捉える必要がある。このように、焼畑とは何なのかをみると、焼畑が自然を巧みに利用した農業であることが理解できる。次に、焼畑における農業活動の実態についてみてみよう。

3　焼畑農耕の実態

3-1　栽培作物と輪作様式

焼畑はその輪作《りんさく》様式●3から、①陸稲卓越型、②陸稲・根栽《こんさい》型、③陸稲・雑穀栽培型、④雑穀栽培型の、

(3)　輪作とは、生態的特性が異なり相互に補完し合える作物を、一定の順序で組み合わせ、同じ場所で繰り返し循環して栽培する栽培様式。

写真1　鉈を使って植生（竹林）を伐採する

大きく4つに区分される。陸稲は、「おかぼ」もしくは「りくとう」と読み、水田に慣れ親しんだ日本人にはあまり馴染みがないが、水を張らない丘陵地の畑で栽培される稲である。陸稲の種もみを水田で育てると水稲として成長する。これら4つの輪作様式を佐々木【1970: 86-104】の記述をもとに簡単にみてみる。

①陸稲卓越型の焼畑は、インドシナ半島山地中北部からマレーシア島嶼《とうしょ》部に分布する。陸稲をおもな栽培作物とし、1年程度の短期間の栽培がおこなわれる。本章が中心的にとりあげるタイ北部は、まさに陸稲卓越型の焼畑が営まれてきた地域である。筆者が調査をおこなったタイ北部の山村でも、陸稲は基本的に1年程度の栽培で畑を移していた【MASUNO and IKEYA 2008】。

②陸稲・根栽型の焼畑は、フィリピンからインドネシア島嶼部に分布する。陸稲とイモ類の輪作がおこなわれ、1年目に陸稲、2年目以降にはイモ類やバナナなど栄養繁殖作物が栽培される。

③陸稲・雑穀栽培型の焼畑は、ミャンマー北部からアッサムにいたる山間地域に分布する。陸稲と雑穀類が輪作される。具体的には、1年目に陸稲、2年目以降にはアワ、モロコシ、ハトムギなどが栽培される。

④雑穀栽培型の焼畑は、インドの南部および東部などのサバンナ地域から、東南アジア大陸部の山間から日本にかけての温帯および暖帯の照葉樹林地域に分布する。日本の場合では、アワ、ヒエ、ソバ、ダイズ、アズキの5つの基幹作物による輪作が多く、1年目にはソバを作付けする地域が多かったという。また、これら5つの基幹作物以外に、例えば、九州地方と伊豆諸島、沖縄方面ではサトイモやサツマイモを栽培した。このような、焼畑によりアワなどの雑穀類およびサトイモなどの根栽類を栽培する生産様式は、照葉樹林帯を特色づける農耕形態で、照葉樹林文化の文化的特色のひとつとされている【佐々木 2007】。

こうしてみると、雑穀栽培型を除くと、初年度に栽培される作物は陸稲である。陸稲が焼畑における重要な作物であることがわかる。次に、タイ北部のミエンがおこなう陸稲卓越型の焼畑について、吉野【1996】による1980年代末の焼畑に関する記録を参考にしながら、筆者の経験を交えて、一連の作業をみてみよう。

3-2 焼畑農耕作業

焼畑の農作業は、整地作業（植生の伐採と、火入れによる植生の焼却）、播種《はしゅ》、除草作業、収穫の順におこなわれる。タイ北部の気候についてみると、おおよそ6月から9月にかけて雨期、そして10月から翌5月にかけて乾期となる。陸稲は雨期を利用し、1期作（1年間に1回耕作すること）で栽培される。各作業は次のようにおこなわれる。

写真2　植生（竹林）を焼却する

整地作業（2月から4月）

焼畑用地を選び植生を伐採する［写真1］。焼畑用地は、植生や土壌環境などの生態環境や、集落からの距離、土地権などを総合的に判断して選択される。焼畑用地の選択方法に関しては、聞き取りを中心とした情報が蓄積されてきたが、近年では、現地踏査と衛星画像との比較【鈴木ら2007】や、植生と土地肥沃度との関係の分析【田中2009】など実証的な研究が進められている。村から畑までの距離は、直線距離で数百メートルから5キロメートル程度までさまざまである。畑の近くに出作り小屋を建てる。出作り小屋は、農作業の休憩時に利用するだけの屋根のみの簡素な小屋から、寝泊まりが可能な簡素な家と呼べるような小屋までさまざまである。

住民への聞き取りでは、焼畑用地の植生として、樹木が優占する場所が最適とされており、タケが優占する場所も好まれていた【増野2011: 90】。植生の伐採は基本的に鉈《なた》を利用し、大きな樹木を伐採する際には斧を利用する。また直径の大きな木を伐採する際には、根元ではなく、根元から1メートルよりも高い部分に切り込みを入れて伐採する場合がある。太くて堅い根元の部分を避けるためだが、このように伐採すると、樹木が枯れることを防ぎ、伐採した植生が休閑期間にすみやかに回復する。伐採した植物はその場に置き、天日で乾燥させる。

火入れ作業（4月から5月）

雨期に入る前に、乾燥した植生を焼却する［写真2］。焼却にかかる時間は30分から1時間程度である。植生の伐採作業が数日から数週間もかかるのと比べると、火入れに要する時間は極めて短い。焼け残りは、畑の数ヵ所に集めて焼却する。

火入れをする理由について筆者が農民に聞いたところ、多くの者が地面を露出させるために植生を焼却すると答えた。伐採した樹木や草が地面を覆っていては播種できないというのである。住民は植生の伐採・焼却をしているが、必ずしも、肥料効果など科学的な事実を意識して行動しているわけではない。

写真3　共同作業でおこなわれる播種

播種作業（6月）

乾期が終わり、雨が降りだすと種もみをまく［写真3］。播種作業では突き棒（掘り棒と呼ぶ研究者もいる）が利用される。突き棒の竿の部分は全長2メートルほどのタケで、その先端に円錐形の鉄製の金具を取り付ける。播種作業では、基本的に男女がペアで向かい合い、男性が突き棒で地面を突いて、直径5センチほどの穴をあける。その穴に女性が種もみをまいてゆく。農地は、まったく耕さない。もし畑を耕してしまうと、土が柔らかくなり、雨が降ると土壌が流れ出してしまう。突き棒を利用した播種は、土壌の保全にきわめて有効と判断できる。

播種作業の際に特徴的なのは、共同作業が見られることである。ここでの共同作業は世帯間の労働交換を利用して、数名から20名以上にもおよぶ。労働交換では同じ人数の労働力を同じ日数だけ互いに提供しあう。例えば、世帯Aの播種に世帯Bの者が2名参加した場合、世帯Bの播種に世帯Aの者が2名参加する。交換する労働の内容は同じであるのが望ましいが、異なっても良い。労働者の人数と日数が同じならば問題はない。播種作業において労働交換がおこなわれるのは、1ヵ所の畑の播種を一日で終えるためである。このような労働交換は、アジアに広く見られ、日本では結《ゆい》として知られる。

写真4　陸稲を穂刈りする

除草作業（7月から8月）

播種後に陸稲畑に生えてきた雑草を鎌や手鍬《てぐわ》を用いて手作業で除草する。除草は農作業のなかでも重労働とされている。暑い時期に、腰をかがめての除草は肉体的な疲労に加え、雑草を選別する必要もあり、気疲れが多い。

収穫作業・脱穀作業（10月）

雨期が終わり、乾期に入ると陸稲を収穫する。ミエンの「伝統的」な陸稲の収穫方法は穂刈《ほが》りである［写真4］。東南アジア各地にみられるイネの収穫方法である【佐々木 1989: 443-444】。金属製の刃の付いた穂摘《ほづ》み具を使い、稲穂の部分を刈り取ることでイネを収穫する。この収穫方法は、雑草が多い畑の場合でも稲穂のみを選んで刈り取りできる利点がある。しかし、穂摘み具を使いこなすには熟練が必要である。

写真５　稲架にかけて乾燥中の稲穂

刈り取った稲穂は、陸稲畑内に作った稲架《はさ》にかけて天日で乾燥させる［写真5］。脱穀では、打ち付け脱穀［写真6］のように、稲穂を束にして石や丸太に打ち付けて稲穂からもみを分離していた。しかし、近年ではエンジン付きの脱穀機が利用されている。もみは各世帯が集落内に設置した高床式の米倉に保存する。

ミエンの陸稲耕作を例に焼畑耕作の一連の作業を紹介した。「粗放的」などと悪い印象が先行する焼畑だが、よく見てみると、例えば、突き棒を利用した播種のように、丘陵地の農業では深刻な問題である土壌流出を最小限に止めるための技術が利用されている。休閑をとることと合わせて、焼畑が合理的な農法であることが理解できる。きわめて効率が良い農法だからこそ、世界各地で営まれてきたのである。

写真6　打ち付け脱穀
（稲穂をひもで束ね、木片に打ち付けている）

4　焼畑と生業複合

本章では焼畑を扱っているため、焼畑を営む人びとが、焼畑のみで生活しているかと思われたかもしれないが、そうではない。一般に、焼畑を営む人びとは多様な生業、例えば家畜飼育や狩猟採集などを複合的に営んでいる。社会の分業化・専門化が本格化していない社会なのである【山田 2013】。農法だけをみても、ひとつの世帯が、丘陵地では焼畑を営み、同時に平地では水田を営むことがある。斜面での焼畑と水田を組み合わせた複合農業は、ベトナムにおける理想的な農業形態のひとつとされる【NGUYEN et al. 2004】。近年においても、タイ北部のカレン族が、この複合農業を営むことが報告されている【田崎 2008】。焼畑と水田を組み合わせた複合農業は、東南アジア大陸部における焼畑の安定形態である。

焼畑を営む人びとというと森林利用の印象が強いが、海や河川などを積極的に利用する人びともいる。例えば、パラワン島（フィリピン）のモルボックの人びとは丘陵地で焼畑を営みつつ、沿岸部に限られるが、海での漁撈に従事し、その漁獲物を販売して現金収入を得ている【辻 2005】。スマトラ島（インドネシア）に暮らすプタランガンの人びとは、焼畑を営みつつ河川での漁撈活動にも従事するという【増田 2012】。

つぎに、休閑地を利用した生業活動について詳しくみてみよう。焼畑の特徴が休閑であることはすでに述べた。焼畑を営むことで、その年に農地として利用する焼畑地のほかに、休閑年数の違いにより、植生の回復状態の異なる休閑地が形成される。例えば、1年目の休閑地は草地、5年ほどが経過すると樹木が目立つようになり、10年以上が経過すると林へと成長し、そして森林が形成される。タイ北部の焼畑を継続するカレン族の村において、休閑地の植生と住民による植物利用を調査した結果、249種の植物が出現し、そのうち193種が、食料、薬、道具、建築材、薪などに利用されていた【福島 2012: 142】。また、２００５年におけるラオス北部のアカ族の事例では、焼畑の休閑期間に応じた野生植物の利用があり、野生植物によってはその成長段階に応じた利用がみられたという【落合・横山 2008: 330-331】。これらの事例は、住民が野生植物に対する深い知識を持つことを示している。

焼畑の休閑地から得られるのは自給的な林産物だけではない。２００５年にラオス北部では、休閑地からカルダモン（香辛料のひとつ）やラタン（籐の一種）などの非木材林産物を利用している村落や、休閑地に優占するトンキンエゴノキから、香料や薬の原料となる安息香《あんそくこう》を採取する村があるという【竹田 2008: 270】。これらの林産物は換金性が高く、住民の現金収入源となっている。

焼畑とその休閑地が生み出す多様な環境は、さまざまな野生動物に生息場所を提供する。森のなかに点在する畑に、さまざまな野生動物が農作物を求めて集まってくる。農作物を死守したい農民と、野生動物との間で、激しい戦いが繰り広げられる。農民は焼畑と森との境界に罠を仕掛けたり、銃を持ち境界近くの木の上に身を隠したりして野生動物を捕獲する。これは農作物への獣害を防ぐ目的はあるが、焼畑を利用した狩猟方法ともいえる。例えば、海南島（中国）で調査をおこなった西谷【2004: 81】は焼畑を、野生動物をおびき寄せる「大きな罠」と呼んでいる。

さらに、休閑地はスイギュウやウシの放牧地としても利用される。ラオス北部では、休閑して1年から2年の休閑地は、スイギュウの好む草や若芽が多いことから、放し飼いの適地として利用されている【高井 2008: 56】。

各地の事例を見てみると、焼畑の休閑地が、林産物の採集、狩猟そして家畜の放牧地などに利用されていることがわかる。焼畑を営む人びとにとって、作物を栽培している畑だけでなく、休閑地もまた、重要な生活空間のひとつなのである。

このように、焼畑を営む人びとが多様な活動に複合的に従事できるのは、「焼畑が効率的過ぎる」【百瀬 2010: 3】からである。1年のうち焼畑だけをしていたのでは、時間を持て余してしまうのである。焼畑は労働生産性（働いた時間あたりの作物の収量）の高い農業様式であり、焼畑農耕社会は多様な活動を複合的に営むことで全体として生計が維持されている社会といえる。

5　焼畑文化

5-1　慣習的な土地権の管理

日本ならば、一般に土地には所有者が存在する。しかし、東南アジアの国々、さらにその周縁地域では、国家による土地管理が行き届いていないこともある。このため、その土地に長年暮らしている人でも、法的な土地の所有権を持たないことも多い。それでも、水田や常畑ならば土地権を想定しやすい。耕作している者が土地権を主張すれば良いからである。しかし、長期にわたる占有・使用を前提とする近代的な土地法にとり、焼畑地域の土地権は捉えがたい存在である。耕作していない土地（休閑地）を「使っている」とはどういうことなのか、草地や林のような場所に権利を主張されても、近代的な土地法では、永続的に使用を放棄した土地とみなされてしまう。例えばタイでは「これまで、公的に休閑地が農地の構成要素と認識されたことはない。焼畑によって農地を整地することは、公的には森林破壊と見なされる」【SURASWADI et al. 2005:360】という。休閑地に対する政府の認識は、焼畑の土地利用からほど遠く、あいいれない。

それでは、休閑地が管理されていないのかというと、そうでもない。現地では、休閑地を含めた土地権が慣習的に管理されていることが多い。タイ北部のミエンによる管理様式を、筆者が分類したところ、①個人管理型【量 1978; 増野 2009a】、②共同管理型【MILES 1990】、③無管理型【吉野1996】という3つの管理様式に分類することができた。それぞれの管理様式は次の通りである。

①個人管理型

個人管理型では、最初に焼畑を開いた者が、その土地の利用権を得る。個人レベルでの土地の利用権が地域で認識されている。休閑している間も、その土地の農地利用に関する利用権が維持される。他世帯の者がその土地を畑として利用したい場合、その土地の利用権を持つ者に、利用の可否について伺いを立てなければならない。土地の利用権は世襲され、売り買いの対象となっている。土地の利用権は財産のひとつとなっている。

②共同管理型

共同管理型では、コミュニティレベルや村レベルといった集団で大きな焼畑地を整地したのちに、その整地した土地を分割して各世帯が農業をおこなう。分割された農地について耕作中の利用権は各世帯が持つ。しかし、その年の耕作が終わると、その利用権はコミュニティや村で管理され、各世帯の土地の占有的な利用権は失われる。

③無管理型

無管理型では、農地の利用権は耕作している間のみ認められる。耕作者が耕作を放棄した後には、その土地は誰が利用しても良い土地となる。畑の耕作者が、その土地の再利用を想定していない土地利用である。

焼畑における土地権の管理方法をみてみると、耕作期間中には耕作者のみがその土地を利用できる点は共通している。また、いずれの管理様式でも、休閑地での小量の林産物の採取や狩猟活動は、誰がおこなっても問題とされないのが普通である。

①個人管理型の管理様式は、休閑地の取り扱いを除けば、近代的な土地の所有権の管理様式に近い。我々にも感覚的に理解しやすく、もっとも基本的な土地権の管理方法と考えられる。②共同管理型の管理様式は、社会組織が発達していなければ成立しない。個人管理型よりも複雑な管理様式といえる。③無管理型の管理様式は、焼畑をしながら特定の居住地を持たず放浪する人びとを思わせる。ただし、無管理型の事例【吉野 1996】は、1980年代末におこなわれた調査に基づき報告されたものである。2012年に同じ村では焼畑はすでにおこなわれておらず、土地の利用権は個人管理型で管理されている。

ミエンを見る限り、休閑地の管理様式は同じ民族でも一様ではない。無管理型から個人管理型へと変化した事例もある。これは、土地権の管理様式が固定的なものではないことを示している。土地権の管理様式は、国家の土地政策や社会環境などによって変化しうるものである。

ところで、焼畑を営む人びとというと、第一に、土地権の概念を持たず放浪生活をする人びとを想像する人がいるようだ。たしかに、休閑地の利用権を管理しない事例が存在するので、放浪的な生活をする集団もあるのだろう。しかしながら、焼畑民と放浪的な生活とを単純に結びつけるのは危険である。ミエンについてみると、吉野【2001: 339-344】は村から村へと頻繁に移住を繰り返す世帯の事例を報告している。そのいっぽうで、吉野【2001:337】は、北タイに分布するミエンの村を広く見た結果、村落単位の大規模な移住は戦乱に伴う非常時以外にはなかったと述べている。調べてみると、焼畑のために居住地を移したのではなく、居住地に何か問題が生じた際など、焼畑以外の要因で移住する事例が少なくないのである【増野 2009b:181】。焼畑において、毎年のように場所を移す必要があるのは畑の場所であり、居住地ではない。また、21世紀のアジアでは、人口の増加や国家政策の影響が大きくなったことなどから、放浪生活をする焼畑農耕民は、ごく限られた地域に存在する可能性があるのみだろう。

5-2 農耕儀礼と狩猟儀礼

焼畑を営む人びとは、農事暦の節目にさまざまな農耕儀礼をおこなう。タイ北部のミエンの場合では、陸稲を播種する前までに各世帯が豊作を祈願する儀礼（豊饒《ほうじょう》儀礼）をおこなう【吉野 1996: 141】。さらに、稲架を立てる前、つまり陸稲の収穫を開始する前にも、各世帯が畑の諸精霊や周囲の土地の諸精霊と耕作者の祖先を祀《まつ》り収穫を占う儀礼をおこなう【吉野 1996: 147】。陸稲の播種と収穫という農事暦の節目に先がけて儀礼がおこなわれている。

ミンドロ島（フィリピン）で焼畑を中心とした生活を営むハヌノオ・マンヤン族の場合、陸稲をめぐり、さまざまな儀礼を実施する。とくに播種儀礼については、その執行者が必ずコミュニティ内におり、ハヌノオ・マンヤン族の農業活動にとって、毎年の播種儀礼は不可欠なものだという【宮本 1986: 107-106】。

日本においても焼畑を営む人びとが、例えば、入山の儀礼、種蒔きの儀礼、出山の儀礼、などに区分される農耕儀礼をおこなっていることが各地で確認されている【野本 1984: 329-339】。奈良県南部の十津川郷《とつがわごう》や、大分県の玖珠《くす》山中では、はじめて野山を伐りはらって焼畑をつくる際には、山の神に祈ってその土地を使用する許しを願う儀礼がおこなわれたという【千葉 1983: 202】。ただ、九州山地のキオロシと呼ばれる伐採儀礼は「おそらくは山の神に対する敬意を表現したものであったらしいが、現在はすでに唄《うた》の章句のみが伝わるだけで詳細な作法は不明となってしまった」【千葉 1983: 204】とされている。日本の場合、残念なことに、すでに失われてしまった民俗も多い。

狩猟儀礼も焼畑を営む人びとの間に広くおこなわれている。焼畑と狩猟活動は非常に相性が良い。しかしながら、例えば、インドシナの焼畑農耕民の狩猟儀礼に関する資料はきわめて乏しい【大林 1970: 29】。ただし、狩猟儀礼といっても、焼畑を営む人びとを含む農耕民による狩猟儀礼は狩猟民のものとは異なっているようだ。内堀【1996: 120】によれば、多くの狩猟民の社会では、ふだんは食物としてみられ狩猟の対象となる動物の主要なものを「森の主」として遇する贖罪《しょくざい》の儀式が知られるという。いっぽうで、農耕民の場合では「森の主」としての獣のような存在は必ずしも想定されないようである。

タイ北部のミエンの村では、狩猟により中型以上のほ乳類を捕獲したときに、森の精霊と祖先に対して、感謝の意を表す儀礼をおこなう。儀礼の対象となる動物は、具体的にはイノシシやキョン（シカ科の動物）である。鳥類や爬虫類の場合、たとえ大型でも儀礼の対象とはならない。狩猟儀礼は30分ほどの簡単なもので、狩猟者の家に設けた祭壇の前に捕獲した動物を置いて祭司が祈りを捧げる。

ミャンマー西部の山地で焼畑を生業として暮らすチン族による狩猟儀礼を、森田【2004】が、既存の文献をもとに報告している。これによると、野生動物は、捕獲した場合に、儀礼をする必要のない小動物、儀礼が必要なイノシシなどの普通の野生動物、そして、複雑な儀礼が必要なトラ等の特別な野生動物に区分されている。狩猟儀礼は、動物の死後に霊をなだめるためにおこなわれる。トラ等の特別な野生動物に対する狩猟儀礼は、3日にわたり、ブタ、ニワトリそしてガヤール（ウシ科ウシ属の動物）を供犠《くぎ》とするという。

焼畑を営む人びとについて、狩猟活動に加えて狩猟儀礼にまで踏み込んだ報告は少ない。さらに、近年、生物多様性保護の観点などから、狩猟そのものが困難になっている。焼畑が姿を消しつつあるなかで、農耕儀礼や狩猟儀礼を、記録として残すことが急務となっている。

6　衰退する焼畑

6-1　アジア各地の焼畑の変化とその要因

アジア各地で営まれてきた焼畑は、近年は急速に衰退している。同じ国や地域でも、焼畑の実施状況は多様だが、20世紀中頃と20世紀末との比較から、アジア各地における焼畑の実施状況について大きな傾向をみてみる［表1］。

20世紀中頃には、ラオス北部、チッタゴン丘陵（バングラデシュ）、ボルネオ島（インドネシア側）、インド東北部、ベトナム北部、ミャンマーの山間地域そしてタイ北部において、焼畑が中心的な農業として営まれていた。日本や台湾においても、20世紀中頃には焼畑が各地で営まれていた。いっぽうで、ネパールの山間地域のように、焼畑が19世紀までに常畑での農耕と家畜飼育に変化した地域がある【RASUL and THAPA 2003】。インドネシアのなかでもジャワ島では、20世紀初頭までに焼畑が常畑に転換したという【大木 1993】。

20世紀末の状況［表1］をみてみると、チッタゴン丘陵、ボルネオ島、インド東北部のように、比較的焼畑が継続されている地域もある。そのいっぽうで、ベトナム北部や、ミャンマーの山間地域では衰退しつつある。また、本章が中心的にとりあげる、タイ北部の焼畑は、ミャンマーとの国境付近など、ごく一部の地域で営まれるのみとなっている。

日本や台湾では、焼畑はほぼ消滅している。日本では北は秋田県から南は宮崎県まで、合計9ヵ所で焼畑が営まれているという【根本 2010: 58-59】。2009年に私が宮崎県の椎葉村《しいばそん》で見聞きした事例は、休閑の取り方などから明らかに焼畑だが、焼畑を観光資源として積極的に利用しており、東南アジアにみられる純粋な農業としての焼畑とは異なっていた。日本ならではの、アグロツーリズム型の焼畑として興味深い。

焼畑の衰退要因は国により、そして地域によりさまざまである。日本についてみると、近代日

表1　各国における焼畑の変容状況（20世紀中頃～20世紀末頃）

地域	20世紀中頃*[2]	20世紀末*[3]	変容の程度
ラオス北部	+++	+++	→
バングラデシュ・チッタゴン丘陵	+++	+++	→
インドネシア・ボルネオ島	+++	+++	→
インド東北部	+++	+++	→
フィリピン	++	++	→
カンボジア	+	+	→
ベトナム北部	+++	++	↓
ミャンマー山間地域	+++	++	↓
中国・雲南省	++	+	↓
マレーシア半島部	++	+	↓
インドネシア・ジャワ島	+	なし*[4]	↓
タイ北部	+++	+	↓↓
台湾東側	++	なし*[5]	↓↓
日本*[1]	++	なし	↓↓
ネパール山間地域	なし	なし	なし

+++：焼畑が優占する。
++：焼畑は優占しないが広く営まれる。
+：焼畑が一部で営まれる。
なし：焼畑は営まれていない。
→：衰退しつつも比較的維持された。
↓：衰退した。
↓↓：著しく衰退した。

＊1：佐々木（1972）、＊2：Spencer（1977: 12）による焼畑の分布図を筆者が判読した。＊3：Rasul and Thapa（2003）を中心に、Schmidt-Vogt et al.（2009）を利用した。＊4：大木（1993）。＊5：山田（2011）。
出所：上記の資料を参考に筆者作成。

本の林政においては、1897年に成立した森林法、および1907年の森林法改正において、すでに焼畑が問題とされている【米家 2011: 181】。日本では、かつての焼畑耕地の大部分は、現在、杉・檜《ひのき》などの植林になっている【野本 1984: 615】。焼畑の衰退に関し、戦後の拡大造林政策は転機のひとつとして無視できない。また、休閑地での家畜飼育や林産物の採集に価値を見いだせなくなったことも、焼畑衰退の一因だろう。

東南アジア大陸部における焼畑の変化の要因について、広田ら【2008】がまとめている。これによると、1960年代以降に、東南アジア大陸部の社会を大きく動かし、焼畑に影響を与えた原動力として、人口増加、戦争（例えば、ベトナム戦争）、政策の転換、市場経済化の4つをあげている【広田ら 2008: 168】。例えば、ラオスについてみると、1975年にラオス人民民主共和国が成立し、社会主義と計画経済を開始している。しかしながら、この枠組みは行き詰まり、1986年には市場経済化に向けた政策に転換している。市場経済化が生活に浸透するにつれて、現金収入の重要性が高まっていった。焼畑の休閑地に生育する植物資源が、村民の重要な現金収入源となる事例もあるという。横山【2011: 64】によれば、ラオス政府が1990年代から森林資源と生物多様性の保護のために実施した土地・森林政策によって、村落の慣習的な土地利用が制限されたという。さらに山間部の集落を道路沿いに移転させる政策が併せて実施されたことで、道路沿いの集落では人口圧が高まり、伝統的な焼畑が困難になったという。ラオス北部の土地林野配分事業が実施された村落では、政府の奨励によって換金作物の栽培が普及したが、陸稲の短期休閑および長期耕作化の問題が起きているという【中辻 2004: 466】。

タイ北部では、1950年代末になるとタイ政府がミエンなど増加する山地民らに対し、麻薬の取り締まりとケシ栽培対策、国防のための国境での共産ゲリラ活動対策、焼畑による森林破壊への対策を開始している【速水 1999: 205】。焼畑への対策が盛り込まれているものの、国家の周縁部に暮らす少数民族に対し、国家権力を行き届かせることを目的としていたと考えられる。そして、地域によって違いはあるが、1970年代まで盛んに営まれていた焼畑は、1990年代頃までに急速に衰退している。次に、私が調査をおこなったタイ北部の山村(PD村)を事例として、焼畑の衰退過程をみながら、その衰退要因について考えてみる。

6-2　タイ北部の山村にみる焼畑の衰退

PD村は標高950メートルの山腹に位置し、住民は丘陵地を利用して、100年以上にわたり焼畑を営みながら暮らしてきた。表2にPD村における出来事と農業活動の歴史的変化をまとめた。

1980年代のPD村の状況をみてみると、1970年代まで盛んにおこなわれたケシ栽培がタイ政府の規制によって困難となっている。村民はケシを栽培し阿片《あへん》の材料となる樹脂を採集し販売していた。ケシは連作され、毎年畑の全面を鍬で耕すなど、常畑に準ずる農法で栽培されていた。

1980年代は、住民がケシに代わる換金作物を模索していた時期にあたる【増野 2005: 160】。焼畑で自給用の陸稲を栽培すると同時に、換金作物として綿花やショウガの栽培などを試みている。しかし、どの換金作物も定着していない。1987年頃になると、車道が開通し、町へのア

表2　PD村における出来事と農業活動の変遷

年代	出来事	農法		除草剤・化学肥料の利用	自給用作物	換金用作物			
		焼畑	常畑		陸稲	ケシ	綿花	トウモロコシ	ゴム
1970年代		+++	++		+++	+++			
1980年		+++	+		+++	+			
1987年	車道が開通	+++			+++	+	+		
1990年		+++			+++		+		
1991年	森林保護区の設定	+++			+++		+		
1990年代中頃		++		+	+++			+	
1990年代末		+	++	++	+++			+++	
2000年			+++	+++	+++			+++	
2012年			+++	+++	+++			+++	+

+++：多い、++：一般に見られる、+：少ない、空欄：なし
出所：筆者作成。

クセスが容易になっている。

　1990年代に入ると、タイの森林局がPD村を含む周辺地域に、水源地の保全を目的として森林保護区を設定した【写真7】。森林局は1991年から現地での管理活動を開始するとともに、保護区内での植林を開始している。聞き取りでは、この森林保護区の設定によって、住民は、一世帯あたり平均7.1ヵ所の畑が利用できなくなった【増野2009a: 77】。PD村では土地権が個人管理型で管理されていた。部外者にとっては、畑が分布しない草地や林ばかりの土地であっても、村民からすれば各自が利用権を持つ休閑地だったのである。

　そして1990年代中頃になると、換金作物としてトウモロコシが導入され、この栽培が拡大した【増野2005: 172】。また、除草剤と化学肥料の利用が広まり、休閑をとらずに耕作をすることが可能になると、焼畑が常畑へと急速に転換した。1990年代の末には焼畑は、ほとんど営まれなくなり、常畑での自給用の陸

稲と販売用のトウモロコシの輪作が一般化している。2000年代にも、この輪作が続いている。

PD村における焼畑の衰退要因について、関係の深そうな出来事を時系列に並べると、車道の開通（1987年頃）、森林保護区の設定（1991年）、トウモロコシ栽培の拡大と除草剤の利用（1990年代中頃から）、そして焼畑の衰退（1990年代末）となる。森林保護区の設定は、焼畑の衰退に影響を与えた要因のひとつと考えられるが、他にもさまざまな要因があるようだ。例えば、1990年代中頃以降になると、除草剤や化学肥料の利用が一般化している［写真8］。

写真7　森林保護区（写真左側）と農地（写真右側）
森林保護区と農地が境界で明確に分かれている

1980年代には焼畑でなければ、雑草が多すぎて除草が間に合わず、陸稲を栽培できなかった。しかし、除草剤を利用することで、少しの労力で雑草を処理できるようになったのである。それならば、畑を休閑させずに全ての土地を利用して、換金作物を栽培しようと考えるのは当然だろう。森林保護政策の影響で焼畑に使える農地が制限されたことに加えて、住民自身も自らの選択として焼畑をやめ、常畑でのトウモロコシ栽培を推進したのである。

PD村の事例をみてみると、村の暮らしそのものが大きく変化する時期があることがわかる。この事例では、1980年代末から1990年代末までの約10年

写真８ 除草剤を利用した整地作業
（ポンプを使い除草剤を散布している）

間である。この時代には、車道の開通、森林保護区の設定、トウモロコシ栽培の拡大、除草剤の導入など、さまざまな変化が同時期に起きている。都市部に出稼ぎに出る者も現われた。焼畑の衰退は、歯切れは悪いのだが、ここに挙げたさまざまな要因などが複雑に絡み合うなかで生じたものだったと解釈すべきだろう。ところで、タイの国全体をみてみると、タイは１９８８年から未曽《みぞ》有《う》の経済ブームを経験している【末廣 2009: 32】。そして１９９７年に通貨危機が起こるまでの間、タイは好景気に沸いた。首都バンコクにおいて、高層ビルの建設ラッシュ、そして大規模な百貨店、コンビニエンスストア、総合量販店の開店ラッシュが起きていたという。同じ時期に、タイ北部の小さな山村では、焼畑の衰退をはじめとする変化が起きていたのである。

このＰＤ村の事例だけでなく、焼畑はタイ北部のミエン社会において、ほとんどおこなわれなくなっている。１９９０年代に入るとタイ北部のミエン社会ではミエンの「伝統」文化を復興する活動が活発になっている【吉野 2008】。この活動に向けて編纂《へんさん》された教本には、焼畑に関する記述があり、先祖がおこなっていた焼畑に関する知識を文化遺産として伝承しようとしているという【吉野 2008: 309】。おもしろいことに、焼畑が営まれなくなって以降、焼畑がミエンのアイデンティティのひとつとして強調されているのである。

7　焼畑と森林破壊

焼畑が森林を破壊してきたのか？　言い換えれば焼畑は環境破壊なのか？　という疑問を多くの人が持つようだ。結論から言うと、焼畑が、世界的スケールや熱帯林の破壊といったスケールで語られるような、いわゆる大規模な森林破壊の主要な要因ではないことはすでに明らかになっている【宮本 2010: 229】。焼畑により森林が伐採・焼却されていることがいわれてきたが、土地の利用歴を分析してみると、大規模な伐採・焼却がおこなわれた土地は休閑することなく利用されており、例えばプランテーションとして利用される農地など、常畑の拡大だったことなどが把握されてきたのである。

じつは、状況証拠をみても、焼畑と大規模な森林破壊とを結びつけるのは難しい。タイ北部は、1970年代頃まで焼畑が盛んに営まれてきた地域だが、タイ北部地域は今も昔も、タイ国内における森林地帯である。タイの隣に位置するラオスでは、2012年においても、焼畑が営まれている。そのラオスは東南アジア大陸部有数の森林国である。さらに筆者が2010年より焼畑の調査をしているフィリピンのパラワン島は、自然（森林）の豊かなことで知られる島である。実際のところ、焼畑をしている地域に森林がよく残っているのである。

それでは、なぜ焼畑と森林問題とが関連づけられるのだろうか。ひとつの理由としては、すでに述べたように、森林の伐採・焼却を、全て「焼畑」とする誤解によるものが大きい。森林を伐採・焼却しているからといって焼畑とは限らないのである。

もうひとつの理由として挙げられるのは、森林が減少してしまった結果、わずかに残る「貴重な」森林を、焼畑が伐採・焼却して破壊しているという指摘である。焼畑が植生の伐採・焼却をともなう活動であり、森林に影響を与える活動であることは事実である。しかし、焼畑が営まれている限り焼畑に利用された場所は、休閑期間を経て樹木が優占する状態へと回復する。ただし、焼畑を営むことで、森林の状態は高齢の森林（例えば、原生的な森林）から若齢の森林（例えば、若い二次林）へと改変される。近年、このような森林の改変が、森林の「質」の劣化のひとつとして、問題視されるようになっている。

しかし、よく考えてみると、森林面積が大きく減少したのは、焼畑がおこなわれていない地域であるし、森林の「質」の問題をはるかに越えて森林そのものが消滅した地域が多い。このような事実にもかかわらず、現実には、その森林面積の減少の埋め合わせが、焼畑地域に求められているのである。例えば、自然保護区や森林保護区を設定する場合、焼畑は自然環境の劣化を引き起こす活動とみなされる。そして、長年の居住の事実があるにもかかわらず、住民が自然保護区内から排除されたり、自然保護区内での活動を制限されたりしている。焼畑を続けてきた人びとにとっては、災難としかいいようがない。

8　焼畑から考えるアジアの自然観

　現在、焼畑を営む人びとが直面している問題を考えてみると、焼畑の特徴である長い休閑期が、近代の土地法そして自然保護の考え方に馴染まないことが多くの焼畑を営む人びとに災難をもたらしているといえる。慣習的に管理されている休閑地に公的な土地権が認められないのは、近代の土地法においては、利用を放棄した土地とみなされるからである。しかしながら、焼畑を営む住民からすれば、休閑期間は除草作業の軽減のために必要なのである。その休閑地はあるときには放牧地、ときには有用林産物採集の場、そしてときには野生動物の住みかなのである。これまでに、焼畑などによる人為的な植生の撹乱が、撹乱依存の植物を生み出すことが指摘されている【竹田 2003: 137】。住民は焼畑や森林産物の採集などの活動を通じ、周囲の自然環境を自らが利用しやすい環境へと改変しているのである。横山【2011: 66-67】は、焼畑の土地利用を耕地と林地というように区分するのではなく、耕地と休閑地を連続的な空間として捉える必要があるとしている。焼畑地域では、焼畑を生業とする人びとのためにも、慣習的な土地権の管理様式を土地法のなかで取り扱う方法が模索されるべきだろう。

　現在、世界に普及している、自然と人間とを二分することによって自然を保護する考え方は、世界で初めて作られたアメリカの国立公園の名にちなみ「イエローストーンモデル」として知られるものである【池谷 2008: 300】。1872年に、アメリカの大自然を自然のまま保護するために先住民のインディアンを排除して国立公園を作ったのである。この自然保護の考え方は世界中に広まり、自然保護区の設定などの形で焼畑民の生活を脅かしている。森林や生物多様性の保護を目的として、今もなお世界各地で新たな自然保護区や国立公園が設立されているのだが、そこには、例えば焼畑を生業とするような、地域住民の暮らしがある。彼らが長年暮らしてきたにもかかわらず、豊かな森林が残っているという事実を無視して、その森林を保護するために森林保護区からの立ち退きを迫ったり、森林資源の利用を禁止したりするのは理不尽である。

あらためてアジアにおける人と自然との関係を見てみると、焼畑をはじめ、例えば日本の里山など、アジアには人為が加わった「自然」があることに気づく。遠目には自然であっても、近づいてみると人為が加わっているのが、アジアに共通の「自然」である。そして、このような「自然」を当然のものとして受け入れているのが、アジアの自然観である。手付かずの自然のみを貴いものとする自然保護の考え方のもとでは、焼畑の存続は難しい。焼畑地域に森林が残っていることを冷静に考えれば、自然と人間との間に線引きをし、二分することばかりが得策ではないことは明らかである。アジアの自然観に基づいた焼畑も包含できる、「自然」保護のありかたを積極的に検討すべきである。

本章では、アジアに広く見られる生業のひとつとして焼畑をとりあげた。焼畑は耕作期間と休閑期間の組み合わせによる土地利用様式で、植生の遷移を利用した雑草抑制を中心とした農業技術である。「粗放的」と捉えられがちな焼畑だが、農業生態学的な観点などからみても、きわめて合理的な農業様式である。タイ北部の山地民は、ほかに最適な農法があるにもかかわらず、仕方なく焼畑をしていたのではない。当時の状況では、焼畑が最も優れた農法だったのである。現在では、さまざまな農業技術の普及状況や、市場経済の浸透の程度により、総合的に考えて、必ずしも焼畑が最適な農業様式ではない地域が増えている。しかしながら、常畑が、環境条件や社会環境の条件によっては必ずしも焼畑よりも優れているわけではないこと、そして今もなお焼畑が最善・最適な農業である地域が多いことを心に留めておく必要がある。

焼畑の衰退は今後も続くと考えられる。焼畑に関する在来知（例えば、自然資源利用に関する知識や農耕儀礼など。民俗知とも呼ばれる）の収集と記録が急務となっている。焼畑を営む人びとの生存基盤を維持するためには、焼畑の休閑期間を含めた土地および自然の利用方法が、近代の土地法や自然保護の考え方のなかで肯定的に受け入れられるような仕組み作りが必須である。このためには、自然と人間とを対立したものと捉えないアジアの自然観を再認識し、これを重視してゆくことが問題解決の一助となると考えている。

参照文献

◆荒木茂

2001　「焼畑の土壌生態」久馬一剛編『熱帯土壌学』名古屋大学出版会、pp.300-346。

◆千葉徳爾

1983　「山の民俗」大林太良著者代表『山民と海人（日本民俗文化大系第5巻）』小学館、pp.173-216。

◆Conklin, H. C.

1957　*Hanunóo agriculture: a report on an integral system of shifting cultivation in the Philippines*. Rome: Food and Agriculture Organization of the United Nations.

◆Freeman, J. D.

1955　*Iban agriculture: a report on the shifting cultivation of hill rice by the Iban of Sarawak*. London : H.M.S.O.

◆福井勝義

1974　『焼畑のむら』朝日新聞社。

1983　「焼畑農耕の普遍性と進化――民俗生態学的視点から――」大林太良著者代表『山民と海人（日本民俗文化大系第5巻）』小学館、pp.235-274。

◆福島万紀

2012　「焼畑耕作が創出する生存基盤――種多様性が保持されるメ

カニズムに着目して」柳澤雅之、河野泰之、甲山治、神崎護編『地球圏・生命圏の潜在力：熱帯地域社会の生存基盤（講座生存基盤論　第2巻）』京都大学学術出版会、pp.131-146。

◆**Geddes, W. R.**

1976　*Migrants of the mountains: the cultural ecology of the Blue Miao (Hmong Njua) of Thailand*. Oxford : Clarendon Press.

◆**量博満**

1978　「経済生活」白鳥芳郎編『東南アジア山地民族誌』講談社、pp.161-185。

◆**原田信男・鞍田崇編**

2011　『焼畑の環境学——いま焼畑とは』思文閣出版。

◆**速水洋子**

1999　「タイ国家の領土におけるカレンの土地権——共同性と伝統の構築」杉島敬志編『土地所有の政治史——人類学的視点』風響社、pp201-228。

◆**広田勲・中西麻美・縄田栄治・河野泰之**

2008　「東南アジア大陸部の焼畑と村落の変容」ダニエルス・クリスチャン責任編集『地域の生態史』弘文堂、pp.165-180。

◆**池谷和信**

2008　「排除の論理から共存の論理へ——動物保護区をめぐる新たな関係」池谷和信・林良博編『野生と環境（ヒトと動物の関係学　第4巻）』岩波書店、pp.296-319。

◆**井上真**

1995　『焼畑と熱帯林――カリマンタンの伝統的焼畑システムの変容』弘文堂。

◆米家泰作

2011　「近代林学と焼畑――焼畑像の否定的構築をめぐって」『焼畑の環境学――いま焼畑とは』思文閣出版、pp.168-190。

◆高秉雲

2001　『朝鮮火田（焼畑）民の歴史』雄山閣出版。

◆増田和也

2012　『インドネシア森の暮らしと開発――土地をめぐる「つながり」と「せめぎあい」の社会史』明石書店。

◆増野高司

2005　「焼畑から常畑へ――タイ北部の山地民」池谷和信編『熱帯アジアの森の民――資源利用の環境人類学』人文書院、pp.149-178。

2009a　「森林局による1級水源域および植林地域の設定が住民の農地利用に与えた影響――タイ北部ヤオ（ミエン）族の山村における事例」『中部森林研究』57: 75-80。

2009b　「東南アジア大陸部における山地民の移住史と環境利用」池谷和信編『地球環境史からの問い――ヒトと自然との共生とは何か』岩波書店、pp.174-189。

2011　「タイ北部における陸稲の耕作地をめぐる在来知――ミエン族と陸稲との関係」『ビオストーリー』15: 84-98。

◆Masuno, T. and Ikeya, K.

2008 Fallow period and transition in shifting cultivation in northern Thailand detected by surveys of households and fields. *Tropical agriculture and development* 52: 74-81.

◆**Mertz, O., Padoch, C., Fox, J., Cramb, R. A., Leisz, S. J., Nguyen, T. L. & Vien, T. D.**

2009 Swidden change in Southeast Asia: understanding causes and consequences. *Human Ecology* 37: 259-264.

◆**Miles, D.**

1990 "Capitalism and the Structure of Yao Descent Units in China and Thailand: A Comparison of Youling (1938) and Pulangka (1968)". In: Wijeyewardene, G. ed. *Ethnic groups across national boundaries in mainland Southeast Asia*. Singapore: Institute of Southeast Asian Studies. pp. 134-148.

◆**宮本勝**

1986 『ハヌノオ・マンヤン族——フィリピン山地民の社会・宗教・法』第一書房。

◆**宮本基杖**

2010 「熱帯における森林減少の原因——焼畑・人口増加・貧困・道路建設の再考」『日本森林学会誌』92:226-234。

◆**百瀬邦泰**

2010 「焼畑を行うための条件」『農耕の技術と文化』27:1-20。

◆**森田和彦**

2004 「ビルマ西部山地焼畑農耕民における狩猟儀礼」『南方文化』

31: 1-12。

◆**中野和敬**

1995 「焼き畑と森林生態」田村俊和・島田周平、門村浩、海津正倫編『湿潤熱帯環境』朝倉書店、pp.88-111。

◆**中辻享**

2004 「ラオス焼畑山村における換金作物栽培受容後の土地利用——ルアンパバーン県シェンヌン郡10番村を事例として」『人文地理』56: 449-469。

◆**根本正之**

2010 『日本らしい自然と多様性——身近な環境から考える』岩波書店。

◆**Nguyen, T. L., Patanothai, A., Rambo, A. T.**

2004 Recent Changes in the Composite Swidden Farming System of a Da Bac Tay Ethnic Minority Community in Vietnam's Northern Mountain Region. *Southeast Asian Studies* 42: 273-293.

◆**西谷大**

2004 「環境利用の変容と生活適応戦略」篠原徹編『中国・海南島——焼畑農耕の終焉』東京大学出版会、pp.55-96。

◆**野本寛一**

1984 『焼畑民俗文化論』雄山閣。

◆**落合雪野・横山智**

2008 「焼畑とともに暮らす」横山智・落合雪野編『ラオス農山村

地域研究』めこん、pp. 311-347。

◆**大林太良**

1970 「インドシナ焼畑耕作民における狩猟信仰と狩猟儀礼」『一橋論叢』64: 17-35。

◆**大木昌**

1993 「森林利用の諸形態 ——ジャワと日本における焼畑の比較試論」『東南アジア研究』30: 457-477。

◆**Rasul, G., and Thapa, G. B.**

2003 Shifting cultivation in the mountains of South and Southeast Asia: Regional patterns and factors influencing the change. *Land Degradation and Development*. 14: 495-508.

◆**佐々木高明**

1970 『熱帯の焼畑——その文化地理学的比較研究』古今書院。

1972 『日本の焼畑——その地域的比較研究』古今書院。

1989 『東・南アジア農耕論——焼畑と稲作』弘文堂。

2007 『照葉樹林文化とは何か ——東アジアの森が生み出した文明』中央公論新社。

◆**佐藤廉也**

1999 「熱帯地域における焼畑研究の展開——生態的側面と歴史的文脈の接合を求めて」『人文地理』51:375-395。

◆**Schmidt-Vogt, D., Leisz, S. J., Mertz, O., Heinimann, A., Thiha, T., Messerli, P., Epprecht, M., Cu, P. V., Chi, V. K., Hardiono, M., and Dao, TM.**

2009 An Assessment of Trends in the Extent of Swidden in Southeast Asia. *Human Ecology* 37:269-280.

◆Spencer, J. E.

1977 *Shifting Cultivation in Southeastern Asia*. Los Angeles: University of California Press.

◆末廣昭

2009 『タイ　中進国の模索』岩波書店。

◆Suraswadi, P., Thomas, D. E., Pragtong, K., Preechapanya, P. and Weyerhaeuser, H.

2005 "Northern Thailand: Changing Smallholder Land Use Patterns". In: Palm et al. ed. *Slash-and-Burn Agriculture: The Search for Alternatives*. New York: Columbia University Press. pp. 355-384.

◆鈴木玲治、竹田晋也、Hla Maung Thein

2007 「焼畑土地利用の履歴と休閑地の植生回復状況の解析——ミャンマー・バゴー山地におけるカレン焼畑の事例」『東南アジア研究』45: 334-342。

◆高井康弘

2008 「消えゆく水牛」横山智・落合雪野編『ラオス農山村地域研究』めこん、pp.47-82。

◆竹田晋也

2003 「熱帯林の撹乱と非木材林産物——東南アジアのフタバガキ林と樹脂生産」池谷和信編『地球環境問題の人類学——自然資源へのヒューマンインパクト』世界思想社、pp.120-

140。
2008 「非木材林産物と焼畑」横山智・落合雪野編『ラオス農山村地域研究』めこん、pp.267-299。

◆田中壮太
2009 「マレーシア・サラワク州における丘陵地農業の土壌生態学的研究」『日本熱帯生態学会ニューズレター』76: 1-7。

◆田崎郁子
2008 「タイ山地カレン村落における稲作の変容――若年層の都市移動との関連から」『東南アジア研究』46: 228-254。

◆辻貴志
2005 「パラワン島南部におけるモルボッグの漁撈活動の展開――焼畑低迷後の市場化とその今日的意義」『エコソフィア』16: 73-86。

◆内堀基光
1996 『森の食べ方（熱帯林の世界5）』東京大学出版会。

◆山田仁史
2011 「台湾原住民における焼畑」原田信男・鞍田崇編『焼畑の環境学――いま焼畑とは』思文閣出版、pp. 337-372。
2013 「アジアをみる眼」片岡樹・シンジルト・山田仁史編『アジアの人類学』（本書）春風社、pp.3-42。

◆尹紹亭（白坂蕃訳）
2000 『雲南の焼畑――人類生態学的研究』農林統計協会。

◆横山智

2011　「焼畑再考——焼畑は環境破壊の原因か?」『人文地理』63: 176-179。

◆吉野晃

1996　「ミエン・ヤオ族の陸稲耕作作業：タイ北部におけるミエン・ヤオ族の焼畑耕作に関する調査報告（1）」『東京学芸大学紀要　第3部門　社会科学』47: 139-155。

2001　「中国からタイへ——焼畑耕作民ミエン・ヤオ族の移住」塚田誠之・瀬川昌久・横山廣子編『流動する民族——中国南部の移住とエスニシティ』平凡社、pp333-353。

2005　「ユーミエン（ヤオ）——山中を移動し焼畑を行ってきた道教徒」林行夫・合田濤編『東南アジア』明石書店、pp.84-97。

2008　「槃瓠神話の創造?——タイ北部のユーミエン（ヤオ）におけるエスニック・シンボルの生成」塚田誠之編『民族表象のポリティクス——中国南部における人類学・歴史学的研究』風響社、pp.299-325。

狩猟採集・漁撈

5

小野智香子 ONO chikako

1　はじめに

「アジア」というと、身近なところでは私たちが暮らす日本、そのすぐ近くの中国、朝鮮・韓国などの東アジア、タイ・ベトナムなど東南アジアが、日本人にとっては比較的なじみの深い地域であろう。そのほかにも中央アジア（カザフスタン・キルギスなど）、南アジア（インド・スリランカなど）、西アジア（アラブ諸国など）があり、「アジア」と呼ばれる地域はユーラシア大陸の広い範囲にわたっている。地図を見ればわかるように、その気候や生態系はシベリア極北の極寒の地もあれば、乾燥した草原、温暖湿潤な森林、熱帯雨林など、多種多様である。

本章では、とくに北アジアから北東アジアにかけての狩猟採集・漁撈について概観し、「アジア」という言葉からすぐに想像できないような、アジアの違った一面を紹介したいと思う。また、文化をうつし出すことばの多様性について、その伝統的生業体系と言語との密接な関係についても紹介したい。

まずこの地域の気候・生態系と民族について概観しよう。中国東北部、華北北部、朝鮮半島北部、北海道にかけては亜寒帯気候に属し、冬は寒冷であるが、夏は比較的高温となる。常緑針葉樹に落葉広葉樹が混ざった森林地帯では狩猟採集、河川や沿海部では漁撈が発達した。もう少し北へ行きロシアのシベリア・北東部・極東部、モンゴル、中国の新疆ウイグル自治区、内モンゴル自治区、東北三省などはその大半が寒帯か亜寒帯に属し、南部にステップ気候や砂漠気候が見られる。北極海に近いツンドラ地帯は夏でも涼しいが、中部の森林地帯は寒暖の差が激しく、夏には30℃を超える猛暑、真冬にはマイナス60℃に達するところもある。モンゴル北部、ロシアの東シベリアから沿岸部にはタイガと呼ばれる針葉樹林が広がっている。この地域では至る所で狩猟採集・漁撈が発達し、特にシベリアや極東の森林地帯は豊かな猟場、漁場であった。

北東アジアには、ロシア人、ウクライナ人、ユダヤ人、中国人、朝鮮人、モンゴル人など、比較的大きな民族集団が居住しているほか、古くからこの地に暮らし続けている先住少数民族も存在する。エウェン、エウェンキ、ネギダール、オロチ、ウデヘ、シベ、ホジェン、ウィルタ、ウリチ、ナーナイ等のツングース系、ブリヤートなどのモンゴル系、サハなどのチュルク系、そのほかアジア・エスキモー、チュクチ、コリャーク、イテリメン、ユカギール、ニヴフ、アイヌなどの諸民族が、それぞれの地域・自然環境のもとで独自の生業を発達させてきた。狩猟、採集、漁撈のほか、トナカイ飼育・遊牧をおこなう民族もある。

狩猟採集・漁撈は、農耕や牧畜が発明される以前の、人間の自然利用におけるもっとも根源的な生業形態である。北アジアから北東アジアにおいても、のちに農耕や牧畜が発達し、現在ではトナカイ牧畜や農業を生きる糧としているひとびとも多い。しかし狩猟採集・漁撈も依然として、この地域に生きるひとびとにとってはなくてはならない生活の一部を占めているのである。本章では、この地域の狩猟・漁撈・採集について概観する。

2　狩猟

北アジアから北東アジアにかけては、伝統的に海獣狩猟がさかんにおこなわれていた。「海獣」とはアザラシ類、トド、セイウチ、オットセイ、ラッコ、クジラ類、イルカ類などのことである。アザラシといえば、日本では川に紛れ込んだアザラシをひと目見ようと、テレビや一般の人が集まって大変な騒ぎになったことを思い出す。アザラシのほか、オットセイやラッコなどは水族館などでも見ることができ、愛らしい動物として人気が高い。

私はカムチャツカ半島のイテリメン族の調査を長年続けているが、アザラシ肉を何度もごちそうになった。ある時、授業で学生にアザラシの解体シーンの写真を見せたところ、大変ショックだったという感想をもらった。彼らにとっては、アザラシは犬や猫のような可愛い動物という認識なので（もちろん飼うことはできないが）、その皮を剥いで、肉を切り裂いて食べるということが信じられなかったようだ。長年フィールドにいると、そういう感覚が麻痺して現地の人と似たような考えになってしまう。私にとってはアザラシはもはや「食べ物」であって、しかもめったに食べられないごちそうという認識になってしまっている。日本人だって牛や豚や鶏を食べているわけだし、いちいちかわいそうなどとは思わないだろう。イテリメン族にとってのアザラシも同じである。

狩猟対象の動物は、アザラシなどの海獣だけではない。熊、トナカイ、ユキヒツジ、キツネ、クロテン、オコジョ、ウサギなど陸上の獣や、ライチョウ、ガン、カモなどの鳥類の猟もおこなわれ、食用や毛皮加工用として捕獲の対象となっている。

2-1　海獣狩猟

アジア・エスキモー、チュクチ、コリャークといった民族はアザラシ類のほかにセイウチおよびホッキョククジラなども捕獲する。ウィルタ、ニヴフ、ネギダール、ウリチ、オロチ、エウェンは基本的にアザラシ類を捕獲し、ニヴフとオロチはさらにトドやシロイルカといった大型の海獣を捕獲していたが、大型鯨種の捕獲はおこなっていない。アイヌ、ニヴフ、イテリメンの狩猟域に分布・回遊する海獣類の種類が豊富であることを反映し、アイヌ語、ニヴフ語、イテリメン語などは、海獣（アザラシ等）を指す語彙が豊富である。捕獲したアザラシは食用のほか、毛皮を衣服や靴底、スキーなどに、また皮から紐を作るなどして利用している。

海獣狩猟方法の例として、サハリンに住むニヴフのアザラシ猟を挙げよう。サハリンでは主にゴマフアザラシとワモンアザラシが捕獲の対象となり、特にゴマフアザラシは最も多く捕獲される。まれにクラカケアザラシが捕獲され、その大柄の斑紋を生かして衣服の加工に利用された。アザラシからは食用脂が採れ、またその皮は紐、手袋、帽子、靴などの革製品の素材となった。アザラシの皮で作られた紐はたいへん丈夫なため、漁具類や犬ぞりを牽引《けんいん》するのに用いられた【大塚 1994: 547】。

伝統的な猟法では、息を殺して根気よくアザラシに接近し、銛を打ち込み、木製の仕留め棒で撲殺する。近年では、銛《もり》による接近猟法よりも鉄砲による猟が主流となっているようだ。鉄砲の場合、砂浜や流木の上で休んでいるアザラシを狙う。エンジン付きのボートで接近するとアザラシは驚いて水中に逃げてしまうが、エンジンを止めてしばらく待っていると流木などに這い上がってくる。そこを狙い撃つのである。撃たれたアザラシは水中に落ちてしまうので、弾が命中すると同時に、鉤のついた棒でアザラシを引き寄せてボートに引き上げる。アザラシがまだ生きている場合には、木製の仕留め棒で撲殺する【大塚 1994: 551-553】。

海獣語彙の豊かさ

このように、この地域ではアザラシ等の海獣狩猟がさかんであることを反映して、海獣語彙がたいへん豊富である。その一部をここで紹介しよう。いかに多様で豊富な「名付け」が存在するかということに注目してほしい。

知里【1976】に記述されているアイヌ語の海獣語彙をまとめると、表1のように分類できる。なお採集地の「タライカ」「シラウラ」はサハリン東海岸、「タラントマリ」はサハリン西海岸である。

amuspe「爪がついているもの」、konuspe「産毛のついているもの」[1]という風に、生まれて間もない幼獣はその特徴を表した語であり、もう少し大きくなるとpompe「小さいもの」という表現が出てくる。それ以降はこれらの幼獣を表す語に「〜年越冬した」と数えていく。tukar「2〜3歳のゼニガタアザラシ」がアザラシ総称を表すので、この大きさのゼニガタアザラシが

表1　アイヌ語の海獣語彙【知里 1976】

〈幼獣〉	
(a)	amuspe：1～2歳のアゴヒゲアザラシ
(b)	konuspe系（konuspe ~ konospe）：生後1ヵ月くらいまでのゼニガタアザラシ、当歳のワモンアザラシ（タライカ）
(c)	pompe：1～2歳のゼニガタアザラシ
(d)	tukar系（tukar ~ tukara）：2～3歳のゼニガタアザラシ、アザラシ総称
(e)	riyanga系（ciyanka ~ riyanga ~ riyanka）：2～4歳のアゴヒゲアザラシ
〈成獣〉	
(f)	porop系（porop ~ porox）：5歳以上のアゴヒゲアザラシ
(g)	pakuy：4歳以上のゼニガタアザラシ
(h)	konkori：ワモンアザラシ（タライカ）
(i)	urikka系（urikka ~ uriska）：クラカケアザラシ
(j)	etaspe：トド総称
(k)	popiri：トド（タラントマリ）
(l)	onnep系（onnep ~ onnex）：オットセイ
(m)	kamuy系：アザラシ総称、ワモンアザラシ（シラウラでonnekamuy、タライカでmatakamuy）、クラカケアザラシ（タライカでcaxsekamuy）、トド（タラントマリでkamuy）、オットセイ（タライカでonnekamuy）

標準的・平均的なものとして認識されていたのかもしれない。成獣になると外見がはっきりと区別されるためか、種類によって別々の名称がつけられている。ただしkamuyについては、森羅万象・自然に対してそれぞれに神kamuyが宿るとしたアイヌ人の信仰に基づいているものであり、特に熊がkamuyと呼ばれて特別視されていることが有名であるが、海獣狩猟をおこなう地域では、atuykunkamuy「海を所有する神（＝アザラシ）」、onnekamuy「老大な神＝ワモンアザラシ（シラウラ）、オットセイ（タライカ）」、matakamuy「冬の神＝ワモンアザラシ（タライカ）」のように呼ん

(1)　konuspeの語源解釈は難しいが、本稿では知里【1976】の解釈「産毛のついているもの」を参照した。

表2　ニヴフ語の海獣語彙【服部 1997】

laŋɯr「アザラシ」（総称）
〈ゴマフアザラシ〉 当歳 geoxča / orŋɯr、2歳 balŋɯr、3歳 balŋɯrakki、4歳 ŋargɯr、5歳 ŋaskɯl、6歳 bilaŋ ŋaskɯl（大きい ŋaskɯl の意）、成獣 gant
〈ワモンアザラシ[2]〉 当歳 maskŋa:rɯk / maskŋa:gup、2歳 nurakka、3歳以上 maskŋa:
〈クラカケアザラシ〉 当歳 alaxrɯk、2歳 tejangup、3歳以上 alax
〈アゴヒゲアザラシ〉 当歳 amuspi（アイヌ語起源か）、2歳 tejaŋa:、3歳 tejaŋakki、4歳 lerxul、5歳 bilaŋ lerxul（大きい lerxul の意）、6歳以上 daugɯr

でいることが興味深い。

サハリンのニヴフ語、カムチャツカのイテリメン語でも、アザラシの種類および年齢によって呼び方を区別している。

ニヴフ語ではワモンアザラシとクラカケアザラシは3歳以上は区別されていないが、ゴマフアザラシとアゴヒゲアザラシは5〜6歳まで年を重ねるごとに別の名称で呼ばれる（表2）。

イテリメン語でも、アゴヒゲアザラシの呼び名について、年齢ごとに細かく区別している（表3）。アゴヒゲアザラシは他のアザラシと比較するとかなり大きく、2メートル以上まで成長するので、その外見に応じて細かく区別されるのだろう。

日本語のアザラシの名称は、その種類ごとに名前がついている程度（アゴヒゲアザラシ、ワモンアザラシなど）で、それも専門家でなければいちいち名前など覚えていないだろう。一般の日本人であれば普段アザラシと接する機会は水族館などに限られているし、食べたり毛皮を利用したりするわけでもない。しかし表1〜表3に見られるように、アイヌ語、ニヴフ語やイテリメン語では、かなり細かく名前がつけられている。このことは、これらの民族にとってアザラシがいかに生活に密着した、重要な存在であったかを物語っている。

表3　イテリメン語の海獣語彙【СТАРКОВА 1976 : 124-125】

〈ゼニガタアザラシ〉 1～2歳 quwel、3歳 xiquwel、3～4歳 sawnəm、4歳以上 kelilan（模様の描かれたアゴヒゲアザラシの意）
〈アゴヒゲアザラシ〉 1歳 moja、2歳 kegeg、4歳 təmk'ək'、5～6歳以上 toremel、中年 mec'tal、年老いた大きな qleqaməŋ
〈ワモンアザラシ〉 ficsk'e / fitwit
〈セイウチ〉 qiχʔin metskaj「セイウチ」（海の熊の意）

海獣語彙の豊富さとは逆に、イテリメン語はトナカイに関する語彙が少ない。どのくらい少ないかというと、「トナカイ」qos（総称）、「オストナカイ」ɬxejwak、「メストナカイ」xiɣŋelan、「トナカイの仔」teqesχ しか区別がない。それに対して、隣接するコリャーク語では年齢、性別、毛色、毛並み、耳印、そり牽引といったさまざまな条件によって非常に多くのトナカイ名称があるという【呉人 2009: 115-146】。このことは、伝統的にトナカイ牧畜をおこない、移動手段や食糧、衣料として日常的に利用するコリャークにとってトナカイが重要な動物であることを反映している。イテリメンはトナカイ牧畜をおこなわず、せいぜい野生トナカイを捕まえるか、コリャークから毛皮や肉をもらう程度なので、そこまで細かく区別する必要がないのだ。

イテリメンはアザラシの毛皮を利用して靴、衣服、紐を作り、肉と脂は食用にする。脂はアザラシの表皮から4－6センチメートルほどの厚さがあり、食用にするほか、灯りをともすためにも利用された。またアザラシの腸は食料の保存袋として使われた。伝統的には肉と脂は野天干し、蒸し煮、発酵、塩漬けなどにして保存した。アザラシ

(2) 服部（1997）では「フイリアザラシ」と記述されている。「フイリアザラシ」は「ワモンアザラシ」の別名。

の脂は肉からナイフで剥いだ後、qəlkʼ と呼ばれる塊に切り、アザラシの毛皮に包んで保存する。時間が経つと、温まった脂が溶ける。このようにして溶けた脂 χəmɬχ は、このために特別に膨らませて乾かした動物の胃袋 ksolx に貯蔵される【СТАРКОВА 1976 : 124】。

アザラシの毛皮は、多くの場合腹のところで切って剥《は》ぎ、広げて乾燥させる。毛皮はスキーの底に張るために使用したり、衣服、ブーツ等の履物、食糧や日用品を入れる袋、犬ぞり牽引用の紐などに加工された【КРУШАНОВ 1990 : 44】。

現代では、新鮮なうちに解体し、ネギやジャガイモ等とともに塩茹でにしたりスープにしたりすることが多い。また保存はもっぱら冷凍による。食べてみると、歯ごたえは牛肉に近く、ほん

写真１　アザラシの解体作業：（上）表面の毛皮をナイフで少しずつ剥いで行く。（中）脂（白い部分）をナイフを使って取る。（下）表皮、脂身、腸を取り除いたところ

写真２　塩茹でにしたアザラシ肉

のり磯の香りがする。クジラ肉に近い食感かもしれない。私はアザラシ肉を何度もごちそうになったが、ある時、スーパーで売っていた日本製のカレーのルーを入れたアザラシ肉のスープをいただいたことがある。「アザラシ肉のスープカレー」のようなものが出来上がったが、これがたいへんおいしかった。そんな具合に、調理法も現代風にアレンジしながら食されているのだ。

2-2　その他の鳥獣類の狩猟

イテリメンは、そのほかにも熊 metsk’aj (massu)、ユキヒツジ ktep、トナカイ qos、ウサギ minɬ、クロテン ɬxəmɬxəm 等を捕獲する。中でも熊肉は特別なごちそうである。

再度ごちそうになった話になるが、ある時、お世話になっているイテリメンのおばあさんに子熊の肉を食べさせてもらったことがある。これまでも熊肉は何度か食べたことがある（熊肉ハンバーグなどはとてもおいしかった）のだが、この子熊の肉の柔らかさといったら格別のおいしさであった。この子熊について、おばあさんは面白いエピソードを話してくれた。おばあさんの息子が、河口近くに泊まりながら魚を捕っていた時のことである。夏場には、専用の小屋を建てて、泊まりながら漁ができるようになっているのだが、ある時母親を殺された生まれたばかりの小さな子熊が彼らの漁場に迷いこんできた。魚につられてやって来たのだろう。息子たちは捕った魚をその子熊に与えながら、しばらく一緒に過ごしていた。しかし時が経つとその子熊は成長して大きくなり、だんだん凶暴化してきた。命の危険を感じたので、とうとうその子熊を銃で射殺したのだそうだ。そのようなことがなければ、普通は小さな熊をわざわざ殺すこともなく、こんなに柔らかくておいしい肉を食べられることもなかったというわけである。

鳥類は、白鳥 mesxumesx、ヒシクイ qsas、マガン qeres、カワアイサ t'ult'ul、コガモ pəzwik、オナガガモ k'inpł、オオライチョウ qensχ、ライチョウ rewne などの捕獲をおこなっていたことが記録されている【СТАРКОВА 1976:126】。伝統的には弓矢、網、輪や棒などの罠により捕獲していたが、現在ではロシア人によってもたらされた銃器が使用されている。鳥は主に夏に捕獲され、水鳥は羽の生え変わる時期に大量に捕獲された。

カムチャツカにはさまざまな毛皮獣が生息しているが、中でも上質のクロテンやキツネの毛皮が採れる。クロテンは弓矢や罠を使って捕獲された。毛皮獣を捕る時は、先端の鋭くない矢が使用され、キツネは木製の罠で捕獲した。毛皮を傷つけないようにするためである。採れた毛皮は衣服の加工に使用されたが、毛皮だけではなく、肉を食したり、骨から針や削り具などの日用品を作ったりもした。また毛皮の一部をコリャークと物々交換するために利用した（イテリメンはクロテン、キツネ、犬の白い毛皮や乾燥したベニテングダケなどをコリャークに渡し、コリャークからトナカイの毛皮の衣服や皮を得ていた）。ロシア人のカムチャツカへの入植以前は、自家用または少量の物々交換用として毛皮獣狩猟がおこなわれていたが、18世紀以降は毛皮税を徴収されるようになり、重要な交易の生産品となっていった【КРУШАНОВ 1990: 44, 45】。

狩猟はアムール川流域および沿海地方のツングース系諸民族でも多くおこなわれ、特にオロチとウデヘでは、狩猟は根幹となる生業だった。毛皮獣、とくにクロテンの狩猟が集中的におこなわれるようになったのは1870年代から80年代になって、毛皮買い付けの商人が現れるようになってからである。佐々木によると、ウデヘはクロテンを捕るためにさまざまな罠を使用していた【佐々木 2000: 47-51】。例えば、秋から初冬にかけて、まだ小川が凍結しない時期に、小川に横たわる倒木の上に「ドゥイ」と呼ばれる罠を仕掛ける。クロテンが橋の上を歩くと、つり上げられていた丸太が落下して押さえ込む仕掛けになっている。また、誘い込み・待ち伏せ式の罠として、「ニョイ・アジリ」がある。これは、クロテンが逃げ込んだ木の根元の空洞を見つけたら、木の根元をネットで囲い、2ヵ所を除くすべての出入り口を土やコケで塞《ふさ》ぐ。一つの出口にニョイ・アジリを設置し、木の枝に火をつけて、もう一方の口から煙を流し込む。煙にむせたクロテンが網の中に飛び出たところを手で押さえ込むというものである。

このような罠猟はアムール・サハリン全域に普及していった。現在普及している鉄製の罠と比べると、伝統的な罠は動物の体全体を押さえ込んだり、頭部や頸部を強打して即死状態にするために、毛皮に傷がつきにくいという利点がある。18世紀後半から19世紀前半にかけて、毛皮は中国への貢納品あるいは交易品として最も重要な特産物であり、清朝は傷のついていない高級毛皮を貢納した者には手厚い恩賞を与え、アムール・サハリンの人々の暮らしを豊かにしたという【佐々木 2000 : 45-46, 52】。

3 漁撈

北東アジアでは、狩猟だけではなく、漁撈が生業として非常に重要である。この地域では、主にサケ科の魚（サクラマス、カラフトマス、サケ、ベニザケ、マスノスケ、ギンザケ、ニジマス、オショロコマ）の漁が盛んであり、その他ニシン、キュウリウオなども捕獲している。魚は毎日の生活に欠かせない食糧であり、それゆえに魚の種類や生態に関する知識が重要視され、さまざまな漁法が編み出された。

サケ漁はアイヌ、ニヴフ、ネギダール、ナーナイ、ウリチ、ウデヘ、オロチ、イテリメン、コリャークなどの民族で盛んにおこなわれ、鉤銛《かぎもり》、網、梁《やな》等を用いて捕獲されている（チュクチの居住する極北地域は魚にめぐまれていないため、漁撈はあまり重要な生業とは位置づけられていない）。捕ったサケ類は、乾燥させて保存食として備蓄したり、発酵させたり、煮る、焼くなどして、食用に利用されている。これらの諸民族の言語における魚や漁撈に関する語彙も非常に豊富である。

カムチャツカに居住するイテリメンは、時期によって次のような魚を捕る。

オショロコマ ɸɬəc, wəɬc（4－5月）、キュウリウオ qaac（6月）、マスノスケ c'uc'u'、ベニザケ ksus（6－7月）、カラフトマス qewuc（7月）、サケ qek'ʌ、ギンザケ kəzwəs, skan（8－9月）、オショロコマ ɸɬəc, wəɬc（9－10月）。

写真3　梁漁のようす
（模型：カムチャツカ地方チギリ地区郷土博物館）

かつてはイラクサという植物で編んだ網を使用していたが、現在は使われていない。伝統的な漁法では、初夏の漁業シーズンの初期には網を使うが、本格的なシーズンを迎えると、梁を使用した。梁はほとんどすべての川に仕掛けられ、5月末から晩秋にかけて使われた。tqapes は川を遡る魚に対してかける仕掛けで、魚は隙間から入ると出られなくなる。川の流れに沿って、曳網で捕まえる仕掛けを qens という。

このような伝統的な梁漁は20世紀初頭までおこなわれていたが、最近ではロシア式の網を使用している【КРУШАНОВ 1990: 40-41】。ただし、筆者がインタビューしたイテリメン女性（1934年生まれ）によると、彼女が子供のころにはまだこうした伝統的漁法がおこなわれていたとのことである。

魚の中で特に重要な位置を占めるのはサケ、ギンザケ、マスである。捕ったばかりの魚は、新鮮で状態のいいものは生食とし、その他は干物（nos）や発酵させるもの（xilwel, kɬc'leʔn）のために分けられる。保存のために野天干し、発酵、冷凍、塩漬け、燻製などの方法で加工するが、このような保存食の加工は現在でもおこなわれている。

イテリメン語の魚の語彙には、次のようなものがある【СТАРКОВА 1974: 118-119】。まず魚の総

写真4　（左）サケの干物 nos の干し場　（右）キュウリウオ qaac の干物

称 nənc / ənc があり、種類別に qek’ʍ（サケ）、kəzwəs, skan（ギンザケ）、qewuc（カラフトマス）、c’uc’u（マスノスケ）、ksus（ベニザケ）、upk’al（タイセイヨウサケ）、ɸɬəc, wəɬc（オショロコマ）、qaac（キュウリウオ）、ənnʔan’ecχ, mawacχ（イシカリワカサギ）などが区別されている。サケはさらに、オスとメスで違う名前が付けられていて、メスは qaak, ŋewen、オスは kqliknen, qliken という。メスからはイクラが取れ、高値で取引されるため、一般にはメスのほうが価値が高い。オスからは白子が取れ、これも非常に美味なのだが、捨てられてしまう場合も多々ある。

現代でもおこなわれている魚の加工・調理法を一部ご紹介しよう【小野 2009:162-163】。まず、よく作られるのは nos と呼ばれる魚の干物だ。魚をさばいて、背骨、内蔵を取り除く。尾の部分でつながった形で干場に掛けて、ハエがたからないように見張る。分泌物を取り除き、乾いたらできあがりである。北海道の名産物として知られている「鮭とば」と似ている。

野天干しは現在でもよくおこなわれている保存法である。また現在はあまりおこなわれていないが、かつてはさばかずに魚を丸ごと野天干しする方法もあった。また、サケ類だけでなくキュウリウオの干物も作られた。近年では、ロシア人の影響で薫製を作ることも多くなっている。

クリチレン（kɬc'leʔn）は発酵させた魚の頭のことである（サケの頭部は魚の部位のなかでも特にごちそうであり、捕れたての新鮮なものはしばしば生で食されることもある）。発酵させるには、魚の頭を切り取り、鍋に入れ、塩を少々振りかけ、少し水を注ぎ、頭の上に白子と肝臓をのせる。そのまま3日から5日くらい置いておくとできる。食べてみると、酒粕のような味がする。

穴の中に埋めて発酵させた魚ヒルウェル（xilwel）は、かつてイテリメンにとって大変なごちそうであったが、ロシア人の入植が進むとあまり作られなくなり、20世紀には犬の餌としての

写真5　（上）4日ほど発酵させた魚の頭kɬc'leʔn（下）サケの身とガンコウランの実を混ぜた料理キリーキル

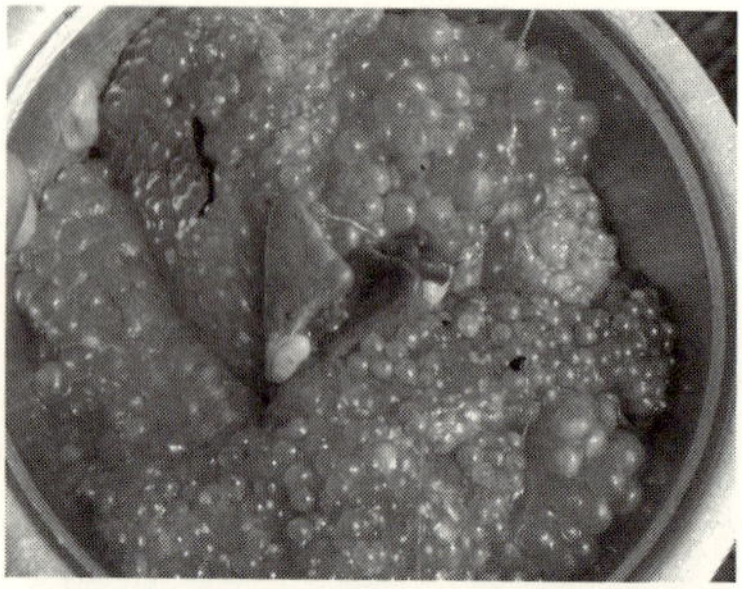

写真6　取れたばかりのイクラ ŋəlŋəl。イクラは、魚の種類や時期によって、粒の大きさや脂ののり具合、色などが異なる。中央に見える三角形のものはサケの心臓

写真7　サケのスープを食べる子供たち

み作られていた。しかしながら、発酵させた魚の頭 kłc'leʔn は現在でも作って食されている。かつてはサケの頭をイクラと一緒に発酵するまでしばらく置いておき、発酵したら、きれいに洗って食べたという。現在ではさらに塩を加えることもある【СТАРКОВА 1974: 130】。

キリーキル（kilikil）も伝統料理の一つである。サケのゆで身に塩を加え、軽く揉みこみ、ガンコウランの実とアザラシの脂を注いで軽く混ぜ合わせて食べる。

晩秋から冬には、魚はまるごとの形で冷凍保存された。また、ロシア人の入植とともに塩と塩漬けの技術が導入された。魚を3枚におろし、樽に塩を入れ、さばいた魚を入れる。置いた魚の上に塩をかけ、さらに魚を入れる。この工程を樽が一杯になるまで繰り返す。この塩漬け魚のことをソリョナ（solʲona）という。

イクラ（ŋəlŋəl）は現代ではロシア人と同じよう

に塩漬けにするが、かつては野天干しにして、乾燥イクラを作っていた。高カロリー補給食として、狩猟や遠出する時に持っていったという。また、生のイクラを桶の中で叩いてつぶし、塩を少々加え、焼き板に流してペチカ（暖炉）で焼く料理、イクリャンカ（ikranka）というのもある。テリノ（telʲno）という料理もロシア文化との交流の中で生まれたものである。サケの肉を桶の中で叩いてつぶし、タマネギ、行者ニンニクを加え、よくかき混ぜる。これを平たいハンバーグのような形に整え、中にゆでたユリ根または米を入れる。これを焼き板の上に乗せ、ペチカで焼く。

4 採集

狩猟・漁撈とともに大きな役割を果たしているのが採集である。その性格上、春季から秋季にかけて、主にベリー類、キノコ類、山菜、根菜その他の植物等の採集がおこなわれる。地域によって種類や採集時期が異なるが、カムチャツカを例にとると、クロミノウグイスカズラ（ハスカップ）、クロマメノキ（ブルーベリー）、キイチゴ、ホロムイイチゴ（クラウドベリー）、ラズベリー、ハマナス、ガンコウラン、コケモモ、ナナカマドなどを採集し、生食用のほか、保存食として砂糖漬やジャムにする。キノコ類は塩茹でし、すぐに食べるもの以外は保存食として冬に備える。従来は野生のユリ根（クロユリ等）を採集し、茹でるなどして伝統料理に利用していたが、現在ではほとんど採集されていない。また、これも現在はあまりおこなわれなくなったが、ヤナギラ

写真８　（左）ガンコウランの実 ləl　（右）ハマナスの実 qenepx

ンの茎の芯（でんぷん質）を集めて乾燥させ、保存食としてさまざまな料理に利用していた。

　採集物は、大部分が保存用に加工される。中でもユリ根（eʎk）（クロユリ）は現代の穀物やジャガイモと同等の役割を果たしていた。このクロユリの根の採集の仕方はなかなか面白い。ユリ根を食用とするネズミがいて、巣穴にたくさん集めておく習性がある。この巣穴を見つけ出し、こっそりいただいてしまうというわけである。その際、ネズミが集めたユリ根を全部取ってしまうのではなく、ネズミのために少し残しておくのだそうだ。全部横取りしてネズミが死んでしまうと、次の収穫ができなくなってしまうからだという。非常に利にかなってはいるが、なかなかにずる賢い採集方法である。

　こうして集めたユリ根は乾燥させて保存し、スープに入れたり、魚料理に付け合わせたり、蒸してホロムイイチゴやクロマメノキなどのベリーと混ぜて食べるなど、さまざまな料理に使用された。クロユリの根の代わりにクルマユリ（temek）の根が用いられることもあった。キムチガ（ləkləm）の根は茹でたり焼いたりして食された【СТАРКОВА 1974: 134,

KPAШЕНИННИКОВ 1949: 228】。

ヤナギランは茎の皮を削って内部を取り出し、いくつかの束にまとめて野天干しにした茎芯から、手のひらほどの大きさの平たい焼き物を作ったり、ヤナギランの茎芯をつぶして粥《かゆ》に入れたりしていた。スタルコワによれば、ヤナギランの採集は7月から8月初めにかけておこなわれた【CTAPKOBA 1974: 128】。その時期を過ぎると、大きく成長して茎が硬くなり、食用に適さなくなってしまう。たいていは採集したその場で加工処理をおこなう。その方法は、ナイフで茎を下から上に縦に切り裂き、貝殻（sesχəl, zesχəl）で中の芯（χəɬk'əm, χəlk'əm）を取り出す。それを手のひらの幅にして板の上に乗せる。細長い形のものをウルフプ（əlxp）、キチリフ（kic'ɬx）、丸い形のものをプルハン（p'əlχəʔŋ）「頬」と呼ぶ。加工が終わったヤナギランの芯は、燻製所（twara）に敷いておく。18－19世紀には野天干しにしていたヤナギランの茎芯は、20世紀には燻製されるようになった。燻製したヤナギラン

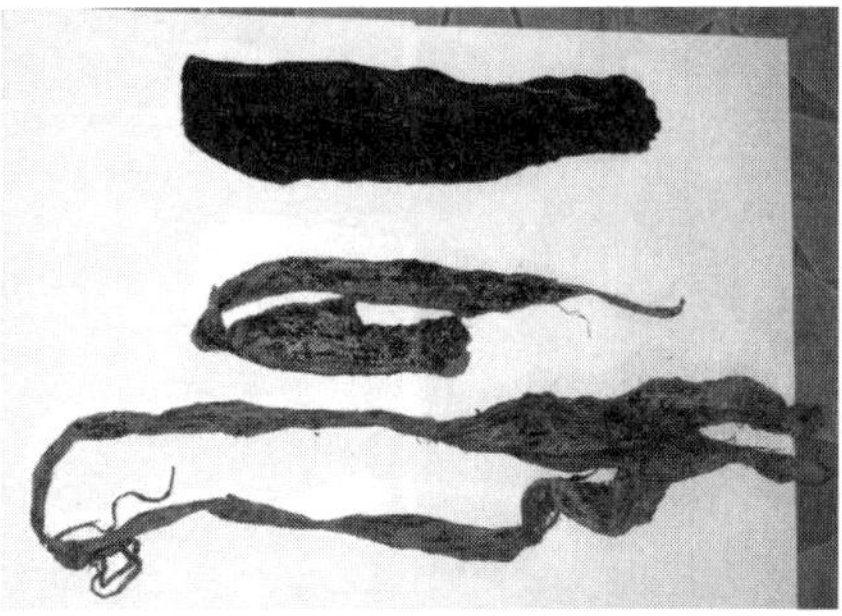
写真9（左）ヤナギラン ninən の花。茎の内部を食用にするほか、花弁や葉が茶に利用される。（右）ヤナギランの茎芯を乾燥させたもの。干し芋のような、ほんのり甘い味がする。

写真10　（左）クロミノウグイスカズラ（ハスカップ）ləltχ　（右）採集したコケモモの実 cɬxeʔn。血圧を下げる効果があると言われている。

の茎芯の2つを結び(lupsosχ)、屋根裏や小屋の中に保存した。冬に備えて、40対以上のヤナギランの束が用意されたという。

ベリー、木の実類の採集も、ビタミン源の確保のために重要である。ガンコウランやコケモモは白樺の皮でできた容器や木の樽に入れて、またクロミノウグイスカズラ（ハスカップ）やホロムイイチゴはジャムにして保存した。クロミサンザシやエゾノウワミズザクラの実やクロミノウグイスカズラの実の一部は乾燥させた。ハイマツの実も採集した。ベリー類は茹でてつぶしたユリ根、後にジャガイモと共に混ぜて食べたりもした。コケモモを生のイクラまたは熱したアザラシの血と混ぜる料理もあった。まだ熟してないクロマメノキの実を茹でて、生のイクラと混ぜ合わせる料理ケムテク（qəmteq）は近年でも作られていた【СТАРКОВА 1974: 128, 135】。

ベリー類、木の実類などは、山や森の中のどこに群生地があって、どのあたりがよく実っているか、まだ実が小さくて時期が早い、どこそこは野生動物や鳥に食べられてしまってほとんど残っていないとか、あるいは別の人間が入ったあと

写真11（左） 森に生えるベニテングダケ qəpqəp（wapq）（右）ペチカの上で乾燥させているところ

で、すっかり先を越されてしまった、別のところはまだ残っている、などなど、常に情報交換がおこなわれている。毎年、目当てのベリーを確保できるかどうかは、常に野生動物や他の人々との競争である。

葉を利用するものの一つに、さまざまな料理の付け合わせとして、行者ニンニクがある。北海道のアイヌ人もよく利用する植物である。現在ではロシア人の影響で塩漬けやマリネにすることが多いが、かつては乾燥させて保存した。

飲み物については、ロシア人が入ってくる以前はほとんど水だけを飲み、時に乾燥させたヤナギランの葉や白樺の幹にできるこぶを煮出して茶を作っていた。強い毒性と幻覚作用を持つベニテングダケ（qəpqəp, wapq）は水に溶かして飲むと酩酊《めいてい》状態になり、シャーマンの祈祷の際や、単に気分を高めるために使用されたという。ベニテングダケはたいていの場合乾燥させて、噛まずに飲み込んだ。また乾燥ベニテングダケは、隣接のコリャークとの物々交換に使用された【СТАРКОВА 1974: 137】。ベニテングダケは乾燥させると甘い香りがするが、食べると危険である。現在ではウォッカ漬けや蜂蜜漬けにして、薬として利用する人もいる。飲み薬のほか、塗り薬としても使うそうだ。

アルコール飲料は、カムチャツカに入ってきたコサックの影響で作られるようになった【СТАРКОВА 1974: 137-138】。種々のベリーからワインを作ったり、オオハナウドからウォッカを作ったりした。また、クロミノウグイスカズラやクロマメノキの実からリグラ（lirjla）と呼ばれる飲み物を作った。これは、クロミノウグイスカズラやクロマメノキの実と砂糖を樽や瓶に入れ、湯を注いで7－10日程発酵させて作られる。

ベニテングダケ以外の食用キノコの採集はロシア人によってもたらされた。現在でも夏から秋に雨が降った後、森に出かけて採集する。採ったキノコは、虫食い跡や汚れをナイフで取り除き、水できれいに洗う。その後、塩茹でにしたり、スープに入れたりソテーにしたりして食べる。保存用に塩漬けやマリネを作って瓶詰めするが、これは現地のロシア人も一般におこなっている。

5　おわりに――北東アジアの狩猟採集・漁撈と自然利用

本章では北東アジアの狩猟採集・漁撈について、主にカムチャツカのイテリメンという民族の生業を中心に見てきた。狩猟採集・漁撈という生業体系は、牧畜や農耕とは自然との対峙の仕方が異なる。野生の動物・魚・植物を食料や日用品に利用するため、それらの動物や魚の分布、行動範囲、生態、活動時期を、植物の場合は、その分布、具体的な場所（どのあたりでいい品質のものが採れるか)、適切な時期を熟知し、それらを手に入れるための知識、道具の開発、技術の習得が欠かせない。また野生なので、例えば多くの群れが現れたりした時などのチャンスを逃さないように、他の仕事を放り出して最優先で取り組む必要がある。植物についても、適切な採集時期を逃してしまうと、次の時期(多くは1年後)までありつけないので、やはり最優先事項なのである。たとえば、秋はベリーの実が十分に熟して実が大きくなるまで待つ必要があるが、野生動物に先に食べられてしまったり、急に寒くなって霜が降りると、せっかく待っていたベリーが駄目になってしまうこともある。タイミングの見極めが非常に難しいのである。

その点、牧畜や農耕は、ある程度の時期の制限はあるものの、比較的長い期間にわたって十分な食料や日用品の材料等を入手するのに都合がよい方法である。カムチャツカにおいても、近代化するにつれて乳牛を飼育して乳製品を加工したり、畑をたがやしてジャガイモやキャベツ等の野菜を栽培するようになった。伝統的な狩猟・漁撈・採集活動は減ってきたが、それでもなお、長年この地で培われてきた伝統と技術の一部は継承され、野生の動植物はむしろ季節限定の贅沢なごちそうとみなされるようになっている。またカムチャツカではサケ・マス等の魚への食糧としての依存度は依然高く、漁業は現在もこの地域の経済を支える重要な産業のひとつとなっている。

狩猟採集・漁撈という生業は、言うまでもなく、その地域の気候や生態系への依存度がきわめて高い。アジアの中にもこのような牧畜や農耕に適さない寒冷地があり、極めて過酷な自然環境の中で生き延びるために、長い年月をかけて自然と対峙し、知識を蓄積し、技術を開発してきた歴史があるのだ。特に漁撈の発達は北東アジア地域の特徴であり、実は日本もその中に含まれている。養殖を除けば（養殖とは言ってみれば魚の牧畜である）、漁業というのは魚を狩ることであるから、まさに自然との闘い、魚との闘い、他の漁業従事者との闘いでもある。これは、北東アジアの他の民族がおこなってきた狩猟・漁撈と本質的にはなんら変わらないことであり、日本もその例外ではないのである。

参照文献

◆**知里真志保**
1976 『分類アイヌ語辞典 第二巻 動物編』平凡社。

◆**Старкова, Н. К.**
1976 Ительмены. Материальная культура XVIII-60-е годы XX века. Наука. Москва.

◆**呉人恵**
2009 『コリャーク言語民族誌』北海道大学出版会。

◆**服部健**
1997 「樺太ギリヤークの漁撈語彙」『北の民俗誌：サハリン・千島の民族』三一書房、pp.249-256。

◆**Крашенинников, С. П.**

1949　Описание земли Камчатки. М.-Л.

◆**Крушанов, А. П. (ed.)**

1990　История и культура ительменов. Историко-этнографические очерки. Наука. Ленинград.

◆**小野智香子**

2009　「イテリメン語テキスト３（イテリメンの民族料理：１）」『ユーラシア言語文化論集』第11号、151-164。

◆**大塚和義**

1994　「ニヴフのアザラシ猟と送り儀礼」『国立民族学博物館研究報告』19巻4号、543-585。

◆**佐々木史郎**

2000　「アイヌとその隣人たちの毛皮獣狩猟――ロシア極東先住民族のクロテン用の罠を中心として」『アジア遊学』No. 17、勉誠出版、42-55。

◆**渡部裕**

1994　「北東アジアにおける海獣狩猟（１）――海獣狩猟の技術――」『北海道立北方民族博物館研究紀要　第３号』61-82。

6

衣食住

インドの事例から

松川恭子——MATSUKAWA kyoko

1　はじめに

衣服をまとい、食事をし、家に住まう。どれも、私たちの生活になくてはならないものである。どんな服を着るのか、何を食べるのか、部屋のレイアウトをどうするのか。毎日のように私たちは、多大なエネルギーを衣食住に費やしている。単に生物としての個体の生存を考えるのであれば、美しさや心地よさといった要素は必要ないだろう。最低限、身体を覆う衣、空腹を感じない程度の食事、雨風をしのげる屋根があれば良いわけだ。だが実際には、人間は世界各地でさまざまな種類の衣食住を発展させてきた。

アジアにも、多様な衣食住の形式が存在する。この多様性は、環境的要因だけでは説明が難しい。そこで私たちが考えなければならないのは、文化的要因である。特定の装い方や食べ方を習得すること、特定の住居に住むことで、個人は自分を取り巻く環境と人間関係の中に自己を位置づける。その過程は、身体を通じて日々、内面化されるものである。同じやり方をする人々は同類として捉えられる。自分のものとは異なる衣食住に出合えば、個人は自分たちとは違うやり方をする人々が世界に存在することを意識するようになる。

日本国内でも、衣食住の違いについて私たちが感じ取る機会は身近にある。食の事例として、うどんについて少し考えてみよう。うどんの出し汁は、関西風の場合は色が薄く、関東風は濃い。色だけでなく、味も違う。関西風のうどんに慣れた人が関東風を食べると「自分の食べてきたものと違う」と感じる。食が、「関西」「関東」という地域、その地域に住んでいる人の習慣の違いに目を向けさせるきっかけになるのである。さらに、「県民性」についての議論に代表されるように、習慣の違いが気質の違いとして論じられることもある【祖父江 1971】。

アジアにおける多様な衣食住の文化は、民族や宗教の特徴と結びつけられることが多い。先述したように、単に「自分とは違うやり方をする人々がいる」という意識だけではなく、「自分は～なのだ」と他者と自己を分け、自分の社会的位置づけを確認するための指標として衣食住が機能するわけだ。アジアの一員であるにもかかわらず、私たちは日本において、民族や宗教を衣食住と結びつけて意識する機会に乏しいが、日本社会は、決して単一民族で構成されているわけではない。宗教によって異なる習慣が存在するにもかかわらず、違いが表立って出てこないだけである。アジアの衣食住について考えることで、私たちが文化の共存について学ぶことは多いはずだ。

本章では、インドの事例を中心に、人間にとって衣食住が、自然環境との関係においてだけでなく、社会の中で「自分は何者なのか」を明らかにする手段であることを示していく。インドは、多様性を特色とする社会である。地域ごとに、特徴的な言語、宗教、衣食住の組み合わせが存在する。インドについて知ることは、アジアにおける文化の多様性を考えるきっかけになるのではないかと考える。以下では、先行研究におけるインド諸地域の事例とともに、筆者が調査地とする西部ゴア州近隣地域の事例を紹介する。

2　食——物理的・道徳的に自己の社会的位置づけを知る

「インドの食」と一言でまとめるのは、難しい。東西南北に広がるインド亜大陸には、地域特有の食文化がある。主食ひとつにしても、北部では小麦、南部では米と異なっている。ターメリック（ウコン）やクローブ（丁子）などの香辛料を使用するという点では一般化ができるものの、素材、味つけには地域性が色濃く表れる。東のベンガル地方では、魚介類がよく使用される。西のグジャラート地方では粗糖が使われ、料理は甘辛い味がする。南インド料理の特徴は、生のココナッツとカリーリーフ、タマリンドの使用である。北インドでは、油やギー（精製バター）が多く使われる、といった具合だ【小磯・小磯 2006: 20-63】。

インド亜大陸における食の多様性は、気候風土の違いによるところが大きい。インドの首都デリー近辺は、4月は40度以上の酷暑に見舞われるが、冬場はセーターが必要になるぐらい冷え込む。北西部のラージャスターン地方は、乾燥地帯であり、砂漠が広がっている。筆者の調査地であるゴア州は、インド亜大陸西部に伸びるコンカン海岸沿いにあり、アラビア海に面している。5月から9月にかけてのモンスーンの時期には、大雨が降る。ＩＴ産業の中心地、バンガロールは、インド中央のデカン高原に位置する。夏でも大変涼しい。交通・輸送手段が発展し、世界中から食料を調達できるようになった現代とは違い、長い間、自分を取り巻く環境との関係の中で、インドの人々は、その土地独自の食文化を形づくってきた。

インドの食文化は、食べ物と身体の関係をつながりの中で捉える。この考えは、インドの人口の80パーセントを占めるヒンドゥー教徒のあいだに主に見られるものである。第一に、食物は栄養として個人の身体を形づくる。食事が偏れば、健康を損なうのは、私たちが経験上知っていることだ。ヒンドゥー教徒も食をバランス良く取ることで、身体の健康を保つことができると考える。ただし、基準となるのは栄養素ではなく、食物が持つ性質と身体に与える影響である。たとえば、「オクラやナスの汁が膿に似ているため、傷を負ったり、皮膚病になったときには食べないほうがよい」「緑色・白色の食べ物は身体を冷やし、オレンジ色・黄色の食べ物は身体を温める」など、食物の形状や色によって、性質が類推される民間信仰的な考え方がある。

その一方で、より体系的な伝統医学、アーユルヴェーダに沿った分類方法が存在する。アーユルヴェーダでは、身体は三つのドーシャ（生命エネルギー）、つまり、ヴァータ、ピッタ、カパから成り立つとされる。個人の身体において、この三つのエネルギーのバランスが崩れると、病気になる。ヴァータは、動きの質であり、身体のあらゆる運動を統括する。正常な腸の動きにより排便を促す。ピッタは、熱の質である。消化機能、循環機能の一部、皮膚の健康を保つ機能を持つ。カパは、安定の質である。深い睡眠とスタミナの源である【高橋 1995】。

個々の食べ物は、各ドーシャを強めたり弱めたりする。たとえば、1970年代後半〜1980年代初頭の南インド、カルナータカ州の一村落では、村人たちは6つの味によって食物を分類していたという。必ずしも3つのドーシャと関連づけられない味もあり、その場合は、体を温めるか冷やすかが問題になっている【NICHTER 1986: 195】。

甘味：　身体を冷やす。カパを生み出す。消化が遅い。寄生虫を大きくする。
酸味：　柑橘類のように酸味が中程度の場合↓身体を冷やす。
　　　　タマリンドのように酸味が強い場合↓身体を温める。ピッタを減らす。寄生虫の活動を強める。
塩味：　身体を温める。
辛味：　身体を温める。消化が早い。カパを弱める。過剰に取りすぎるとピッタを強める。
苦味：　ピッタを強める。薬用に役立つ可能性がある。
渋味：　身体を冷やす。

　もう一つ、ヒンドゥー教徒にとって個人の身体の状態と食物の関係を考えるうえで重要なのは、浄／不浄の考え方である。ここでいう浄／不浄は、衛生的な清潔／不潔の考え方とは異なる。後で述べるように、カーストの低い人間が触れた食べ物は、たとえ清潔であっても不浄とされる。メアリー・ダグラスが述べるように、浄／不浄は、人間による世界の分類の秩序を乱し、危険な状態におとしいれる「穢《けが》れ」を持つものである。危険を排除することで、世界の秩序が保たれるのである【ダグラス 1985】。
　食事は、人間の身体を維持するために毎日おこなわれるという意味で、人間の浄性が不浄性に最もさらされやすい危険な行為である。その危険を避けるために、食事の作り方にも最新の注意が払われる。たとえば、北インドで調査をおこなったカレの報告によれば、調理場では最も高い浄性が求められるため、調理場に出入りする前に調理者は身を清めることが求められるという。外から不浄性が侵入するのを避けるため、調理者は、料理が終わるまで調理場を出ない。必要なものがあれば、手伝いの女性に取りに行かせる。どうしても外に出なければならない場合には、調理場に再び入る時に足を洗って清め直す必要がある。身を清めた主要な調理者が料理するのは、カッチャーと呼ばれる、煮て作る食べ物である。カッチャーは、不浄性に簡単に侵食されてしまうと考えられている。それに対して、パッカーは、油で揚げた食べ物であり、カッチャーに比べると不浄性に耐性がある。つまり浄性が高い【KHARE 1976a】。

食物を介して不浄性が伝わるという考え方は、浄性の低いカースト（ジャーティ）集団[1]に属する人間から食べ物を受け取らない、共食しないなどの慣習と関係している【デュモン 2001、MARRIOT 2007（1968）】。特に「不可触民」「アウトカースト」とされてきた人々は、人間の身体

(1) インドのカースト制度は、いわゆる四種姓制度として捉えられるヴァルナと、より細分化された集団をさすジャーティが組み合わさったものである。ヴァルナは、バラモン（僧侶）、クシャトリヤ（王族）、ヴァイシャ（商人）、シュードラ（隷属）の四つから構成される階級制度としてよく知られている。ただし、インドにおいて実際に意識され、「あなたのカーストは何か」と聞かれた場合に人々が答えるのはジャーティの方である。ジャーティは、後でも出てくる「サーラスワット・バラモン」や「チットパーワン・バラモン」など、独自の名前を持ち、特定の職業と結びつけられる集団のことである。現在でもインドにおける結婚は、ジャーティ集団内で相手を探す「お見合い」（縁組）婚が多数を占める。

から排出される汚物を扱う、ヒンドゥー教で神聖とされている牛を屠畜するといった仕事に関わってきたため、不浄の存在とされ、差別されてきた。1947年に英国から独立する前には、不浄性が移るという理由で、村落の井戸から水を汲むことが禁止されている場合も多かった。なお、1950年に発布されたインド憲法では、カーストによる差別は禁止されている。「不可触民」は、自らをダリト（虐げられてきた人々）と呼び、現在も地位向上を求める運動が続いている。

食べ物の浄／不浄について語る際、忘れてはならないのは、菜食（ヴェジタリアン）と肉食（ノン・ヴェジタリアン）の違いである。菜食のほうが浄性は高いとされ、高カーストの人々ほど、菜食主義者の割合は高い。ただし、菜食主義者だからといって野菜だけを食べるというわけではなく、大多数の人々は、牛や水牛の乳とバターやチーズなどの乳製品を食べている。また、東部の西ベンガル州、西海岸のゴア州には、肉食はしないが魚を食べるという人々もいる。彼らは、自らを菜食主義者と呼んでいる。厳しい菜食主義を自らに課しているのは、バラモン、クシャトリヤ、ヴァイシャ、シュードラという、いわゆる四種姓（ヴァルナ）の最上位に位置づけられるバラモンの人々の一部である。彼らは、牛乳と乳製品は動物性食物であるため取らず、豆類・果物も生命が凝縮されているとの理由で食べることを嫌うという【小磯・小磯 2006】。

ラーイ【RAY 2004: 31-34】は、インド全国で菜食主義者の割合は25〜30パーセントであるが、地域によって菜食主義の人々の割合に差があると指摘している。パンジャーブ州やハリヤナ州などの北部諸州では菜食主義者が州人口の50パーセント以上を占める。特に仏教とジャイナ教の強い西部のグジャラート州とラージャスターン州では、60パーセント以上の高い比率となる。それに対して、東部と南部では、菜食主義者の割合は格段に減ってくる。西ベンガル州、オリッサ州、南部のケーララ州は人口の6パーセントが菜食主義者であるという。

このように、一口に言い尽くせないバリエーションが菜食主義にはある。実は、古代インドでは肉食は広くおこなわれており、菜食主義の思想は、後の時代になって発展したとする一連の研究成果がある。ヒンドゥー教の聖典であるヴェーダの中に名前が挙げられている250種類もの動物のうち、50種類の動物が供儀に適しているとされ、それらの動物の肉はおそらく食されていたと推測できる。菜食主義がインド亜大陸全体に拡大したのは、仏教とジャイナ教の興隆期である紀元前6世紀から紀元後8世紀の間だと考えられている。両宗教のアヒンサー（非暴力）思想が宮廷で力を増すようになり、ヒンドゥー教の人々のあいだでも徐々に取り入れられるようになった【RAY 2004: 30-31】。

以上をまとめると、ヒンドゥー教徒にとって、食は個人の身体の状態を左右する大事な要素である。口に入れる食物によって、個人の身体だけでなく、性質までも決まってくるからである。ヒンドゥー教以外に視線を移せば、食のタブーは異なっている。ヒンドゥー教徒は、牛肉と豚肉を食することを禁止している。ただし、前者と後者の意味合いはまったく異なる。ヒンドゥー教徒にとって、牛は信聖な動物であるから、食べることはできない。それに対して、豚は排泄物を食べるという意味で穢れている。よって、ヒンドゥー教徒が肉を食べるときは、チキンかマトン（羊肉だけでなく、山羊肉も含む）が多い。それに対し、イスラーム教徒は、聖典コーランに書かれているため、豚肉を食するのはタブーである。

一方、キリスト教徒は牛も豚も食べることができる。筆者が調査を実施してきたインド西部、アラビア海沿いのゴア州にはローマ・カトリックのキリスト教徒が比較的多い。インド全体では2パーセント強でしかないキリスト教徒人口が、ゴアでは25パーセント以上を占める。キリスト教徒が多いのは、ゴアが1510年から1961年のあいだ、ポルトガルの植民地であったことに起因する。1510年のアフォンソ・デ・アルブケルケによるゴア島占領後、フランシスコ会、イエズス会をはじめとする宣教会がゴアに上陸し、宣教師たちによる現地人の改宗が進められた。ゴアの人々は、植民地化の過程で、ポルトガル人からもたらされた食文化を自分たちのものとしていったと考えられる。たとえば、豚肉のソーセージであるチョーリッソや、結婚式や誕生日のパーティで定番として出される豚の内臓を使ったソルポテルが挙げられる。ポルトガルのものとは異なり、ゴアのチョーリッソは、トウガラシ、コショウ、ショウガ、クミンなどの香辛料がふんだんに使用されている。また、牛肉を使った料理も人気があり、街中には牛肉を販売する店が見られる。

インドの食について興味深い事例として、最後に、カースト（ジャーティ）集団が違えば、食習慣も違ってくるということを題材にした短編小説について触れておきたい。ガンガダル・ガドギルの短編「夫とカボチャ」である【GADGIL 2005】。

ゴア州を含むアラビア海沿いに伸びるコンカン海岸には、サーラスワット・バラモンというジャーティ集団の人々が多く居住している。彼らは、菜食主義が多いバラモンの中では魚を食べることで有名である。一方、同じバラモンの中でも、菜食主義を厳格に守るジャーティ集団があり、その代表はチットパーワン・バラモンである。「夫とカボチャ」では、著者の分身のようなムンバイ在住のチットパーワン・バラモンの男性の戸惑いが描かれている。彼は、サーラスワットの妻と恋愛結婚した。サーラスワットたちは、魚を好むのに対し、チットパーワンは、厳格な菜食主義である。サーラスワットの男たちは、市場に魚を買いに行き、買った魚についてお互いに言葉を交わす。近所のサーラスワット男性たちが主人公の妻がろくに魚を食べることができないのではないかと心配している声を主人公は耳にする。その後、妻は近所の家にほぼ毎日、魚を食べるために昼食に呼ばれるようになり、主人公は結局家でも魚を食べるようになってしまうという内容である。

この小説に示されているように、理念としては、特定のジャーティ集団と菜食主義などの食習慣は深く結び付いているものの、異なるジャーティ間での結婚や近年のグローバリゼーションの進展に伴い変化が起こってきているようである。変化の中にはたとえば、都市部で外食のためのレストランが増えたことや、料理本やケーブルテレビの料理番組を通じて、家庭の主婦がさまざまな地域料理を調理できるようになったことなども挙げられる【APPADURAI 1988】。

3　衣――インド的衣装としてのサリー、社会関係としての布

インドの衣服と聞いて、私たちの頭に真っ先に浮かぶのはサリーだろう。サリーは、短いブラウスとペチコートを身につけた上に4〜5メートルの布を巻きつけて着る無縫製の衣装である。町中を歩いていると、シルク、木綿、化繊などの素材に、織り方、デザインなど、豊富な種類のサリーを着用している女性とすれ違う。

現在では、既婚女性の衣装として、インド全域で着用されているサリーであるが、実は、インド女性の国民的衣装として意識されるようになるのは、19世紀末から20世紀初頭にかけてであり、それほど昔のことではない。元々インドには、地域ごと、宗教ごとに独自の衣装の形があった。杉本星子は、インド人初の本格的洋画家、ラヴィ・ヴァルマーの『音楽家たちのギャラクシー』と題された作品に描かれた19世紀インドの女性たちの衣装を考察する際、宗教、地域による差異を中心に、4タイプに分けて説明している。①イギリス人とインド人の混血のクリスチャンであるアングロ・インディアンの西洋服、②イスラーム宮廷風のレーンガー（長い丈のスカート）とチョーリー（上衣）と透けるような薄地のオードニー、③南インド・ケーララ地方のヴェシュティ（腰巻き）とムーンドゥ（上衣）、④さまざまな地方のサリーあるいはサリーとチョーリーの組み合わせ【杉本 2009: 27】。最後に挙げられている地方ごとのサリーについては、着方だけでなく、織り方や色に特徴があるという。たとえば、南インドの伝統的なサリー、コルナードゥ・サリー

は、厚手のシルクに金糸がたくさん織り込まれたもので、タミルナードゥ州のカーンチープラムという町が生産地として広く知られている。エンジ色のサリーに濃紺のブラウスをつけるのが伝統的な着方であるという。サリーを後ろから前に垂らして頭を覆うのは、西部グジャラート地方に多くみられるものであり、オレンジ色などの華やかな色のサリーにたくさんの腕輪をつけるスタイルは、北西部ラージャスターン地方のものであるという【杉本 2009: 73】。

サリーが、インド女性の国民的衣装（ナショナル・ドレス）となっていくのは、植民地支配からの独立をめざす運動の中で、インド亜大陸がイギリスに対する「インド人の国」として一体化されていく過程においてであった。先に述べたラヴィ・ヴァルマーの作品の中には、縁に金糸を織り込んだ南インド風のシルク・サリーを腰に巻いた後、胸を覆って左肩から後ろに垂らす着方をした女神たちの姿が多く描かれている。このスタイルは、ニヴィ・スタイルと呼ばれ、19世紀にベンガルのタゴール家の女性たちが流行させたという【杉本 2009: 26】。また、「インド独立の父」と呼ばれ、非暴力・非闘争運動で有名なマハートマー・ガンディーも、妻にパールシー教徒が流行させた中国製の薄手のシルクに刺繍の施されたパールシー・サリーを着せていたという。杉本は、パールシー・サリーは、インドの民族衣装でありながら、洗練された新しいスタイルであったこと、文明化された西洋スタイルに後進的なインド・スタイルという枠にはまらないファッションであったために、インドの人々が自文化への自負を示すのにちょうど良かったことを指摘している【杉本 2009: 27-30】。現在、サリーは、ヒンドゥー教徒の女性に限らず、全インドで身につけられている。インドの独立後、サリーが国民的衣装であることを諸外国に印象づけたのは、初代インド首相、ジャワハルラール・ネルーの娘で、やはり首相となったインディラ・ガンディーだった。彼女は、諸外国訪問の際には必ずサリーを身に着けていた。現在、連立政権を率いる国民会議派の総裁を務めるソニア・ガンディー（インディラ・ガンディーの長男、故ラジーヴ・ガンディーの妻）は、インディラと同様に自ら身にまとうことで、サリーがインドの伝統的衣装であることを国内外にアピールしている。ソニアはイタリア出身であるが、サリーを着ることでインドへの忠誠心を示しているのである。

これまで、サリーはインド女性の国民的衣装である、と述べてきたが、サリーをほとんど着ない人々も中にはいる。ゴアのキリスト教徒の中には、サリーを自分で着つけることができないと話してくれた60歳代の女性もいた。サリーを着るゴアのキリスト教徒ももちろんいるが、筆者が日曜日のミサで出会うキリスト教徒女性の大多数が、ワンピースのドレスやスーツを着用していた。男性は、シャツにズボンという出で立ちのときは、ヒンドゥー教徒やイスラーム教徒と見分けがつかないが、祭日のミサ、結婚式などの特別な日には、必ず背広を着用する。ゴアは1年中蒸し暑く、気温が35度を超えることも珍しくないが、結婚式に出席すると、三つ揃いの背広にネクタイという正装をしている男性の姿を多く目にすることができる。なお、ゴア以外の地域のキリスト教徒は、ヒンドゥー教徒とそれほど変わらない。女性はサリーを身につけることが多い。修道女のユニフォームもサリーである【山下・岡光 2007: 97-98】。筆者の友人で、南部のタミルナードゥ州出身の修道女の女性は、常にサリー姿であった。

ゴアは、「東洋のローマ」と呼ばれ、上述したように、長きにわたってポルトガルの支配下に

写真1　キリスト教徒の結婚式に参列する人々

あった。19世紀末から20世紀初頭のゴアの暮らしについて記したデ・ブラガンサ・ペレイラによる民族誌の中では、ゴアのキリスト教徒の衣装が紹介されている。ゴアでは、16世紀にヒンドゥー教からキリスト教への改宗が起こり、キリスト教徒の中にもカースト制度がみられる。この民族誌の中では、特に高カーストのキリスト教女性が着る衣装として、ヨーロッパ風のパノ・バジュ（*pano-baju*）が紹介されている【BRAGANÇA PEREIRA 1991:80】。パノ・バジュは、サリーとスカートを組み合わせたような衣装である。長い巻きスカートをはき、短い丈の上着の上には、サリーのパッルー（肩から垂れる布の端の部分）のように長い布を肩から垂らしている。ただし、このような衣装は、現在はキリスト教徒のあいだでも日常的にはほとんど着用されず、マンドというゴアの民俗舞踊を踊るときにみられる程度である。マンドは、高カーストのキリスト教徒がパーティのときに踊るもので、男性はタキシードを身につけ、女性は上述したような衣装に扇を手に持ち、左右にゆっくりと身体を揺らす。

　女性の衣装で、サリー以外によく着用されているのは、シャルワール・カミーズ（パンジャービー・ドレスとも呼ばれる）という、インドのパンツ・スーツとでも呼べる民族衣装である。ゆったりした上衣（カミーズ）に、布をたっぷり使ったズボン（シャルワール）、スカーフ（ドゥパッタ）の3点セットで、元来は北西部のパンジャーブ地方を中心に身につけられていた。現在では、インドの全地域で使用されているのを見ることができる。サリーに比べると動きやすいため、特に都市部では多くの女性に愛用されている。

男性の衣装については、西洋的なシャツとズボンが広く行きわたっている。民族衣装と考えられるのは、北インド、西インドでよく見られるクルーターとパジャーマー、南インドのドーティーやルンギーと呼ばれる腰布である。クルーターは、ゆったりとした襟なしの上衣、パジャーマーはズボンであり、木綿製であることが多い。一方、ドーティーとルンギーの両方とも腰布であるが、ドーティーが無地であることが多いのに対し、ルンギーはマドラス・チェックなどの柄や模様が入った布を使用する。クルーター・パジャーマー、ドーティーは、政治家などが公的な場で着用することも多い。ルンギーは、部屋着や仕事着として用いられ、改まった場所で着ることはできない【山下・岡光 2007: 91-94】。

最後にインドの衣装についてもう一度まとめておこう。サリーのように、国民的衣装と考えられるものもあるが、食文化と同様に地域によってさまざまな着方、布地がある。さらに、地域の特色だけでなく、宗教の違い、カースト（ジャーティ）集団の違いによって、どのような種類の布地をどのように身にまとうのかが決まっている。このことをさして、金谷美和は、布は社会関係を作り出す媒介物として機能すると述べている。金谷は、西インド、グジャラート州カッチのイスラーム教徒とヒンドゥー教徒の婚礼衣装について調査し、花嫁が頭の上にかぶるオダニーと呼ばれる布の特徴を集団ごとに比較した。すると、宗教やカーストだけでなく、裕福か、そうでないかという違い、つまり経済的差異の指標としても布が機能していることがわかったという【金谷 2007】。

確かに、近年、特に都市部では、デザイナーズ・ブランドによるサリーやパンジャービー・ドレスが増え、社会的属性というよりは、個人の好みを反映していることも多い【杉本・三尾 2005】。とは言っても、インド全体で考えると、まだまだ、個人が置かれた社会関係を衣装から読み取ることができる場合が多いと言える。

4 住——神々と関係する小宇宙としての住まい

住まいは、人が日常生活で大半の時間を過ごす場所であるため、外部の危険から守られているという安心感が求められる。物理的な危険を防ぐためならば、住居を堅固に建てればよい。だが、世界には、目に見えない危険も多く存在する。不可視の邪悪な力を取り除くために、多くの社会では、神・精霊などの超自然的な力に頼るさまざまな方法が発展してきた。住居を建てる場所の選定、建物内の部屋の間取りの決定、実際の建築、居住のそれぞれにおいて、その社会の世界観や宗教観と深く結びついた独自の儀礼をみることができる。たとえば、日本社会では、建物を建設する前に神主を呼んで地鎮祭を執りおこなう。これは、「とこしずめのまつり」とも言われ、土地の神々の霊を鎮め、敷地のけがれを清め祓う祭である【「建築工事の祭式」編集委員会 2001】。北東の方角は鬼門と考えられ、門戸を設けること、土蔵を建てることが避けられる。地相、家屋の形状、玄関・台所・便所・浴室などの室内設備の設置の仕方については、中国から取り入れた風水（家相）にもとづいて決定されることも多い【宮内 2009】。

では、インドではどうだろう。30年ほど前の事例であるが、インド南部ケーララ州のナヤール、ナンブディリ・バラモンなどの高カースト集団のあいだにみられる住居観について紹介しよう。

メリンダ・ムーアは、住居の構造および現地の住居建築マニュアルを分析し、各部屋がどの方角に位置付けられるかという問題とその裏にあるヒンドゥー教徒の宇宙観について論じている【MOORE 1989】。まず、理想的な住居は、中央に吹き抜けの空間があり、その周辺に部屋があるという構造をしている。最も広い部屋は、客間で、吹き抜け空間の南東に位置する。訪問客の応対に加えて、儀礼や祭、男性の社交的活動がおこなわれる場でもある。家族が食事をとる食堂は、北方向にある。食堂のすぐ横、吹き抜け空間の北東側には台所が位置する。先述した客間が男性の活動の場であるのに対し、台所には女性が集まる。その他の部屋としては、寝室、倉庫、穀物貯蔵室、月経部屋、礼拝部屋などがある。ベランダがついている家もある。

住居内の各部屋の位置づけは、東西南北の方角と結びつけて考えられている。4つの方角のうち、もっとも重要なのは東である。ヒンドゥー寺院の場合、礼拝の対象である神像は、常に西側に置かれる。人々は東側にある入口から入って、神像に対面することになる。次に重要なのは南だ。東と南方向にあるベランダが昼間の活動や男性が夜寝るために使用されるのに対し、北東の台所に近いベランダは、女性が粉をひくなど、食事の下準備に使われる。一般的に、男性の活動は住居の南側に集中するのに対して、女性の活動は北側でおこなわれるという。

以上のように、家の特定の場所を男の活動／女の活動に関係づけて捉える考え方は、他の社会にもみられる。アルジェリアで1960年代後半に調査をおこなったピエール・ブルデュは、カビール族の住まいについて考察している。住居は、外の男性の公的世界に対立する女性の私的世界として考えられるが、家の内部でさらに、人間の諸活動をおこなう家の主要部と、家畜を飼う納屋という2つの空間の対立がみられる。前者は明るい男性の空間、後者は暗い女性の空間とみなされる【ブルデュ 2001】。ブルデュによれば、カビール族の家の表側の扉は、東側を向いているという。東は、太陽が昇ってくる方角として、ここでも重要な位置を占めていることがわかる。

ムーアは、ケーララ州の住居の構造分析を、東西南北と男女の活動の関係性からさらに一歩進め、ヒンドゥー教の神々と空間とを関係づける「ヴァーストゥ・プルシャ・マンダラ」というインドの建築思想にもとづいた図形について述べる。

「ヴァーストゥ・プルシャ・マンダラ」（以下、マンダラと呼ぶ）は、小倉泰の説明によれば、ヒンドゥー教の地鎮祭のときに描かれるマス目に区切られた正方形のことを言う。図形の上に土地を支配する一種の精霊、ヴァーストゥ・プルシャ（以下、プルシャと呼ぶ）とブラフマー神をはじめとするさまざまな神々を勧請《かんじょう》する【小倉 1999】。プルシャは、人間の形をし、うつ伏せの状態で対角線上に正方形の図像の中に描かれる。マス目のそれぞれは、プルシャの身体の各部位に相当する。プルシャのへそと腰の部分は、住居の中心となる。食物を求めるプルシャの口は、北東の角を占め、そこには台所が置かれる。生殖力を象徴する性器は、南西方向に位置付けられ、住居の中では寝室の位置となる【MOORE 1989】。

マンダラは、さまざまな神々が集まる宇宙としても捉えられる。小倉も、インド建築史家のジョージ・ミッチェルも、マンダラは、寺院建立にあたって使用されると述べ、寺院が人為的な宇宙の再現である点に注意を促している【ミッチェル 1993】。マンダラの各マス目は、特定の神の座所となっており、神々の集合体が再現されている。中央の大きな正方形を占めるのは、創造神のブラフマー神である。ブラフマー神の場所は、プルシャのへそ部分に当たる。これは、住居で言えば、中心にある吹き抜け空間の位置となる。ブラフマー神の周囲をぐるっと囲むのは、東のアールヤカ神と西のミトラカ神に代表される太陽12神である。さらに、その周囲を32神が占める。

ムーアは、ステラ・クラムリッシュ【KRAMRISCH 2002】の解釈に従い、インドラ神（東）とアグニ神（南東）に代表される東の神々が火・太陽・光に関係づけられることを指摘している【MOORE

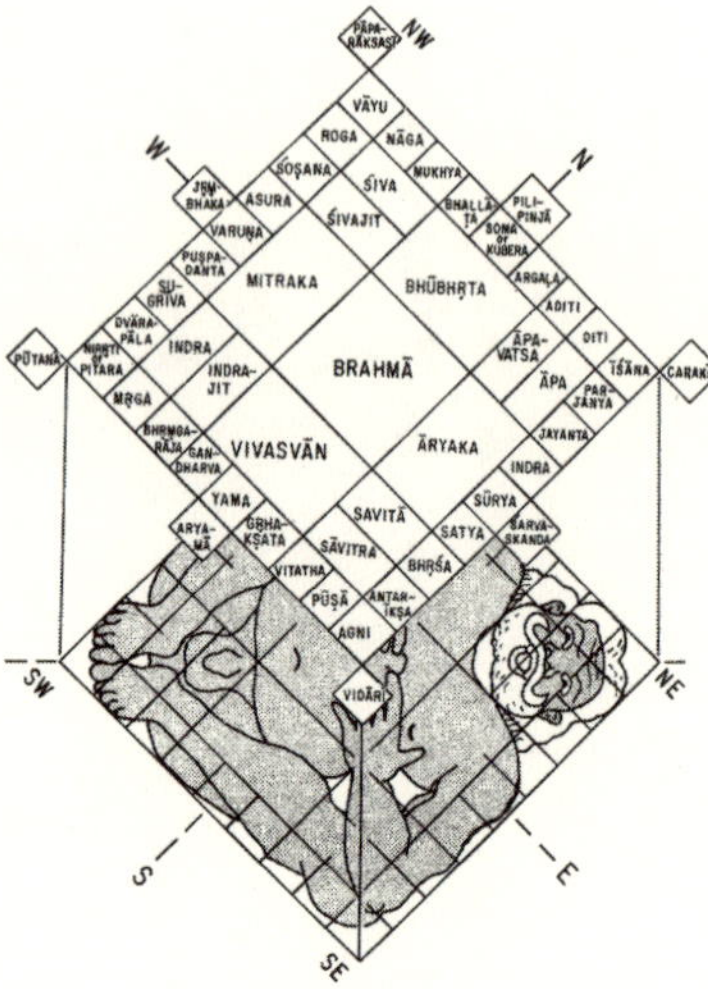

図1　ヴァーストゥ・プルシャ・マンダラ【Moore 1989: 180】

1989: 183-184】。ケーララ州の住居において、東側が昼間の活動、調理、客の訪問といった外との関係で使用されるという点と一致している。他の6方角と関係づけられる神々を挙げていくと以下のようになる。死の神であるヤマ神(南)、ニルリティ女神(南西)、水の神であるヴァルナ神(西)、風の神のヴァーユ神（北西)、富の神のクベーラ神、または月の神であるソーマ神（北)、シヴァ神の化身であるイシャーナ神（北東)。建物を建てる場所が斜面である場合、土地の傾きの方向と方角の関係に気を配る必要がある。西に下る土地の場合、斜面が邪魔をして太陽の昇る吉兆の方角、東を見ることができないため良くない。南に下る斜面にある家は、死の神、ヤマ神の方角を向くために望ましくない。それに対して、南西から北東に下る斜面は、人間の汚れによって穢れた水が、大地の水と混ざって浄化されるという意味で良いとされる【MOORE 1989: 187-189】。

以上、ケーララ州におけるヒンドゥー教徒の高カースト集団の人々の住居を中心に見てきた。ここで分かったのは、寺院という宗教的な場所だけでなく、住居自体が、神々の存在する大宇宙の縮小版、小宇宙として捉えられていることである。日常的な営みが、神々との関係の中で秩序化され、意味づけられているわけである。

一神教で、ヒンドゥー教のように多数の神々が存在しないキリスト教徒の場合、住居観がヒンドゥー教徒と異なるかというと、そうでもない。ゴアの住居について1980年代初頭に調査をおこなったイフェカが示した事例をみると、高カーストのローマ・カトリック教徒の住居観は、ヒンドゥー教徒のものとよく似ている【IFEKA 1987】。太陽が昇る東が、聖なる方角として捉えられているため、教会の祭壇は東側に作られることが多い。同様に、浄性が必要な台所は、住居の東側に作られる。ただし、イフェカは、ゴアのキリスト教徒の住居の中に、ヒンドゥー教徒的な宇宙観とともに、ヨーロッパ的・世俗的な要素が存在していることを指摘している。あるキリスト教徒のバモン・カーストの住居は、玄関側が、ヒンドゥー教徒にとっては望ましくない西を向いていたという。玄関側の壁には、大きなガラス張りの窓が並んでおり、住人は、外の世界を窓から眺めるような造りになっていた。イフェカは、この住居の場合、玄関の造りが社会における経済的地位を示すという世俗的な考え方が、伝統的な世界観よりも優位に立っていると述べている。キリスト教徒、ヒンドゥー教徒に限らず、中東の湾岸諸国をはじめとする海外の出稼ぎ者からの送金を元手に、家を建て替える人々が1980年代以降増えている。

さらに現在は、1990年代初頭に始まった経済自由化の影響で、インドの人々のライフスタイルに急速な変化が起こっている。都市部では、2LDK、3LDKといった画一的な造りのアパートやマンションが増え、西洋的な生活様式が広がりつつある【山下・岡光 2007: 194-201】。現代の生活において、これから伝統的な住居観がどのような形で組み込まれていくかというのは、興味深い点である。

5 おわりに

冒頭で述べたように、人間は、自分たちを取り巻く環境と折り合いをつけつつ、世界各地で多様な衣食住の形式を発展させてきた。本章で紹介したインドの衣食住の事例からわかるのは、自然、神、他の人間と取り結ぶ関係が、日常的な衣食住の中で具体化されているということだ。関係の網目によってできた秩序をいかに守っていくかが、衣食住の中で問題にされていると言いかえることができるだろう。ヒンドゥー教徒にとって、食べるという行為は、自然が作りだした野菜や果物の持つ性質を人間の身体に取り込むことである。つまり、自然と人間の身体とは、連続的な関係を持つということだ。一方、カーストによって浄／不浄の程度が異なり、食べものの受け渡しができないといった決まり事からわかるのは、人間の集団間にみられる上下の関係性である。衣装であれば、布地や模様、着方から、その個人の宗教、カーストを知ることができる。住居の中には、男女の活動と関係づけられる場所があり、男女の役割分担が、日々の暮らしの中で身についていく。

私たちは、日々、衣食住を通じて具体化された関係を確認し、世界の秩序を保っていく。衣食住が、さまざまに張り巡らされた関係の中に存在する自己を理解するための最も身近な方法であることを、インドに限らず、アジアにおける多様な事例を通じて、私たちは学ぶことができるのである。

参照文献

◆Appadurai, Arjun

1988 "How to Make a National Cuisine: Cookbooks in Contemporary India", *Comparative Studies in Society and History* 30 (1): 3-24.

◆ブルデュ、ピエール

2001 『実践感覚 〈2〉(新装版)』今村仁司他訳、みすず書房。

◆Chakrabarti, Vibhuti

1998 *Indian Architectural Theory: Contemporary Uses of Vastu Vidya*, Curzon Press.

◆de Bragança Pereira, A.B.

1991 *Etnografia da India Portuguesa vol.2*, Asian Educational Services.

◆ダグラス、メアリー

1985 『汚穢と禁忌』(塚本利明訳)思潮社。

◆デュモン、ルイ

2001 『ホモ・ヒエラルキクス――カースト体系とその意味』(田中雅一、渡辺公三訳)、みすず書房。

◆Gadgil, Gangadhar

2005 *Husbands and Pumpkins and Other Stories*, Popular Prakashan.

◆Ifeka, Caroline

1987 "Domestic Space as Ideology in Goa, India", *Contributions to*

Indian Sociology (N.S.) 21 (2): 307-329.

◆金谷美和

2007 『布がつくる社会関係——インド絞り染め布とムスリム職人の民族誌』思文閣出版。

◆「建築工事の祭式」編集委員会編著

2001 『建築工事の祭式——地鎮祭から竣工式まで』学芸出版社。

◆Khare, R.S.

1976a *The Hindu Hearth and Home*, Vikas.

1976b *Culture and Reality: Essays on the Hindu System of Managing Foods*, Indian Institute of Advanced Study.

◆小磯千尋・小磯学

2006 『世界の食文化⑧　インド』（石毛直道監修）農山漁村文化協会。

◆Kramrisch, Stella

2002 *Hindu Temple*, South Asia Books.

◆Marriot, McKim

2007（1968）"Caste Ranking and Food Transactions: A Matrix Analysis", in Bernard S. Cohn and Milton Singer (eds.), *Structure and Change in Indian Society*, Aldine De Gruyter, pp.133-171.

◆ミッチェル、ジョージ

1993 『ヒンドゥー教の建築——ヒンドゥ寺院の意味と形態』神谷武夫訳、鹿島出版会。

◆宮内貴久

2009　『風水と家相の歴史』吉川弘文館。

◆**Moore, Melinda A.**

1989　"The Kerala House as a Hindu Cosmos", *Contributions to Indian Sociology* (*N.S.*) 23 (1): 169-202.

◆**Nichter, Mark**

1986　"Modes of Food Classification and the Diet-Health Contingency: A South Indian Case Study", in R.S. Khare and M.S.A. Rao (eds.) *Food, Society & Culture: Aspects in South Asian Foods Systems*. Durham: Carolina Academic Press, pp.185-221.

◆**小倉 泰**

1999　『インド世界の空間構造――ヒンドゥー寺院のシンボリズム』春秋社。

◆**Ray, Krishnendu**

2004　*The Migrant's Table: Meals and Memories in Bengali-American Households*, Temple University Press.

◆**祖父江孝男**

1971　『県民性――文化人類学的考察』中央公論新社。

◆**杉本星子**

2009　『サリー！サリー！サリー！――インド・ファッションをフィールドワーク』風響社。

◆**杉本良男・三尾稔編**

2005　『装うインド――インドサリーの世界』千里文化財団。

◆**高橋和巳**

1995『アーユルヴェーダの知恵――蘇るインド伝承医学』講談社。
◆山下博司・岡光信子
2007『インドを知る事典』東京堂出版。

第Ⅲ部

変わりゆくアジア

7

モノから見たアジア文化

角南聡一郎 SUNAMI soichiro

1　はじめに

越境やグローバリゼーションというと派手で流行の先端を行く現象のようにみえるが、そうした人目につきやすい領域の脇で、経済的・文化的結合によって着実に進んでいるアジア域内モノ文化の流通・交流がある。本章で特に取りあげるのは、東アジアにおけるお墓の形（特に墓標）の類似・相違と、日本本土、沖縄、台湾、中国、東南アジアにまたがる魔除けやお守り用品などの伝播である。モノを通じ埋もれた文化交流の側面に光を当てることで、現代アジア文化の底流に迫る。

墓標はどこにでもみられる、埋葬施設に付随する物質文化である。また、墓や寺院、そして一般民家の門戸には、魔除け・縁起かつぎの願いを込めたつくりものや、お札《ふだ》のような物質文化が掲げられることがしばしばある。

そもそも、日本の塔式墓標は仏教に由来し、中国に端を発し朝鮮半島を経由して、日本へもたらされた碑が変化したものであると考えられている。また、近年は葬送ビジネスやモノの生産というレベルでは、日本を中心に東アジア諸地域は深く関連している。狛犬や獅子舞、鬼瓦、招き猫などといった、中国に起源を持ちながらも日本で独自の変化を遂げた魔除け・縁起かつぎグッズも少なくない。現代社会のグローバリゼーションにより、人の移動も激しくなった。当然ながら人の移動・移住と物質文化の在り方は、密接に関係している。

かつて海外における日本的なキッチュへの注目や【井上1996】、カーネル・サンダース人形のような海外産キャラクターの日本的発展について言及がなされてきたことはある【井上1991・1998】。しかし、モノを通じた日本文化変容過程の考察としては興味深い先駆的業績であるが、物質文化研究の立場からは物足りなさを感じる。

本章では、墓標や魔除け・縁起かつぎグッズを通じて、歴史的な観点から中国文化からの影響の深さと、アジア各地での独自の解釈、現代社会における各国文化の交流についてわかりやすく概説し、アジアの文化についての理解を深めたい。なおアジアの定義と範囲は以下のようなものである。六大州の一つで東半球の北部を占める範囲である。世界陸地の三分の一にあたり、ヨーロッパ州とともにユーラシア大陸をなす。南北はマレー半島からシベリア、東西は日本からトルコおよびアラビアにわたる地域。ウラル山脈・カスピ海・カフカス山脈・黒海・ボスポラス海峡によりヨーロッパと画され、スエズ地峡によりアフリカ大陸に接する。

2　墓標の類似と差異

墓標は日本国内だけでも、一般的な石塔の墓以外に北海道のアイヌの木製墓標や沖縄の亀甲墓といった多様な伝統文化が存在する。また、日本の中のマイノリティー、日系ブラジル人やコリアン、チャイニーズといった人々の墓標文化についても対象とすれば、より多様な現代日本文化を描くことが可能となる。逆に、東アジアを越えた日系移民や、華僑の墓についても歴史的背景を踏まえて考えると、よりグローバルな視点からの、現代社会と符合した物質文化論を展開することができるだろう。墓は民族性を表象する施設なのである。

墓標の物質文化研究的アプローチとは、墓標とその周辺施設や納骨施設を、素材・形態などを中心に比較することから開始される。続いて調査によって得られた相違が、何に起因するのか（例えば宗教、経済、製作者（工人）など）について検証する。これらの手続きから形の相違の背景に迫ることが可能となる。生前の住まいが家であるならば、死後の住まいは墓である。家に地域色があるように墓も地域で異なっている。つまり、墓や墓標の形は地域性をも表象しているのである。

また、墓標そのものではないが、樹木葬や散骨といった自然葬による無墓標化の実態（加速されているか否か）についても各地域の様相を比較することで、それぞれの特徴を導き出すことができるだろう【角南 2011】。ここでは、日本の墓標として一般的である塔式墓標という形態に注目し、この形と類似したものが沖縄や台湾にも認められることに焦点をあて考えてみたい。

民俗学者・名嘉真宜勝は、沖縄の墓を外形上から形態分類した際に、平地式と横穴式に大別し、平地式の中に塔式墓・箱形墓を位置づけた【名嘉真 1972】。名嘉真によると、「塔式墓は、戦後見られるようになった墓制である。とりわけ塔式墓は、日清・日露戦争による戦没者、特別弔葬による、勲功碑墓に由来している。近年わずかながらその建造が見られ、今後の流行が注目されている」【名嘉真 1972】。また、同じく戦後に出現した箱形墓は、正方形もしくは長方形の仮墓で、すべてセメントブロック製であり、多く幼児が埋葬されている。この形態は、名嘉真が指摘するように前時代の石棺墓からの系譜が考えられる。箱形墓に竿石＝塔式墓標が乗った形態が塔式墓と見なすことができる〔写真1・2〕。

塔式墓は本島以外に八重山・宮古にも分布する〔写真3〕。八重山では「在来の伝統的な墓と併せ、墓域及び墓室空間の狭小な塔式墓が普及している」【森田 2007】とだけ記され、他の墓制と比べて

写真1　沖縄の在来墓（糸満市幸地腹門中墓）

写真2　沖縄本島の塔式墓（名護市宮里）

写真3　石垣島の塔式墓（石垣市名蔵）

非常に簡潔な記述に留まっている。しかし、本島のものとは異なり、八重山は、ティピカルな塔式墓以外に、家形墓や亀甲墓の上に塔式墓の竿石墓標が乗った独特のものが多く、正確には塔式墓と在来の墓が折衷したものと理解される【島袋 2010】。

塔式墓標とは、前述したように研究者による命名であるが、沖縄の墓石業者では、「内地型」「和琉墓」「内地式」「和式角柱型」といった名称が用いられているものが塔式墓に相当する。墓石業者で取り扱われるこのような形の墓は、そもそもは本土出身者からの希望により、製作されるようになったものであるという。最近では、墓地用の土地サイズが狭くなっている傾向もあり、墓のサイズがコンパクトであることから、沖縄在来者の中にもこの「和式角柱型」墓を好んで選ぶ顧客が増加しているという。

また、八重山・宮古などの離島から、職を求めて沖縄本島へと移動し、定着した人々による新たな建墓や、故郷からの墓の移動も増加しつつある。この場合、共同墓地という限定された空間に墓を移動するために、塔式墓など本土的墓標形態が採用されることが多いという【越智 2008】。このように、現在の沖縄造墓ビジネス業界では、本土からの影響が色濃くなっている【村上2007】。

台湾の塔式墓について、最初に注目したのは民俗学者・平敷令治であった。平敷は、台湾の墓を形態分類する中で、台湾人の埋葬された墓に日本の塔式墓と類似した墓が建立されることを明らかにした【平敷1986】。しかし、その分布がどの程度であり、どのような背景から戦後も塔式墓が存続するのかについては、よくわからない状況にあった。

筆者が現地を踏査し具体的に資料を検討した結果、以下のように考えることができるとの結論に達した。台湾は1895年から50年間日本の植民地であったが、台湾人の日本人への同化をうながす皇民化政策が1937年ごろに盛んになった。戦後しばらくの間は日本人の塔式墓や、皇民化によって塔式墓を採用した台湾人の墓が、共同墓地には数多く存在した。そのような過去との共生によって、塔式墓は日本人の墓というカテゴリーから、台湾人の墓の一パターンへと変化した【角南2008b】［写真4］。

写真4　台湾の塔式墓（花蓮県吉安郷第四公墓）

沖縄での塔式墓標の導入は、江戸時代においては仏教寺院と関係し、続い

写真５　オベリスク形墓標（北京市万安公墓）

て近代では戦没者遺骨を納骨する忠霊塔を模したものがある。その後、本土復帰後による本土化の一傾向として塔式墓が採用された。近年は、本土からの人の移動や土地問題から塔式墓が採用される場合が増加している。つまり、本土から導入されたり、本土を意識したり、本土の業者が持ち込んだりしている状況はかなり意識的なものであるといえる。

これに対して、前述したように台湾での塔式墓の展開は、沖縄とは異なった歩みをみせている。当初は植民地として日本人が居住したことにより、台湾人もこの墓制を採用したが、戦後日本人は引き上げており、日本とは没交渉となった。それ以降も塔式墓は沖縄と同様に形態が変化し、台湾独自の解釈がなされながら存続していった。これは、日本とは無関係に戦後の台湾社会での火葬の浸透や、土地問題などから採用されたものであったと考えられる。つまり、無意識として造形された形態が、偶然にも日本の塔式墓と酷似しているという状況なのである。

沖縄と台湾では、破風墓や亀甲墓といった在来の墓制が存在していた。近代以降、日本は両地域を日本の領土に編入した。この中で墓の形態も日本的にされていった。それが沖縄では戦没者の勲功碑墓であり、台湾では皇民化による台湾人の塔式墓の採用であった。しかし、その後の両者の歩みは異なっている。沖縄では意識的に塔式墓が採用され、台湾では無意識に塔式墓が建立された。それは、両者の日本との政治的な距離を意味していると考えられる。これらとは別に、両地域や中国におけるキリスト教徒のオベリスク形墓標［写真5］は、塔式墓と極めて類似している。このことは、日本の塔式墓とは全く無関係であっても形が類似することがあることを物語っている。特に台湾にあっては、その形が日本起源なのか西洋起源なのか判別が難しいものもある。そのような意味で、ただ単に形態のみを考察するだけでなく、歴史的・文化的背景を考慮することが重要である。

3　なぜ招福・辟邪の造形は好まれ続けるのか？

招福と辟邪《へきじゃ》、この背反する二つの概念による造形は、古来日本でもさまざまな場面でなされてきた。これは、人間が幸せになりたいと願うとともに、不幸になりたくないという普遍的な願望に基づいていることは明らかである。つまり、招福と辟邪は表裏一体であり、時には極めて類似したニュアンスを含む場合もある。本節では、前述した墓の形態に加えて、招福と辟邪の造形、具体的には狛犬、招き猫などに注目する。これらが縁起物から玩具、そしてアクセサリーと形を変えながらも、現代社会に根付いていることを確認し、その理由について考えてみたい。

日本をはじめとして、アジア各国では伝統的信仰に基づいた玩具やアクセサリーが、土産物として売られている。形や素材は変化しコンパクトになりながらも、人間の普遍的心理として招福と辟邪は日常的に意識されており、グローバリゼーションの中で、例えば中国と日本の縁起物の合体が実現したりもする。これは今に始まったことではない。このような意識が持続する限り、縁起物は消滅しないだろう。以下、いくつかの具体例をあげながら概観してみたい。

3-1　狛犬とシーサー

古代オリエントの獅子は都市の門・王宮や墓の守護の聖獣であった。またメソポタミアで生み出された合成獣グリフィンも、獅子と深く関係する。紀元前4000年頃に誕生したグリフィンは獅子と鷲の合成獣である。これらは西アジアから中央アジアを経由して春秋・戦国時代に中国へと伝わり【林 2006】、有翼獅子像として成立し鎮墓獣の獅子として定型化していくのである。また、これと類似したものとして獅子舞がある。獅子舞もその起源はオリエントにまで辿れるが、中国で一応の定型化をみた民俗芸能の「モノ」である。獅子舞の獅子頭もまた、魔除けの意味があるとされ日本にも伝わった。これらの造形は常に信仰のためになされたものであった。その後、5～6世紀頃に中国で左右対称の形が形成されるが、阿吽《あうん》と牡牝の区別はないようである【衛藤 1995】。これが朝鮮半島を経て仏教とともに日本に伝来する。最古の事例と考えられる7世紀頃の『法隆寺金堂壁画』に描かれた獅子は、いずれも牡で阿吽はなく左右対称の同型である。中世の終わりには獅子と狛犬一対へと変化し、「阿吽」の非対称一対という形態が基本となる。これが日本で現在一般的な狛犬の姿となったものである。

台湾高雄市鼓山亭の石獅子は、昭和12年（1937）に台湾人により製作されたものであるが、形式的には中国のものであるものの、「阿吽」の非対称一対をなしている［写真6］。このように、特殊な事例としては日本植民地時代の日本からの影響で、先祖帰りしたかのような資料もあったことを物語るものである。

写真6-1　台湾の阿吽石獅子（高雄市鼓山亭）

写真6-2　台湾の阿吽石獅子（高雄市鼓山亭）

日本本土とは別の機会に、13世紀から15世紀にかけて中国から沖縄へと伝わった獅子は独自の変化を遂げて、シーサーとして伝承されている。初期のシーサーのほとんどは左右対称ではないものの、災いを防ぐという意味は同様のものである。その後、日本的な左右対称となり阿吽の形態も受容し、現在では沖縄独自のアクセサリーとしても人気である［写真7］。

現在、中国の代表的石材の産地である福建省では、日本へも多くの石材を輸出している。両者の関係は近年極めて密である。もともとは未加工の石材のみを輸出していたが、現在は日本からの受注で製品化したものを日本へと輸出している。この場合には、日本から設計図などの仕様がファックス・電子データなどで送られて、顧客のニーズに合った日本的な狛犬を製作している。しかし、このような日本から図面のみ再上陸した日本の狛犬・灯籠は、単に輸出されるだけではなく、中国国内にも流通しはじめている。装飾品としての狛犬が獅子中心の中国の装飾デザインへと介入していくようにも見える点は注目に値し、狛犬と獅子の今後の動向が気になるところだ。

大阪府富田林市で飼い犬の姿をした陶器製の置物が、玄関で左右に配されている場面に遭遇した。この犬たちの口も「阿吽」を踏襲しており、形骸化・変化・アクセサリー化しながらも信仰が持続されていることがわかる。

写真7　沖縄最古のシーサー（那覇市首里玉陵）

3-2　犬形土製品

中世後期の信仰関係遺物のひとつに瓦質や土師質の犬形土製品がある。特に多くの犬形土製品が出土しているのは、大阪市大坂城跡が知られる【江浦 2000】。これらは安産のお守りであったとされている。我が国では犬は子安信仰と結びついて語られる場合が多い。これは、犬はお産が軽いこと、子育てに情が厚いことに由来するものだとされる。これが転じて、犬に厄を負わせるとともに犬の生命力を子供に身につけさせる意味があると考えられる行事も散見される。類似した信仰は、中国西南部の白族や苗族にも伝わっている【大木 1987】。このような犬形土製品の現代的残存形態が、奈良法華寺の土製守り犬、東京の犬張り子などである。いずれも玩具・アクセサリーとしてのニュアンスが強いものである。中でも浅草観音の笊冠り犬張り子は、頭に笊を被せた特異な形態を呈するものである【斎藤編 1971】。これは犬そのものとともに、笊の呪物・祭具としての意味をも併せ持つものであり、複合的な縁起物であるといえよう。

　中国の伝統的泥人形は、「泥娃娃」（*NiWaWa*）と呼ばれる玩具である。娃娃は赤子の意味であり、元来子授け祈願に常用する呪具でもあった。現在でも河南省淮陽県の「泥泥狗」（*NiNiGou*）や同省浚県の「泥咕咕」（*NiGuGu*）は著名である【倪宝诚・倪琨子編 2009】。河南省の人形玩具もまた、子授け祈願に使用される。泥泥狗は陵狗・霊狗（いずれも *LingGou*）とも呼ばれ、神話上の皇帝・文化の創造者である伏羲の陵墓を守る神犬といわれ、墓中に埋める魔避けの狗像に由来する。神話によれば、伏羲と女媧兄妹が泥を捏《こ》ね製作した人形から、人類である男女二人を創造し、それが夫婦になり子孫を繁栄させたとある。また、民間では女媧は「神媒」と尊称され、母性の始祖として、また婚姻をつかさどる神として祭られている【川野（インターネット）2010a】。泥泥狗・泥咕咕は笛であることが一般的であるが、後秦・王嘉『拾遺記』や淮陽の民間伝承には、伏羲が土笛を発明し泥泥狗を創造する伝承がある【川野（インターネット）2010b】。以上のことから、中国でも日本同様に土人形は子授け祈願など信仰に起因する祭具が、玩具へと転化されたことがわかり、基層文化を共有しているとも理解できるが、中国から日本への影響を考える必要もあろう。

3-3 招き猫

中国の招き猫は、近年までは日本からの注文を受けて製作された陶製や木製のものが主体であり、中国製の招き猫はみな日本向けのものであって、中国に招き猫はいないとされていた【河野2001】。唐代の随筆集『酉陽雑俎続集』などに見られる諺、「猫が顔を洗うとき、左手が耳を過ぎれば客が来る」がいつしか日本へ伝わった【宮崎1988】。この影響下に招き猫が具現化されたのは江戸時代で、江戸両国あたりの娼家で、金猫銀猫として置かれたものが起源ではないかとされる。その後、江戸の今戸焼を中心として素焼きの縁起物が生産され、後に材質は陶器、金属、プラスチックと変化しながらも広く好まれている。

しかし、近年日本生まれの招き猫に大きな変化が生じている。招き猫は中国や台湾などの中華圏で、「招財猫」(*ZhaoCaiMao*)として注目され国境を越えて流行しているのだ【写真8・9】。中には電動で上げた手を激しく上下する猫も登場しており、中国人、台湾人の感性に適合したものになっている【招財猫工作室インターネット】。つまり、そもそも中国の影響により日本で具現化された招き猫が中華圏に「引用」された格好になっている。

台湾のそれは1990年代の日本文化ブームが発端であるともされるが、一方では香港から広がったという説もある。多くは日本のものとほぼ同形の招き猫を、店舗等に飾っている。「招財猫」

というネーミングは、台湾発祥であるという説が台湾国内では紹介されており、台湾では招き猫が外来神の一つとして、七福神とともに紹介されてもいる【江 2006】。つまり、台湾では日本起源であるが台湾の民間信仰にかなり根を下ろしたこと、中国語名の招財猫という命名は台湾でなされたということが啓蒙されるところにまで達しているのだ。

　このような中華化した招財猫が日本へと再輸入されることもある。日本の招き猫の生産が中

写真８　中国の招き猫（広東省広州市黄埔長洲島）

写真９　台湾の招き猫（彰化県鹿港民俗文物館）

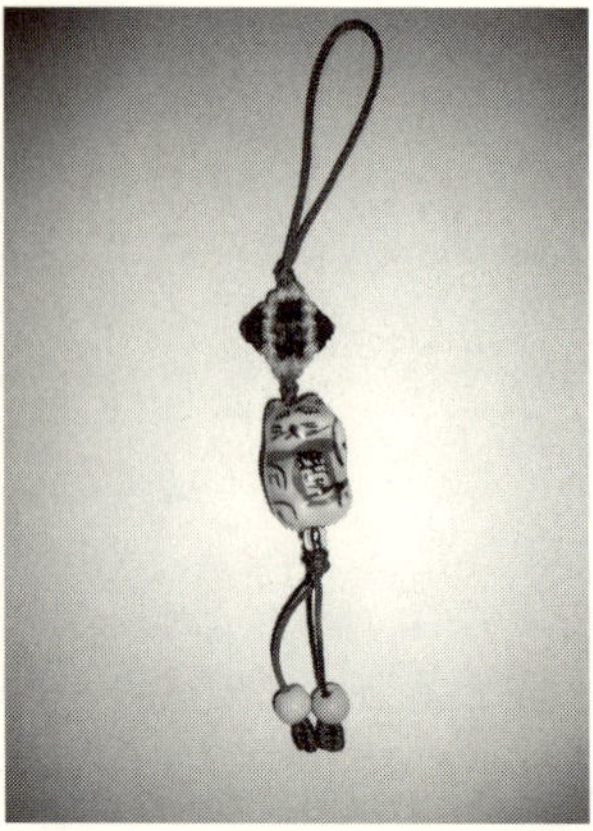

写真10　招き猫をあしらったストラップ（中国製）

国・台湾でおこなわれているということも影響しての動きなのかもしれない。さらには、中国・台湾などで中国結と融合したアクセサリーが人気であることも驚きである［写真10］。中国結とは台湾で発展した中国式組み紐のことで、結び方により吉祥や如意などの意味を表すものとなる。つまり、中華文化の伝統的招福縁起物である。日本と中国の縁起物が中国で合成される、そのような時代をアジアは迎えているのだ。「進宝」＝「お金が入る」など猫の色や手の位置による願いの意味も理解している場合がほとんどであり、さまざまなご利益を受けるために、複数種の色やポーズの招き猫を店先に並べることも多い。

　招き猫はアメリカなどでも人気があり、ニューヨークのチャイナタウンでは招き猫は一般的で、店舗に多く飾られている。日本の常滑焼などでは輸出用として招き猫が製作されている。これらは「Welcome Cat」「Lucky Cat」「Fortune Cat」などと呼ばれる。ドル硬貨を抱えたものは特に「Dollar cat」と称される。しかし、あげられた手の表裏が日本と逆向きで、手の甲に当たる部分を前に向けている。これは手招きする手のジェスチャーが、日本とアメリカでは逆であるという文化的相違に起因していると考えられる。欧米圏だけでなくアジアの西端であるトルコでも招き猫は好まれている［写真11・12］。

　中国では日本の伝統文化を論じる際に、よく招き猫が引き合いに出される。そこでは招き猫の起源に関する伝承が一般的に述べられる。これは、中国では一般的に知られる招き猫が、実は日本起源の縁起物であるという意外な事実を述べたものと考えられる。しかし、中国の伝統的招財習俗が紹介される中では、当然ながら招き猫は登場しない。

写真11　招き猫(トルコ・イスタンブール市)

写真12　招き猫の暖簾(トルコ・イスタンブール市グランバザール)

フィリピンで活動する風水師により著されたマニュアル本が面白い【MERTON 1994】。本書はフィリピンだけでなく、マレーシアにも流通しているようだ。この中には、さまざまな風水グッズやルールが紹介されている。基本的には、中国の本家風水をもとにしたものであるが、キリスト教徒が多い土地柄を反映してか、キリスト教の祭壇をどのように配置するかといった応用がなされている。特に注目されるのは、「Money Cat」と紹介される招き猫の像である。この像は金運を呼び込むと紹介されている。ここでは、日本に起源があることは明記されているものの、中国風水の一アイテムとして取り扱われている【写真13】。つまりこの本では、招き猫は中国発の風水の一部分として、日本の文脈とは切り離された形で紹介されている。風水のグローバリゼーションの波に乗って、日本産であることがあまり意識されないままに、招財猫と名を変えた招き猫が、世界へと拡散していっている様子がうかがえる。

写真13　招き猫(フィリピン・マニラ市)

しかし、単に日本発の文化として捉えるのではなく、猫の伝承など、アジアの中の各地域で基層文化間の共通要素が多く見られるということも忘却してはならないだろう。招き猫が日本文化の所産として理解される場合、中国の風水文化の一部とみなされるという矛盾を孕む場合もあり、時間的にも古い要素と新しい要素が混在していると考えられる。

3-4　サボテン

サボテン（仙人掌・覇王樹）は、サボテン科に属する植物の総称で、北米・南米およびその周辺の島々が原産である【伊藤 1962】。東洋にはじめてサボテンがもたらされたのは、中国であるとの説、日本であるとの説などがある。文献では、中国のものが古く、16世紀末の高濂『導生八牋』にはサボテンと思われる記載が見られる。日本へは、中国からもしくはそれ以外の国からもたらされたと考えられている【伊藤 1955】。

写真14　門の上に置かれた鉢植えサボテン（福建省厦門市集美区杏林鎮）

中国ではサボテンの生命力を、不老長寿の仙人に例えて珍重してきた。今日でも棘のある植物は、邪悪な物を払う魔除けと考えられており、人の出入りの多い店頭や玄関に飾られている。また、台湾の金門でも、サボテンは古民家の厭勝《えんしょう》物として知られ、大門の門楣《もんび》上に置かれる。サボテンは火除けの効果があるとされ、火災を防ぐと考えられている【何 2001、葉 1999】。

写真15　門前に吊るされたサボテン（福建省霞浦県三沙鎮）

乾隆28年（1763）に懐蔭布により纂修された『泉州府志』には、「戒火、別名を仙人掌といい、その形は人の手のようで、鉢植えを人家の屋根の上に置けば、火災を防ぐことができる」と記されている。実際に福建省厦門市では、家々の門や屋根の部分にサボテンの鉢植えが置かれている【写真14】。これは魔除けのためと説明される。また、同省霞浦県三沙鎮では端午の節句に門前に魔除けのためサボテンを吊るす習慣がある【写真15】。

同様な現象はこの他にも知られる。ミャンマーとの国境地帯、雲南省新西盟のワ族の村でも、家の入り口に魔除けのサボテンが掛けられている。この村だけでなく、雲南省の少数民族の村にはサボテンがかけられているという【ikokunotabinikki（インターネット）】。また、香港にも同様のものが認められる（山田仁史氏のご教示による）。

カンボジア・クシャオ村では、家の入り口にサボテンが吊るされている。カンボジアで一般的な高床式の家の一階部分は普通、牛や豚、鶏など家畜がいるスペースになっている。その入り口に棘のあるサボテンを吊るしておくことで、大切な家畜を病気などの悪霊から守れると信じられているからである。カンボジアの地方（農村部）でクメール人がサボテンを魔除けに使うのは比較的一般的で、時期についても決まりがあるわけではなく、村で何かよくないことが起こった時（例えば家畜や子どもが病気になるなど）に一つの対応策としてサボテンを吊るすという【佐藤（インターネット）2007】。

また、タイのラフ族の家でも、「憑《つ》きもの除けのためのサボテン」が屋内に下げられている。これらはいずれも棘や凶器でト（*taw*）を威嚇し、家に入ってこないようにするための魔除けである【片岡 2008】。

このように、尖ったものや棘を魔除けの道具として用いるというベースがあるところへ、外来植物であるサボテンが流入し、それまでの素材に代用されるようになったと考えられる。アジアと西洋の接触なくしては、サボテンはアジアへと持ち込まれなかったことを踏まえると、グローバルな動きは今に始まったわけではないことが小さな鉢植えのサボテンからもわかるのではないか。

3-5 札とお守りの発展史

札《ふだ》は中国で生み出された文化である。紙製でこれを家屋内などに貼ることで、ご利益を得ることができると信じられている。中国にはこれをお守りとして身に着けるという文化もあった。護符である。木や紙製のお札を入れる袋は、お守り袋といわれる。日本では一般的に見られるものである。日本のお札そのものは、中国で生み出されたスタイルの影響にある。日本のお守り袋の

写真16　台湾在来のお守り袋（高雄市立歴史博物館）

起源は、四天王寺に平安時代のものが伝えられる懸守（国宝）にあるとされ、それが現在一般的である胸守へと近世には変化していった【福田 1986】。懸守の中には護符が入れられていた。懸守の形状と類似するものに巻物状のお守り、九重守《ここのえまもり》がある。これと同様に首飾りの先にコーランの一節の紙を入れてお守りとするものは、コーカサス地方、イエメン、イランなどの西アジア、タジキスタン、ウズベキスタン、アフガニスタンといった中央アジアにかけて多く認められ、チベットのガウと呼ばれるお守り用ペンダントには仏典の一節を書いた紙や布が入れられる【露木ほか 2011】。しかし胸守については、古く中国・韓国では認められず、日本独自に生み出されたものと考えるのが妥当であろう。現在、台湾の寺廟も類似した形態のお守り袋が配られている。これは、日本植民地時代の日本神道などによる影響下にあると考えられるものである。もちろん台湾の道教的・仏教的なアレンジも施されている【写真16】。台湾ではこの形は日本からもたらされたということが一般的にも認識されていることが広告にあらわれたお守り袋の説明からもわかる【写真17】。

現在、このようなお守り袋は、携帯ストラップやキーホルダーのデザインとして採用されてい

写真 17　日本式お守り袋を使用した広告（台北市 MRT 構内）

る。これは単にデザインの借用というだけでなく、台湾社会での道教や仏教が若い世代にも支持されていることと連動していると考えられる。

札のみを見た場合は、中華圏での共通項が広くアジアには認められる。そのアレンジされたものの一つが日本の場合はお守り袋の形であった。これが日本の植民地時代に台湾に渡り、台湾で独自の発展を遂げているのである。

ただし、近年は中国でも台湾タイプのお守り袋が販売されている。例えば廈門市慈済宮は近年に台湾などの支援で改修されたが、ここには台湾で販売されているものとほぼ同じタイプのお守り袋が売られている。これは台湾から持ち込まれた可能性が高いと考えられる。同様に、台湾と関連が深い泉州市内の仏具店や廟でも、台湾産もしくはこれの影響下にあるお守り袋が当たり前のように販売されている。韓国ソウル市内でも日本型のお守り袋が確認できるようになった。

茶芸の文化は、元来、中国で誕生し日本などへと伝えられた。その後、日本では独自の茶道が完成される。そして台湾では日本植民地時代に女子教育の科目として、茶道が教えられた。恐らくこのような歴史が背景にあり、台湾から新たな中華文化としての茶芸が発信されたといえるのではないか。このように中国発でありながらも日本的アレンジがなされた文化やモノが、再び中華文化圏に取り入れられ、あたかも伝統的な中国文化のように取り扱われることがある。

以上のように、その複雑な影響関係の歴史を見極めることにより、中国を中心としながらも周辺諸地域との交流なしには現代文化は成立しえないことが明らかになるのである。

3-6 魔除けとしての蹄鉄

扉に下げられた蹄鉄をみることがある。蹄鉄は魔除けになると信じられている。また多くの国では幸運のお守りとされ、蹄鉄の鉄尾（末端部分）が扉に留められていれば、幸運が舞い込むと信じられている【GERLACH 1998】。このような風習は次のようなイギリスの伝承がもととなっている。ある時悪魔が一人の鍛冶屋を訪ね、悪戯をしようとしたが、鍛冶屋はたまたま作っていた蹄鉄のなかに、その悪魔を封じ込めて難を逃れた。それ以来、人々は蹄鉄を門口に飾って、悪魔除けのお守りとして珍重するようになったという。

鍛冶屋は硬い蹄鉄を自由自在に扱い、生活に必要な道具や武器を器用に作り出すことから、冶金学の知識に乏しかった当時の一般人からは、不思議な術を使う魔法使いのように思われ、畏怖されていた。また、蹄鉄を装着することで、それまでに比べて馬の運動能力が飛躍的に伸びたことからも、その技術を駆使する鍛冶屋は、人々の尊敬を集めていた。以上のような背景が、蹄鉄の魔除け信仰を産み、広く一般に流布されたのであろうと考えられる【青木（インターネット）】。

ローマの皇帝ネロが旅行用として使用した馬車を引くロバには、すべて銀の蹄鉄をつけさせたという。ネロはその王妃ポペアのロバには、黄金製の蹄鉄をはかせていた。11世紀ごろのイタリアの富豪、タスカーニのボニフェース侯爵は、その恋人のベアトリック嬢に会いに行くとき、馬に銀の蹄鉄をはかせた。ところが、わざと途中で落ちるようにゆるく付けておいて、落ちた銀の蹄鉄は拾った者に与えた。そのため、侯爵が外出するときは、蹄鉄を拾おうとする群衆でにぎわったという。当時は、釘で蹄鉄を打ち付ける現在の蹄鉄とは異なり、サンダル型の靴をヒモで蹄に縛り付けるという稚拙な方法で対処していたことから、それが脱落する可能性が高かったこと、王侯貴族は脱落する靴を拾うことを目当てに自分のウマの後をぞろぞろと付いてくる人々を増やし、自分の威厳をアピールするための道具にしたことなどが、このような慣習を産み、福を呼ぶ蹄鉄の伝承となったと考えられる【PANATI 1989】。

蹄鉄は、18世紀前半にオランダより日本へも伝えられ、明治時代以降に軍用として普及する【中井・中村・黒川 1989】。普及後ほどなく日本でも蹄鉄が魔除けとして戸口に掛けられていたことが、次の記述からもうかがえる。「古き蹄鉄を戸口に掛けて守りとする信仰は北欧人の三日月信仰より三日月形を崇拝せる欧州迷信の入り来りしなり」【山中 1910】。また、戦後も丸山学により宮崎県西臼杵郡高千穂町岩戸村所見の事例【丸山 1966】や、野本寛一により浜松市古人見の事例が紹介され、日本社会でも蹄鉄が魔除けのアイテムとして定着したことを示している【野本 1989】。この背景には労働用の馬が一般家庭にもおり、蹄鉄は身近な物質文化の一つであったことが考えられる。トルコなどでは、アクセサリーの装飾品としてミニチュアの蹄鉄が用いられているが、これはヨーロッパと地理的に近接することからの影響であるだろう。日本でも蹄鉄のアクセサリーが流通している。これもヨーロッパ発の魔除け・ラッキーアイテムとしての蹄鉄が日本で認知されていることの証だろう。

4 おわりに

本章では墓標という埋葬施設に付随する物質文化、魔除け・縁起かつぎに関連する身近な物質文化に着目してみた。本章で述べたように、その起源と伝播・影響はさまざまな時代と要因により、複雑に絡み合っている状況にあることがわかる。

アジアという広範なエリアについて学ぶ場合には、それぞれの差異や独自性が強調される傾向にある。物質文化の場合、どこでも同じだと思われているものでも、巨視的観点からすると各国で異なるのである。これは、形や素材、製作技術などに起因するものである。フィールドワークに出かけてこうした違いを視覚的に認識することは、すでに物質文化研究の入り口に立っていることを意味するものである。これが一般的に異文化に接した時の物質文化に対するイメージではなかろうか。

全く異なるように見えるアジア諸国の文化ではあるが、物質文化に着目しその起源や将来という問題に踏み込むと、逆に共通要素も多くあることに気づかされる。つまりモノの背景について学習することにより、新たなモノの見方が可能となるのである。このモノの起源や将来といった問題は、何も遠い昔のことだけではなく、近代以降の人の移動や貿易によるものもある。当時の経済的・文化的中心である中国から日本にもたらされた獅子が、日本で変容して再び中国に影響を与えたり、日本で具現化された招き猫がアジア各国へと広がったりというように、経済的・文化的に拠点が移動すれば、それに伴って新たな拠点からモノの情報も発信され影響を与えることは明白である。

また、アジア内だけの問題ではなく、蹄鉄のように西洋文化との接触により、モノの実用的側面だけでなく信仰についても受容されるというケースもある。当たり前のことではあるが、このような多様な文化様相を物質文化も反映しているという点にまで踏み込むことが、物質文化研究の醍醐味なのだ。

物質文化研究をもっぱらとしてフィールドワークをする際のメリットは、言葉は異なっていてもモノの差異や共通点を尋ねることにより、調査のきっかけをつかむことができるということである。モノを前にして具体的にあれこれ議論することも可能である。フィールドワークの中でモノに留意するということも、古くて新しい方法なのではなかろうか。

このように物質文化を通じてその起源や共通性・差異性を考えるということは、相互関係の歴史を紐解くことになり、アジアを理解するうえで重要である。

本章で例示した事例は筆者がアジア各地を街歩きした折の産物である。物質文化に注意しながら歩けば、本当に縁起物に出会うことが多い。今回紹介したような知識をもって縁起物などの日常的なモノを観察することは、旅の新たな楽しみとなるのではないかと思う。自宅付近で、また旅先でこのようなフィールドワークを実行されることをお勧めして本章を終えたい。

参照文献

◆陳桂蘭
2005『台南縣民宅門楣辟邪物研究』國立台南大學臺灣文化研究所。
2006『臺灣民宅的辟邪物』蘭臺出版社。

◆衛藤駿
1995「中国の獅子——西から東への歩み——」『民族芸術』11、民族芸術学会、pp.37-48。

◆尤広熙
2003『中国石獅造型芸術』中国建築工業出版

◆江浦洋
2000「大坂城跡出土の犬形土製品小考」『大阪文化財研究』18（財）大阪府文化財調査研究センター、pp.19-34。

◆福田博美
1986「守袋の変遷——懸守から胸守へ——」『文化女子大学研究

紀要』17、pp.65-71。

◆**Gerlach, Walter**

1998 *Das neue Lexikon des Aberglaubens* Frankfurt am Main. Eichborn Verlag（畔上司訳 2000『迷信なんでも百科』文藝春秋）。

◆**早坂昇治**

2000『文明開化とうま物語』有隣堂。

◆**林俊雄**

2006『グリフィンの飛翔』雄山閣。

◆**何培夫**

2001『臺灣的民俗辟邪物』台南市文化局文化資產課。

◆**平敷令治**

1986「台湾漢人社会の墓制」『沖縄国際大学文学部紀要社会学科篇』14－1、沖縄国際大学文学部、pp.1-32。

1987「墓」『那覇市歴史地図――文化遺産悉皆調査報告書――』那覇市教育委員会。

◆**広瀬鎮**

1991「アニマル・ロアの地域比較研究――愛知県半田市乙川人形にみられる招き猫――ネコをモチーフとする窯業文化――」『名古屋学院大学論集　社会科学篇』28－1、名古屋学院大学総合研究所、pp.115-152。

◆**井上章一**

1991「マスコット人形の200年――「まねき猫」から「カーネル・

サンダース」へ――」『中央公論』106―2、中央公論新社、pp.154-162。
1996 『グロテスク・ジャパン』洋泉社。
1998 『人形の誘惑』三省堂。

◆伊藤芳夫
1955 『世界サボテン史』中央公論社。
1962 『サボテン』保育社。

◆江韶瑩
2006 『接財迎福――民間傳統的財神信仰及藝術文物』國立傳統藝術中心。

◆片岡樹
2008 「コラム」『ラフ族の昔話』雄山閣、pp.77-179。

◆河野貴美子
2001 「中国伝統芸術の猫と福を招く神」『招き猫の文化誌』勉誠出版、pp.82-100。

◆李芝崗
2004 『中華石獅彫刻芸術』百花文藝出版社。

◆丸山学
1966 『九州民俗点描』かっぱらんど。

◆Merton, Merlina
1994 *Feng Shui for Better Living* Eastern Dragon

◆宮崎良子
1988 『招き猫の文化誌』青弓社。

◆森田孫榮
2007　「第三章　人生儀礼　第五節　墓制」『石垣市史　民俗下』石垣市、pp.489-523。

◆村上興匡
2007　「本土復帰と沖縄葬墓制の変容——那覇周辺地域における墓地の現状——」『宗教研究』80－4、日本宗教学会 pp.169-170。

◆中井忠之・中村悟朗・黒川和雄
1989　『日本装蹄発達史』（社）日本装蹄師会。

◆中城正堯
1997　『アジア魔除け曼荼羅』NTT出版。

◆名嘉真宜勝
1972　「第5章　一生の儀礼　第5節　墓制」『沖縄県史22　民俗1』琉球政府、pp.654-694。

◆倪宝诚・倪珉子編
2009　『泥泥狗・泥咕咕』上海遠東出版。

◆野本寛一
1989　『軒端の民俗学』白水社。

◆岡田保造
2008　『魔よけ百科世界編』丸善。
2007　『魔よけ百科』丸善。

◆大木卓
1987　『犬のフォークロア』誠文堂新光社。

◆**越智郁乃**
2008 「墓と故郷」『アジア社会文化研究』9、アジア社会文化研究会、pp.1-28。
◆**Paine, Sheila**
2004 *Amulets: Sacred Charms Of Power And Protection* Inner Traditions（福井正子訳 2006『世界お守り・魔よけ文化図鑑』柊風舎）。
◆**Panati, Charles**
1989 *Extraordinary Origins Of Everyday Things* HarperCollins（バベル・インターナショナル訳 1989『はじまりコレクション（I）いわゆる〝起源〟について』フォー・ユー）。
◆**斎藤良輔編**
1971 『郷土玩具辞典』東京堂出版。
◆**世界のお守り研究会編**
2009 『集めてみました開運世界のお守り』講談社。
◆**島袋綾野**
2010 「墓――現世の思いと後生の住まい――」『八重山歴史研究会誌』八重山歴史研究会、pp.93-123。
◆**覃瑞南**
2004 「風水鎮物在台灣地區民宅施作的研究」『台南女院學報』23、台南女子技術學院、pp.267-286。
◆**角南聡一郎**
2006 「戦後台湾における所謂塔式墓の系譜とその認識――無意識

の中の日本のかたち」『戦後台湾における「日本」：植民地経験の連続・変貌・利用』風響社、pp289-311。
2008a 『日系塔式墓標の展開と変容に関する物質文化史的研究』（2005－2007年度科学研究費補助金若手研究（B）研究成果報告書）、（財）元興寺文化財研究所。
2008b 「台湾日本人墓の考古学的研究」『日本考古学協会第74回総会研究発表要旨』日本考古学協会、pp.96-97。
2011 「台湾の樹木葬――比較文化研究の視座から――」『民俗文化研究』11、民俗文化研究会、pp.15-27。

◆露木宏ほか
2011 『聖なる銀』ＩＮＡＸ出版。

◆王康
2009 『財・財神・財運――中国民間招財習俗――』四川人民出版社。

◆鷲見定信
2007 「沖縄死者慣行における伝統の「本土化」と「沖縄化」」『宗教研究』80－4、日本宗教学会、pp.167-168。

◆山中笑
1910 「本邦に於ける動物崇拝」『東京人類学会雑誌』288、pp.216-229。

◆葉鈞培
1999 『金門辟邪物』稲田出版。

インターネット文献

◆川野明正

2010a 「河南淮陽伏羲「人祖廟」と「泥泥狗」」『アジアの街並／中国古鎮・日本昔町――川野明正の研究室』２０１０年８月２日 http://ameblo.jp/kawa721/entry-10586612712.html

2010b 「河南淮陽伏羲「人祖廟」と「泥泥狗」（13）」『アジアの街並／中国古鎮・日本昔町――川野明正の研究室』２０１０年８月16日 http://ameblo.jp/kawa721/day-20100816.html

◆招財猫工作室

http://j-macau.com/maneki-neko2.html

◆ikokunotabinikki

「老西盟から新西盟へ」『雲南省の少数民族の村を訪ねて』 http://ikoku.cool.ne.jp/yunnan6/yun12.htm

◆佐藤真美

2007 「サボテンの使い道?」『ＮＧＯスタッフ日記』２００７年４月６日 http://blog.livedoor.jp/share_jp/archives/51131845.html

◆青木修

「福を呼ぶウマの靴、蹄鉄」『日本ウマ科学会』 http://www.equinst.go.jp/JSES/can/teitetsu.html

8

アジアをつなぐ親族・ネットワーク

新井和広――ARAI kazuhiro

1　はじめに

越境やディアスポラ、さらにはグローバル化（またはグローバリゼーション）という言葉が注目を集めるようになって久しい。交通や通信の発達によって、越境的な活動が活発になったことにより、領域国家を超えた形で活動している人びとにも目を向けるべきだとする認識が高まってきたからである。グローバル化やディアスポラに関する研究書や叢書も盛んに出版されている。本章で論ずる、インド洋におけるアラブ移民もそのような文脈の中で注目されることが多いし、私も「領域国家をまたいだ形で存在しているコミュニティを作る人びと」として彼らを記述してきた。良くも悪くも最近の時流に乗っていたわけだが、それと同時にその視点にある種の違和感を持ってきたのも事実である。それはなぜだろうか。

ひとつの理由はインド洋沿岸地域に移住したアラブは、多くが海を渡って別の地域に移住したことである。海は、陸と陸を隔てると同時に結びつける役割も果たしてきた。インド洋は、季節にしたがって規則的に吹くモンスーンと海流によって歴史的にも人・物の移動が盛んな地域である。アラブ移民の子孫が現在住んでいる地域は複数の領域国家にまたがっているが、「国境を越えて活動している」という表現は、たとえ論理的には間違っていないとしても、実際に起こっていることを正確に反映しているとは言いがたい。

もうひとつ重要な点は、アラブたちは国境という概念が定着する前から地域をまたいだ移動をおこなっていたということである。そうすると、彼らが当然のこととしていた移動が、境界が明確に定まったことによって、「越境」と見なされるようになったことになる。言い換えれば、領域国家を単位に世界を見ることが常識になった現代においてはじめて、彼らの活動やコミュニティのあり方が越境やディアスポラとして浮かび上がってきたに過ぎないのである。それに、現代においても「越境」の当事者たちは必ずしも国境にこだわって、それをあえて超えようとしているわけではない。移民の理由は、交易、貧困からの脱出、より良い経済機会・教育機会の獲得、はては布教など、当事者の生き方や人生設計に密着したもので、それがたまたま国境をまたぐ形で顕在化するだけの話である。また、国境を超えた移動を特別視すると、領域国家内で移動をおこなう人びとの存在を見過ごしてしまう危険もある。たとえ移動の構造が同じでも、「越境」するかどうかで別々の現象と見られてしまうかもしれないからである。

本章は、18世紀から20世紀中頃にかけてインド洋沿岸地域で大規模な移民をおこなったアラブ、特に南アラビアのハドラマウト地方出身者が中東、インド、東南アジアの社会とどのように関わってきたのかを論ずる。その際に注目するのは親族関係を通じた人のネットワークである。彼らの活動を通して、国家単位で社会・文化を考えがちな我々の思い込みを相対化し、我々が知らなかった「もう一つのアジア」の動態を描き出したい。

2 インド洋沿岸地域へのアラブ移民

インド洋海域では歴史的にアラブ、ペルシア、スワヒリ、インド、マレー、中国（華人）などさまざまな人びとが移動し、物や情報が交換されてきた。この地域におけるアラブの活動はイスラーム初期から見られたが、近代以降、インド洋沿岸地域に移住したアラブの多くは、南アラビアのハドラマウト地方出身者（以下ハドラミー）であったと言われている。アラブ世界において、ハドラマウトはいわゆる周縁に位置する。現在ハドラマウトはイエメン共和国という領域国家の一部となっているが、2003年における国全体の人口が約2千万人なのに対し、ハドラマウト県の人口は94万人と、イエメン国内の人口比でも5％以下である。人口7千万人のエジプトや、2500万人のイラクなど、紅海やペルシア湾を介してインド洋とつながっているアラブ諸国と比べても、人口からみたハドラマウトがいかに小さな地域かが分かる。しかし、インド洋沿岸地域、特に東アフリカ、インド、東南アジア島嶼部（インドネシア、シンガポール、マレーシア等）に目を向けると、状況は一変する。これらの地域に住んでいるアラブ系（移民の子孫）の多くがハドラミーで、エジプトやイラク出身者はほとんどいない。

なぜハドラマウトの人びとがインド洋沿岸地域で目立っているのだろうか。それは、ハドラマウトが置かれていた状況から説明することができる。ハドラマウトは全体的に耕作可能な土地が少なく、大規模な産業もないため人口支持力が限られていた。そのため、継続的に余剰人口を外部に排出することで社会を維持してきた。ハドラミーたちは、陸路を通ってアラビア半島各地、さらにその先に到達することもあったが、アラビア海に面していたこともあり、インド洋沿岸各地に移住することが多かった。特に大規模な移民が始まったのは18世紀以降である。この時期は、もともとの自然環境の厳しさに、部族抗争の激化という政治的な要因も加わり、大量のハドラミーがよりよい生活を求めて祖国を後にした。同時に、インド洋沿岸地域にヨーロッパ諸国の植民地が建設されはじめ、経済機会が増えたことにより、ハドラミーはインド洋沿岸地域を目指すようになった。特に19世紀以降は東南アジアを目指すハドラミーが増加し、アラブ移民の9割以上がハドラマウト出身者で占められていたという報告もある。インドでもグジャラート地方、マラバール海岸、ハイデラバードなどにハドラミーのコミュニティを見ることができた。東アフリカは、ザンジバルが19世紀前半の一時期にオマーン海洋帝国の首都になったこともあり、ハドラミーとともにオマーン出身者とその子孫も多い。

ハドラミーは移住先の社会に大きな影響を与えた。ハドラミー移民の多くは商業活動をおこなっていたが、インドでは傭兵としても活躍した。また、彼らの中で宗教教育を受けた者は、商売と同時にイスラームに関する知識の普及にも努めた。このため、各地でハドラミーが設立した宗教学校やモスクが現在まで残っている。中でもカリスマ性を備えた宗教者は地域コミュニティの精神的な指導者とみなされ、死後は聖者として墓に参詣者を集めている。政治的にもアラブの存在は大きく、東南アジアではスマトラ島のシアク、マレー半島のプルリス、カリマンタン島のポンティアナクでハドラミーが統治者（スルタン）になった。統治者にならないまでも、定住先のスルタンや有力者の信頼を得て要職に就いたり、子供の教育係を任されたり、姻戚《いんせき》になったりしたハドラミーも多い。彼らに一目置いていたのは在地の有力者だけではない。オランダや英国の植民地当局や、第二次世界大戦中の日本軍政当局も、現地の人びとに対する影響力が強いハドラミー（アラブ）を時には警戒し、時には統治のために利用しようとした。たとえば蘭領東インドのバタヴィアにおいて、オランダ当局が作ったムフティー（特定の問題に対し法的見解を出す法学者）職に就いたのは、現地のウラマーではなく、ハドラミーであった。英国側のシンガポールやマレー半島でも植民地当局に近いハドラミーがいたし、第二次世界大戦中の日本軍政期においてもハドラミーと日本人の交流が記録されている。植民地当局者との親しい付き合いは、植民地支配への協力者として非難されることもある反面、時代、場所、政治状況を超えて社会の上層とのつながりを保ち続けるハドラミーの適応力を示しているとも言える。

アラブ（ハドラミー）は東南アジアにやってきた他の移民と比べても、特別な位置を占めていた。それは、彼らが単に移住先の有力者と近かったというだけではなく、ホスト社会への同化の程度も高かったからである。近代以降東南アジアにやってきたアラブ以外の移民では、シンガポールとマレー半島に多い南インドからの人びとや、島嶼部全域に定住した華人がまず思い浮かぶ。このうち華人は、ヨーロッパ人と現地の住民の間を経済的に仲介するという役割を果たしていたことや、比較的貧しい地方出身者が多かったこと、移住先の住民に比べて豊かな者が多く、時には経済的な搾取をおこなう者として住民に憎まれていたことなどがアラブと似ている。しかし、移民の数や経済活動の規模という点では華人がアラブを圧倒していた。それだけではなく、華人によるコミュニティ近代化の試みはアラブの手本となった。たとえば20世紀はじめのバタヴィア（現在のジャカルタ）で、アラブによって結成された「ジャムイーヤ・ハイル（福祉協会）」という団体は近代的な教育を通じてコミュニティの近代化を目指したが、これは華人が設立した中華会館に触発されたものである。

このような点を見ると、アラブは数が少なく、経済活動の規模も小さく、華人の後塵を拝しているだけの集団に見える。しかし、アラブには移住先で生活するにあたって、華人よりも優位な点が少なくとも2つあった。ひとつは宗教である。アラブは移住先の人びとと同じ宗教（イスラーム）の信徒であっただけではなく、イスラーム生誕の地であるアラビア半島から来たということで尊敬を受けることも多かった。移民とホスト社会の慣習が異なる場合、移民の慣習が「修正されるべきもの」と見なされることはよくある。しかし、アラブ移民の場合、ホスト社会と異なる慣習は、イスラームの中心地にいる人びとがおこなっている、言わば「見習うべき」行動様式と映ることも多かっただろう。当然、イスラームの中心地から来たというだけで自動的に尊敬の対象になったわけではない。各地で富を築いたアラブたちは、モスクや学校を建設し、イスラームに関する知識を広め、自分が持っている土地をムスリムのための墓地として提供するという活動をおこなってきた。このような活動と、アラビア半島から来たという事実が重なって、アラブは単なる移住者以上の地位を獲得していった。

もうひとつの点は、アラブは結婚を通じたホスト社会との同化の程度が高いということである。アラブの中で東南アジアに移民してきたのはほぼ全員男性であった。このため彼らはホスト社会の女性と結婚した。中でも預言者ムハンマドにつながる血統を持っていると言われているサイイド（後述）は、在地の有力者が進んで姻戚関係になろうとする例も見られた。このような結婚によって生まれた子供たちはマレー人やジャワ人などの母とアラブの父親のもとで育てられた。このため、移民の第二世代以降はアラブとホスト社会（子供にとっては生まれた地であるが）双方の言語や慣習に通じることになった。華人も婚姻を通じたホスト社会への同化が見られるが、アラブの方がその程度が高い。そのため現在東南アジアにいるアラブ系（つまりハドラミー移民の子孫）はほぼ全員がアラブと東南アジアの人びとの混血である。移民の第二世代以降は（混血の）アラブ同士で結婚することが増えていったが、彼らはアラブという意識も持ちつつ、身につけた現地の慣習を通じてホスト社会に深く根付いている。

つまり、少なくとも東南アジアにおけるハドラミーの特徴は、宗教的には現地の人々より優位に立っていたマイノリティであるということ、婚姻を通じた地域への同化の程度が高かったことなどから、その数に比較して移住先の社会への影響力が大きかったことである。

移民たちは単に祖国を後にしただけではない。移住先で成功した者は、ハドラマウトの政治、経済、社会に大きな影響を与えるようになった。たとえば、19世紀から20世紀中頃までハドラマウトの大部分を統治していたクアイティー王国、カスィーリー王国はともにインドに移民した後、傭兵として富を築いたハドラミーが祖国に戻って勢力を広げた王朝である。また19世紀以降は、移民から祖国にいる親類への送金が徐々に増え、最終的にはハドラマウト経済を支える大きな柱となった。それは、最大の送金元であった東南アジアが第二次世界大戦中に日本に占領されたことで、ハドラマウトの経済が大きな打撃を受けたことからも分かる。域外からの送金は、ハドラマウト在住の親類の生活費や部族の勢力拡大の資金になっただけではなく、モスク、学校、道路など、ハドラマウトのインフラ整備にも使われた。ハドラマウトが域外在住ハドラミーからの送金に頼っているという構図は現在まで続いている。

ハドラマウトの社会改革も域外在住のハドラミーの主導によっておこなわれた。ハドラミーにとって重要な移住先であった東南アジアは、ハドラマウトと比べれば教育の面でも、社会秩序の面でも先進地域であった。そこで華人との競争にさらされたり、ヨーロッパ諸国を訪れたりするようになったハドラミーは、祖国ハドラマウトの政治、社会の改革を熱望するようになる。20世紀前半には、東南アジアでハドラミーが築いた富を背景に、ハドラマウトで近代教育の普及や社会改革を目指す団体が相次いで設立された。このような状況を見ると、移民の存在を抜きにして近代以降のハドラマウトを論ずることはできないことが分かる。

第二次世界大戦を契機としてインド洋沿岸地域へのハドラミー移民は急激に衰退した。その理由は、大戦後新たに成立した国民国家が移民の受け入れや国外への送金を制限したためである。移民がどの程度難しかったのかは地域や国によってばらつきはあるものの、1960年代までにはインド洋沿岸地域は移住先としての役目を終えた。このため現在東南アジア島嶼部に住んでいるハドラミーほぼ全てが現地生まれで、居住地の国籍を持っている。また、先ほど述べた理由から、現在インド洋沿岸各地にいる移民の子孫は、ほとんどが定住先の人びとの血もひいている。かつての移民の子孫たちは、現在でも居住地の社会で一定の影響力を持っている。たとえばインドネシアやマレーシアでは、閣僚クラスの政治家や、政党の創設者、研究者、実業家、さらには芸能人が輩出するなど、ハドラミーはさまざまな分野で活躍している。

現在ではハドラマウトの人びとの主要な移住先は、サウジアラビアやUAEなど、アラビア半島内の国である。しかし、移住ではない人の動きがハドラマウトとインド洋沿岸地域の間で起こっている。1990年代からハドラマウトでは宗教教育が盛んになり、新たに学校や大学が設立されたり、閉鎖されていた学校が再開したりした。それらの学校は多数の留学生を受け入れているが、その多くはインド洋沿岸地域、特に東南アジア島嶼部から来ている。その中には自らの「故郷」で学びたいと考えている若いハドラミーもいれば、東南アジアの人びと（ジャワ人、マレー人など）もいる。東南アジア側で留学生の募集や選考をおこなっているのは、かつての移民の子孫たちである。つまり、かつてのハドラミー移民が作ったネットワークが、宗教教育を通した人の移動という形で復活していると見ることもできる。

3　移住のパターンと血縁・地縁

ハドラミー移民がインド洋沿岸地域に多いことははっきりしているが、なぜハドラミーが特定の地域に集まるようになったのだろうか。ここでまず指摘しておかなければならないのは、ハドラミーとは言っても多種多様な人びとの集まりだという点である（後述）。そして、どのような集団がどの地域のどの町に移住しているのかを詳しく見ると、ハドラミーの移住パターンが見えてくる。

例を挙げてみたい。ハドラマウトの有力家系であるアッタース家（東南アジアではアラタス家とも呼ばれる）は、東南アジア島嶼部に多くの移民を送り出した。しかし、その移住先には偏りがある。たとえばジャワではアッタース家の人びとはジャカルタ、ボゴール、プカロンガンに多く住んでいる。蘭領東インドやインドネシア共和国の首都であるジャカルタ（バタヴィア）はともかく、ボゴールやプカロンガンは、ハドラミーが定住した他の多くの町と比べても際立った特徴は見られない。さらに興味深いのは、ジャワ第二の都市で、多数のハドラミーが暮らしていたスラバヤには、アッタース家のメンバーはほとんど見られないことである。特定の家系のメンバーが地理的に偏在しているということは、移住先の選定に親族のネットワークが一定の役割を果たしたことを示している。

ハドラミーの移住先に偏りがあることは、ヨーロッパ諸国の植民地官僚によっても指摘されている。19世紀の終わりにハドラマウトと東南アジアにおけるアラブ居留地の情報を収集したオランダ人の植民地官僚、ファン・デン・ベルクや、1934〜5年にハドラマウトの社会・経済・政治状況を調査した英国人、W・H・イングラムスは、特定の移住先にいるハドラミーは、ハドラマウト内における特定の村やワーディー（涸れ谷）出身者、または特定の部族や家系のメンバーで占められる傾向があることを指摘している。この理由として挙げられているのは、移住先で事業に成功したハドラミーは、人手を増やす際にもともと自分がよく知っている者、つまり自分の家系や部族の者や、地縁でつながっている者を優先して雇用する傾向が強いという点である。彼らの調査結果は網羅的なものではないにせよ、血縁や地縁が移民のパターンに一定の影響を与えていたことは確かだろう。また、血縁と地縁は厳密に区別できるものではないことも留意する必要がある。同じ家系や部族であれば、特定の場所に集住していることが多いし、同じ場所に住んでいる諸集団は、父系の祖先は違っているにしても婚姻を通じて親族になることが多いからである。

4　ハドラマウトにおける社会階層または社会集団

4-1　社会階層・集団と血統

上述の通り、ハドラマウトの社会はさまざまな集団に属する人びとで構成されていた。これは多くの場合、階層分化と認識されている。上述のファン・デン・ベルクやイングラムスなどの植民地官僚もハドラマウト社会がさまざまな階層に分かれていることを指摘しているが、現在最もよく知られている階層分化の構造は1960年代はじめにハドラマウトで調査をおこなった人類学者、アブドゥッラー・ブジュラが提示したものである。機能構造主義者であったブジュラは、調査地であるフライダ（ワーディー・アムドの村）の人びとを以下の3つの階層に分類した——1

サイイド、２シャイフ／部族、３貧者・弱者。そのうち、最上層に位置するサイイドは、預言者ムハンマドの子孫で、イスラームの文脈の中では最も高貴な血筋と宗教権威を持っている。２番目のシャイフは預言者ムハンマドよりは劣るが、ハドラマウトのよく知られた宗教学者や聖者に至る血筋を持っており、それらの血筋は最終的に南方系アラブの祖とされるカフターンに遡る。部族は、血統の上ではそれぞれの名祖を介して最終的にカフターンまで遡るという点でシャイフと同じであるが、祖先に宗教権威を持った人物がいないため、シャイフよりは一段劣るとみなされる。しかし、部族は他の階層よりも武力において優れ、ハドラマウトで王朝を興してきたのも主にこのグループである。そして、弱者・貧者は上記のどの階層にも属さない人びとで、預言者にも、その他の宗教権威にも、カフターンにも血筋を遡ることはできないため、社会の最下層に置かれている。ブジュラは階層を軸にハドラマウト社会(より正確にはフライダ村の社会)における、富の分配、親族関係、社会的流動性、政治構造などを記述し、社会・政治状況に変化が起こった際に、もともと最上層に位置していたサイイドがさらにその権力を強固にする経緯を鮮やかに描き出している。このため、ブジュラの著作は、現在まで南アラビア社会を知るための最も重要な文献のひとつと見なされている。

本章のテーマと関連して興味深いのは、階層を分ける重要な要素のひとつとして血統が挙げられているということである。当然、自分の血統を知っているとは言っても、それが必ずしも祖先を一人一人たどってそれぞれの部族・氏族の祖まで行き着くような詳細な血統だとは限らない。また、歴史上において系譜の操作がおこなわれ、実際には血縁関係にない集団が同じ部族になっている可能性も高い。このため、集団を規定する要素として重要な役割を果たしているのは、血統というよりも血統についての意識と言った方が正確であろう。このように、ハドラマウト社会は血統（意識）に基づいた階層が存在していると認識されてきたが、ハドラマウト全体に当てはめることができる階層分化のパターンがあるわけではないし、階層間の境界もそんなに厳格ではないことがブジュラ以降の研究で明らかになってきている。また、社会の中に存在している多種多様な人びとを階層としてとらえるべきなのか、それとも上下関係のない諸集団としてとらえるべきなのかという問題もある。

ハドラマウト社会の構造のとらえかたは諸説あるにせよ、ハドラマウトの人びとが血統に関する何らかの意識を持っているのは確かである。そして血統の意識は実生活において、結婚相手、職業、移住先の選択に影響を与えている。

4-2 ハドラミー・サイイド

アジアをつなぐ親族ネットワークを考える際に、最も適切な事例のひとつを提供してくれるのがハドラミー・サイイドであろう。上述の通り、サイイドとはイスラームの預言者ムハンマドの一族と言われている人々である。アラブの系譜は父系をとることが多いが、ムハンマドには子孫を残した息子は存在しない。そのためムハンマドの子孫と言うと彼の娘のファーティマと、その夫アリー（第4代正統カリフで、ムハンマドのいとこ）の間に生まれた二人の息子、ハサンとフセインの子孫である。またサイイド、つまり預言者一族の定義は時代によって変化し、ムハンマドのおじの家系も一族に含まれることもある。ハドラマウトに住んでいるサイイドは上述のフセインの系統で、10世紀中頃にイラクのバスラからハドラマウトに移住したアフマドという人物を祖先とする。

ハドラマウトにおけるサイイドは、しばしば社会の上層に位置する集団として描かれてきた。実際、サイイドはハドラマウトに移住後、多くのウラマーや聖者を輩出してきた。またハドラマウトで王朝を興したことはないものの、統治者に助言を与えたり、大臣を務めたりしたサイイドは多い。フライダのように、サイイドによる自治がおこなわれていた町や村も複数ある。ハドラマウトの年代記にも、部族同士の抗争や王朝による征服活動の際にはサイイドが仲介者としての役割を果たしたことがしばしば言及されている。もっとも、ハドラマウトで著述活動を盛んにおこなってきたのはサイイドである。つまり、サイイドの著者が自分の一族の偉業について書き残してきたということにも留意する必要がある。1930年代にも、シンガポールで富を築き、タリームで経済的に大きな影響力を持っていたサイイドの家系、カーフ家は、英国が主導したハドラマウトの部族間の休戦協定締結に協力した。このように、サイイドは武力ではなく知識、宗教権威、富を使って社会の秩序を維持してきたという誇りを持っている。

東南アジアにおいてハドラミーが重要な地位に就いてきたことはすでに述べた通りであるが、アラブ系のスルタンや、聖者と見なされるようになった宗教者の多くはサイイドである。ハドラマウト同様、東南アジア各地にはサイイドの聖者の墓があり、地元の人々が願掛けに訪れている。そして有名な聖者の墓では毎年大規模な参詣行事がおこなわれ、なかには数千人の参加者を得るものもある。1990年代以降盛んになったハドラマウトでの宗教教育を担っているのも、東南アジア側で留学生を送り出しているのも多くの場合はサイイドである。

このように、ハドラミー・サイイドは、ハドラマウト内外で重要な役割を果たしてきた。サイイドたちは、その理由を聖なる血筋と関連付けて説明する傾向がある。しかし、血統はあくまで血統であって、それによって社会の中での位置が自動的に決まるわけではない。「サイイド＝上流階級」という認識は、実際の社会を見ると大きく揺らぐことになる。高貴な血統とカリスマ性を持ち、イスラームの教養に精通し、武器は持たないものの知識・経済力・政治力を駆使して社会の秩序を維持しているというイメージを体現しているのは、サイイドの中でも一部の人びとである。平均的に教育水準は高いものの、サイイドの多くは町の定住者と同程度の生活をしているし、中には町の郊外で遊牧民と変わらない生活を送っている人びともいる。

私もハドラマウトのタリーム郊外で半遊牧生活をしているサイイドに会ったことがある。彼は、マウラー・ダウィーラ家（サイイドの一家系）の一員であるが、郊外に簡単な作りの居を構え、山羊などの遊牧をおこなっている。彼と子供たちの服装、立ち居振る舞いを見ても他の遊牧民と違いはない。その時一緒にいたサイイドの友人に、彼の人となりについて尋ねたが、やはり町で暮らすサイイドよりは遊牧民の気質に近いとのことだった。しかし、友人はこうも付け加えた。「でも彼は他の遊牧民に比べると我々の話をよく理解してくれる。だから遊牧民に用事がある時は、いつも彼のもとを訪ねることにしている」。遊牧民と定住民は社会の中でお互いに補完的な関係にあるが、遊牧生活を送っているサイイドがいることで、血統を通じて異なる社会集団間のつながりが維持されているという見方もできるだろう。

ハドラミー・サイイドは血統へのこだわりが強い。サイイド以外のハドラミーも血統についての意識を持っているが、サイイドと血統の関わりは、他の集団と比べて少なくとも2つの点で特徴的である。ひとつは彼らの血統が預言者ムハンマドまでたどれるということで、イスラームの価値観と密接に結びついていること、もうひとつは彼らが詳細な血統を記録し続けていることである。血統を記録することは、11世紀にイラクで活躍した法学者、マーワルディー（1058年没）が著書『統治の諸規則』で述べている通り、サイイドの義務である。しかし、広大なイスラーム世界に散らばっているサイイドの中で、ハドラミー・サイイドは最も血統の記録にこだわっているグループのひとつだと言えるだろう。面白いのは、最も詳細な血統の記録があるのはハドラマウトではなくインドネシアのジャカルタだという点である。ここには1927年に結成され、サイイドの団体として機能してきた「アラウィー連盟（Rabithah Alawiyah）」と、最近結成された「預言者一族連盟（Naqobatul Asyrof Al-Kubro）」の2つの団体がハドラミー・サイイドの血統の調査をおこなったり、サイイドであるという証明書を発行したりしている。東南アジアで系図が盛んに記録されている理由のひとつは、ハドラマウトと比べてサイイドが居住している地域が広大になるため、代を下っていくうちに現地社会と完全に同化し、自分たちの血統についての知識をなくしてしまうサイイドが出てくるのではないかという危機意識である。とは言っても、中東、アフリカ、アジア、そして近年では欧米まで含めた広大な地域に住んでいるハドラミー・サイイド全てを網羅することはできない。アラビア半島の側でもハドラミー・サイイドの血統に関する本が出版されているが、東南アジア側でもアラビア半島側でも予算や人的資源の制約などから調査にも限界がある。そのような問題があるにせよ、ハドラミー・サイイドの血統は比較的良く記録されていると言える。

血統の記録が残っているということは、単に自分と預言者ムハンマドの間の関係が分かるという以上の意味を持っている。それは、歴史上の偉人たちと自分たちの関係を明確に知ることができるという点である。サイイドたちは詳細な系図を持つことで、その気になればハドラマウト内外で活躍した統治者、ウラマー、聖者、社会の改革者など「一族の顔」とでも言える人物との血縁関係を具体的に知ることができる。たとえそれらの人物と自分の血統が交わるのが15代上、または約3世紀前だとしてもである。サイイド以外の集団も、15代血統を遡り、その子孫を全て調べれば重要人物に行き当たる可能性はあるだろう。おそらく日本人でもそうだろう。しかし、血統の記録がないため、サイイド以外の人びとにはそれを調べる手だてはない。通常であれば3世代を超えて親族同士の直接的なつながり、つまり定期的に会って親交を深める関係を維持することは難しい。サイイドの強みは、さまざまな時代や場所に現れる有力者を、具体的な形で血縁者だと証明できるツール、つまり血統の記録を持っていることである。歴史的に重要な役割を担ってきた一族のメンバーであるという認識は、サイイドの一族としての結束を高めることにつながる。

5　親族ネットワークの実例

国境をまたぐ形で親族のネットワークが形成されていると同時に、個人も一生のうちに複数の地域を移動することが多い。そしてその中で、婚姻を通じてサイイド、ハドラミー、アラブといった枠を超えた人間関係を形成することもある。ここでは上述のアッタース家のメンバー2名を例に、移動や親族ネットワークの実際を見たい。

5-1　アブドゥッラー・ブン・ムフシン・アル＝アッタース（1933年没）

アブドゥッラー・ブン・ムフシン・アル＝アッタースは、サイイドの聖者の一人で、現在はジャワのボゴールに埋葬されている。彼は1849年にハドラマウトのハウラ村に生まれた。在地のウラマーの許で宗教諸学を修め、1866年、67年と続けてマッカに巡礼をおこなった。しかしその後はハドラマウトを離れ、東南アジアに向かった。故郷を後にした理由は定かでないが、1863年頃に彼の父が亡くなったことから考えると、ハドラマウトで経済的に自立することが困難だったのだろう。彼は最初、ジャワ北岸の町プカロンガンで商売を始め、仕事のために各地を動きまわる生活を送った。その後バタヴィアに移り、最終的にはボゴールに定住し、1933年にそこで亡くなった。現在でも彼の子孫の多くはボゴール付近に住んでいる。経済的な理由で故郷を後にし、東南アジアで商業活動をおこなって生計を立てるという点では、典型的なハドラミーの経済移民であると言える。

しかし、アブドゥッラー・ブン・ムフシンの人生は単なる経済活動に終始していたわけではない。生計を立てるために商業活動をおこなってはいたが、宗教諸学を学ぶことをやめたわけではなかった。ジャワに移住してからも、現地在住のウラマー（彼の伝記によるとほとんどがハドラミーではあったが）に師事し、学問を修めるとともに精神修行を続けた。そしてジャワ在住のハドラミーをはじめ多くの弟子をとり、最終的には聖者とみなされるようになった。死後は墓の上に廟が建てられ、毎年決まった日に参詣行事がおこなわれている。現在でもその行事には少なくとも数千人が参加している。

このように、アブドゥッラー・ブン・ムフシンは廟や宗教行事を通じて死後もその存在が確認され続けているが、もうひとつ重要なのは彼がつくりあげた親族関係である。彼は生涯に複数回結婚しているが、そのうちルカイヤ・ハニムという女性との結婚は、結婚に至った経緯の点でも、結婚によって親族関係を持った人びとの重要性という点でも、ここで取り上げる価値がある。ルカイヤ・ハニムはアラブでもマレーでもなく、コーカサス出身の女性であったと言われている。彼女はオスマン朝の宮廷にいたが、ジョホールの統治者であったアブーバクル・ブン・イブラーヒームがオスマン朝スルタンを訪れた際、アブーバクルについてジョホールに来た。彼女は生涯において3回結婚した。最初の結婚は1887年頃で、夫はアブーバクルの兄弟であるウンク・アブドゥルマージドであったが、結婚後まもなくすると亡くなった。彼女の2人目の夫はアブドゥッラー・ブン・ムフシン・アル＝アッタースであった。二人が結婚した経緯や、ジャワで商業活動をしていた人物がジョホールの宮廷にいた女性と接点を持つことができた理由についてははっきりしない。しかし、アブドゥッラー・ブン・ムフシンの親族の間では、アッタース家のつながりが大きな役割を果たしたという話が伝わっている。当時、ジョホール王国のムフティーの職に就いていたのはサーリム・ブン・アフマド・アル゠アッタースという人物で、アブドゥッラー・ブン・ムフシンとは同じ家系出身であるとともに友人でもあった。アブドゥッラーはジョホールにいたサーリムを訪れた際、ルカイヤ・ハニムの話を聞いて、サーリムに結婚のとりなしを依頼した。サーリムは、宮廷にいる女性とただの商人・宗教者であるアブドゥッラーでは吊り合わないと言ったが、アブドゥッラーは話だけもしてくれるよう強く主張した。驚くべきことに、ルカイヤはプロポーズを受け入れたとのことである。アブドゥッラーとルカイヤ・ハニムの間には一人の息子（アリー）が生まれたが、その結婚は長続きしなかった。アブドゥッラーがボゴールに帰る時、ルカイヤはジョホールを離れることを拒んだからである。この結婚は、アブーバクル（上述）が宮廷を留守にしている時に起こり、後で事の顛末を知ったアブーバクルは立腹したという。ルカイヤ・ハニムの3人目の夫は、ジョホール王国の初代首相となったダトゥ・ジャアファルである。そしてこの結婚から生まれたダトゥ・オンはマレーシアの最大政党である統一マレー国民組織（UMNO）の設立者となった。つまり、一人の女性によって、ジョホールの王室、ハドラミー・サイド、マレーシアの政治エリートの家系が親族としてつながることになったのである。現地の上流階級とのつながりは、アブドゥッラー・ブン・ムフシンの子孫たちの人生にも影響を与えた。上述の通り、アブドゥッラーは人生において複数回結婚したが、他の結婚から生まれた子孫たちはインドネシアで小規模事業主などをしているのと比べ、ルカイヤ・ハニムとの間に生まれた子供（アリー）の子孫は、マレーシアやシンガポールを中心に活動し、欧米で教育を受け、研究者や大学教員をしている人物が多い。マラヤ大学副学長を務めた社会学者、サイイド・フセイン・アラタスもその一人である。彼らの人生がアブドゥッラーの他の子孫と違っている理由は、ルカイヤ・ハニムによって親類関係になったマレーシアの上流階級の人びととの交流である。

5-2　アブドゥッラー・ブン・アラウィー・ブン・ハサン・アル＝アッタース（1915年没）

アブドゥッラー・ブン・アラウィー・アル＝アッタースは、アッタース家が輩出したもう一人の聖者で、インドのカルカッタにスーフィー（イスラーム神秘主義）教団、アッタース教団を設立し、ミャンマーにもその支部がある。彼はハドラミー移民の2世で、ジャワ北岸の町チレボンに生まれた。少年期に父親に連れられハドラマウトのフライダに行き、そこのウラマーからイスラーム諸学を学んだ。その後インドに移住し、いくつかの土地を回った後、カルカッタで地元の人々の支持を得て定住した。その後のアブドゥッラーは、1915年に没するまでインドを拠点に生活した。しかしインドで得た寄進財によってアッタース家の中心であるフライダにモスクや図書館からなる複合施設を建設したり、祖先の廟の改修をおこなったりするなど、ハドラマウトとの関係も維持した。このようにアブドゥッラーは、東南アジアで生まれ、ハドラマウトで教育を受け、成人してからはハドラマウトとインドの間を往復する生活を送り、イスラームへの呼びかけ（ダアワ）をおこなうと同時に故郷の発展にも尽力するなど、インド洋をまたいで活動するハドラミーを象徴する人物のひとりであったと言える。アッタース教団は、現在はアブドゥッラーの子孫であり、アラブ首長国連邦に住んでいるムスタファー・ブン・アブドゥルラフマーン・アル＝アッタースが責任者となっている（教団の運営そのものは別の人物が担っていると考えられる）。

このように、アッタース家を代表する人物2名の略歴を見ただけでも、活動範囲が現在の中東、南アジア、東南アジアに広がっていることが分かる。私がアッタース家の調査をする際にも、マレーシア、シンガポール、インドネシア、イエメン（ハドラマウト）、アラブ首長国連邦等の国々で調査をしなければならなかったが、その理由は明らかであろう。実際、家系のメンバーに聞き取りをしていると、以下のような情報や助言をもらうことがよくある。「その件について詳しい人物はここにはいない。ジャカルタにいる○○がその時代についてよく知っているので、インドネシアに行くのなら彼を訪ねてみるといい（クアラルンプールにて）」。「彼はジャカルタに家を持っているが、今はメルボルン（オーストラリア）に住んでいる。次にジャカルタに来るとしたら、○○の時ではないかと思う（ジャカルタにて）」。「ハドラマウトに行くのなら、マンサブ（家長）の○○を紹介する。何なら今連絡をとってみようか。彼の携帯番号を持っているから(シンガポールにて)」。ここから分かるのは、複数の国に居住している同じ家系のメンバーが現在でも互いに関係を保っているということである。そのような状況はここで紹介したアッタース家に特有なものではない。ハドラミーのネットワークは現在でも親族関係を軸に広がっているのである。

6　おわりに

以上、親族というキーワードでハドラミーの移民活動やネットワークを概観した。インド洋沿岸地域に多くのハドラミーが移住したのは主に経済的な理由であった。しかし、移民やその子孫の中には経済活動をおこないながらも各地で有力者と関係を築いたり、宗教権威として地域コミュニティの尊敬を集めたりした者もいた。そして、東南アジアへの移民の最盛期であった19世紀後半から20世紀中頃までにかけては、海外在住ハドラミーからの送金や、改革思想の流入がハドラマウトの経済や社会に大きな影響を与えた。そのような人、物、資金、思想の移動に影響を与えていたのは親族同士のつながりである。現在のハドラマウトとインド洋沿岸地域には以前のような人や資金の移動を見ることはできない。しかし、地域を超えた親族の相互訪問は、かつてほどの規模ではないにせよ現在まで続いている。また1990年代以降は宗教教育を通じた人の移動が新たに起こっているが、ここでもサイイド（つまり同じ一族）同士のネットワークが大きな役割を果たしている。

親族に注目して人の移動を見ていくと、領域国家の出番があまりないことに気づく。ハドラミーの移民活動は特定の国家から国家への人の流れと見ることはできない。実際のところ、インド洋沿岸地域への移民が最も盛んだった時代のハドラマウトは政治的に統一されていたわけではないし、彼らが向かった先もさまざまな領域国家で構成されていた地域である。当然、領域国家の政策はハドラミーの移動に大きな影響を与えてきたし、最終的にインド洋における移民活動を終息させたのも各地の領域国家による移民や送金の制限である。しかし、ある国家が門を閉ざしたとしても、ハドラミーは他の移住先を見つけてきた。その際、先駆者たちが経済的な基盤を築いた後にやってくるのは、彼らの親族や同郷者である。つまり多くのハドラミーにとって、移民は特定の国家から国家への移動ではなく、親族や同郷者で作られたコミュニティ内の移動と見ることもできる。通常我々が考えているコミュニティとの違いは、その成員が時には数千キロを隔てた場所に散らばって住んでいるという点である。

参照文献

◆アル＝マーワルディー
2006　『統治の諸規則』湯川武訳、慶應義塾大学出版会。
◆新井和広
2000　「ハドラミー・ネットワーク」『海のアジア2　モンスーン文化圏』岩波書店、pp. 237-264。
2002　「旅する系図・南アラビア、ハドラマウト出身サイイドの事例より」『シリーズ 歴史学の現在8・系図が語る世界史』青木書店、pp. 213-240。

◆Arai, Kazuhiro

2009 "The Human Network Surrounding an Arab Religious Figure in Southeast Asia who Appears in the Literature: The Case of 'Abd Allāh b. Muḥsin al-'Aṭṭās in Bogor." in Ishii, Yoneo (ed.). *The Changing Self Image of Southeast Asian Society during the 19th and 20th Centuries*. Tokyo: The Toyo Bunko, pp. 141-157.

◆Berg, L.W.C. van den

1886 *Le Hadhramout et les Colonies Arabes dans l'Archipel Indien.* Batavia: Imprimerie du Gouvernement.

◆Bujra, Abdalla S.

1971 *The Politics of Stratification: A Study of Political Change in a South Arabian Town*. Oxford: Clarendon Press.

◆Freitag, Ulrike

2003 *Indian Ocean Migrants and State Formation in Hadhramaut: Reforming the Homeland*. Leiden: Brill.

◆Freitag, Ulrike and Clarence-Smith, William G. (eds.)

1997 *Hadhrami Traders, Scholars and Statesmen in the Indian Ocean, 1750s-1960s*. Leiden: Brill.

◆家島彦一

1993 「南アラビア・ハドラマウトの人びとの移住・植民活動」『海が創る文明・インド洋海域世界の歴史』朝日新聞社、pp. 345-377。

◆Ingrams, W.H.

1936 *A Report on Social, Economic and Political Condition of the Hadhramaut*. London: His Majesty's Stationery Office.

◆**Knysh, Alexander**

1999 "The Sada in History: A critical essay on Hadrami historiography," *Journal of the Royal Asiatic Society*, Series3, 9, 2, pp. 215-222.

9

観光がつなぐアジア

高山陽子——TAKAYAMA yoko

1 はじめに

名所旧跡を訪れ、郷土料理を食する旅の楽しみは、昔も今もそれほど変わらない。大きく変わったのは、徒歩から列車や飛行機などへの交通手段と安全性、旅の思い出に購入する土産物の種類である。

かつての旅は、伊勢や熊野、イェルサレムなど聖地を訪れる巡礼が中心であった。聖地巡礼は、多くの危険を伴うものの、人々が一生に一度は行ってみたいと願うものであり、社会的にも奨励される行為であった。自分への旅土産は、通行手形や巡礼証明書がその役目を果たし、近隣の人々への旅土産は、その地域の特産品が選ばれた。サンティアゴ巡礼においては、巡礼者はヤコブの象徴である金属製帆立貝や精神疾患に効果があるとされる薬品を購入し、帰路についた。伊勢参りをした人々は、ご近所への土産として、生姜糖を購入した。生姜糖は、伊勢神宮のお札である剣先祓の形をしたもので、伊勢土産の定番であった。伊勢参りのついでに京都に立ち寄った際には、伝統工芸品や骨董品を購入することもあった。

巡礼は危険と隣り合わせであった。四国遍路で着用する白衣には死装束という意味もあり、遍路に出かける以上、途中で息絶えてしまっても構わないという覚悟のあらわれでもった。危険を伴う旅は、産業革命後のイギリスで、安全で快適なマスツーリズム（大衆観光）にかわった。トマス・クックは、19世紀半ば、労働者の余暇のためにパッケージツアーを企画し、大成功をおさめた。20世紀に入ると、大型客船が太平洋や大西洋を安全に横断することが可能になり、欧米の有産階級の人々はバリやハワイなどのリゾート地に癒しや楽園を求めて出かけていった。

旅土産が特産品中心であったのに対して、観光土産には非特産品が多く含まれるようになった。産業革命は、労働者の余暇だけではなく、大量生産と大量消費も生み出したためである。大量生産の非特産品に地名や観光名所の写真や絵を入れれば、観光土産となった。例えば、地名や観光名所を包みに印刷したチョコレートや焼き菓子、饅頭、飴などの食品類、スプーンやカップなどの食器、Tシャツやタペストリーなどの布製品、ボールペンやメモ帳などの文具、写真立てや名所のミニチュアなどの置物、記念メダルやキーホルダー、携帯ストラップなどである。

こうした観光土産には、「ご当地グッズ」も含まれる。それは、町おこしのために作られたキャラクターが印刷された商品や、その地域の特性を示す装飾をほどこされたキャラクターの商品である。これらは、地域活性化を目指して開発された商品であるが、「地域限定」という現代人の購買意欲を刺激するフレーズによって、収集の対象となっていった。

2　収集する喜び

収集という行為は、現代に限ったものではない。大英美術館がハンス・スローンという個人の収集の寄贈に始まるように、美術館と個人コレクターには密接な関係がある。ルーブルやエルミタージュなどは王侯貴族の収集品が基盤になっており、大原美術館や泉屋博古館などは実業家の収集品が展示物の基盤になっている。ただし、特定のモノへの執着というフェティッシュ化が急速に進んでいるのは、現代の特徴といえる。もともと西アフリカの呪物崇拝を指すフェティシズムという言葉は、後には、特定のモノを見てうっとりする商品フェティシズムや身体の特定の場所に興味を示す性的フェティシズムも指すようになった。このようなフェティシズム化が強まっている背景には、メディアの普及によるイメージの肥大化が指摘されている【田中 2009】。それは、現代の消費者が、カタログなどの媒体を見ることで、購入（所有）したいという欲望を募らせるためである。

人が収集してきたモノは、希少性や審美性という価値を持っている。**図1**は、審美性と大衆性、独創性と複製性という基準からモノを分類した図である。審美的でありかつ希少性のあるものは、古くから芸術品と呼ばれ、王侯貴族の収集の対象となった他、博物館に収められるものと見なされていた。特定の職人が製作する壺や皿、反物などの工芸品は、審美的であるが、ある程度の複製が可能である点で芸術品と異なる。ただし、知名度や熟練度が極めて高い職人による作品と、芸術品とを分けることは容易ではない。蒸気機関などの発明品は、大衆性が重視され、美しいか否かは大きな問題とならない。大量生産される商品は、値段に応じた美しさしか求められない。土産物はその代表例である。

鶴見俊輔は、芸術を純粋芸術、大衆芸術、限界芸術という言葉を用いて分類した。純粋芸術は一般的な意味で用いられる芸術であり、大衆芸術はそれに対する俗悪なものやニセモノを指す。

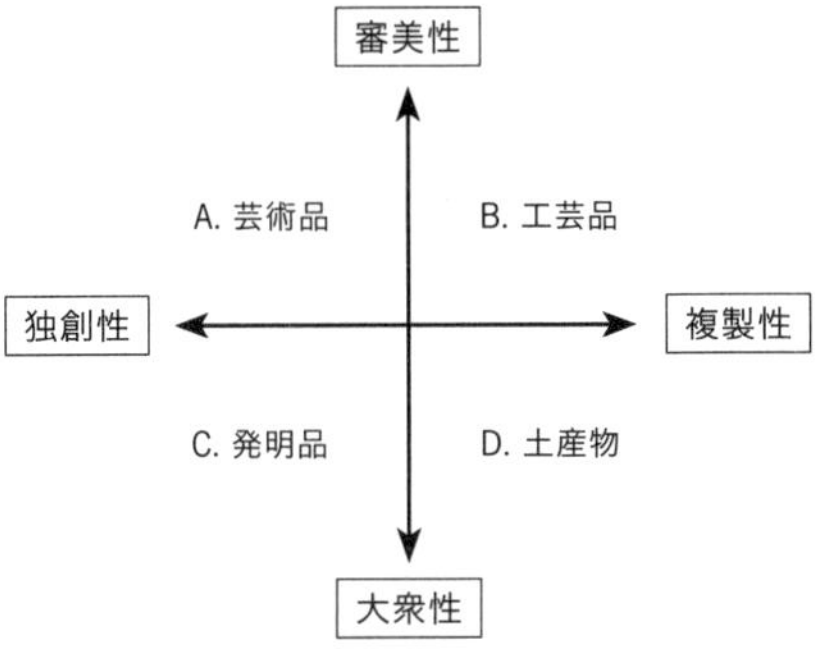

図1　モノの分類

両者の違いは、制作する側も享受する側も専門的であるか否かである。王侯貴族や資産家たちは自らが専門的な知識を有するために、収集家となりえた。

芸術品や工芸品の収集は高尚な趣味と見なされ、「絵画フェチ」や「骨董品オタク」と呼ばれない。ところが、鉄道関連商品などの収集家は、しばしば、「鉄道オタク」や「鉄道マニア」と揶揄される。モノを収集するという行為は同じであっても、希少性や審美性が高いモノを対象とするか、低いモノを対象とするかによって、その行為に貼られる社会的なレッテルが異なるのである。

鶴見が限界芸術と呼んだものは、製作者も享受者も非専門的であり、希少性も審美性も低い。これまでほとんど収集の対象となってこなかったモノが、現代社会では収集の対象となっている。それは、第一には、大量生産の中にも「レアもの」「地域限定」という希少性の価値観が取り入れられたためであり、第二には、全世界のコーラの空き瓶や空き缶を網羅的に収集するなど、独自の文脈に基づいてモノを収集するコレクターが出現したためである。前者は、従来の収集の規則に基づくが、後者は収集あるいは所有することそのものに目的を持つ。後者が収集に際して構築する個別のルールあるいはストーリーは、**図1**のAやB、Cなどの文化のメインストリームから外れることが多い。このようなメインストリームから外れる文化がサブカルチャーと呼ばれてきた。

メディアへの露出度が増えるにつれて、フェティシズムが「フェチ」と略されるように、サブカルチャーも「サブカル」と略されて、学術研究の対象と見なされるようになった。サブカルチャーは、メインカルチャー（主要文化）、もしくは、ハイカルチャー（高尚文化）に対置される概念であり、明確に定義することは難しい。メインストリームの文化に対する若者の反抗意識が生み出したカウンターカルチャー（対抗文化）や大衆文化（ポピュラー文化）、若者文化、1980年代以降の「オタク文化」などと同義と捉えられることもあるが、サブカルチャーは、これら全てを含む大きなカテゴリーである。主要や高尚という枠組みに入らないものがサブカルチャーに分類される現在では、あらゆるものに「サブカルチャー的」というレッテルを貼ることもできる。図1では、Aがハイカルチャー、その他が広い意味でのサブカルチャーであり、狭い意味で用いられるサブカルチャーはDとなる。

Aのハイカルチャーは、教養として知っておくことが望ましいもの、義務教育の期間中に修得しておくことが望まれるもの、すなわち、真正であるものを指す。真正性を有する動産としては、国宝や重要文化財に指定される美術工芸品が挙げられ、不動産としては世界遺産が挙げられる。世界遺産の条件は、完全性と真正性を持つことであり、永続する存在であると見なされる。これに対して、サブカルチャーは絶えず変化を続ける。土産物の変化は著しく、生産される数が少ないがゆえに、希少価値を生み出す。こうした希少なモノを得るという刹那《せつな》的な行動に人々が魅了されるところに、サブカルチャーの特徴の一つがある。

土産物は、日常的であるがゆえに、用途がわかりやすい。チョコレートやクッキー類はほぼ世界中で食されている菓子であり、カップやTシャツ、キーホルダー、ボールペンも使用方法について特別な説明なしに渡すことができる。これらの土産物は、用途が決まっている以上、形態も似ている。この形態を、ハードと見なし、プリントされる地名や観光名所はソフトあるいはコンテンツと見なすと、土産物はハードの共通性とソフトの多様性という特徴を有することがわかる。

土産物には、唯一の明確な情報を伝えるアイコンが必要である。エッフェル塔の置物を見ればパリ土産であることがわかり、自由の女神のTシャツを見れば、ニューヨーク土産であるとわかる。日本のご当地グッズを例に挙げれば、ハートの眼帯をしたハローキティは、仙台限定の商品であり、桃太郎の服装をしたハローキティは、岡山限定の商品であることがわかる。

アイコンは単純であればあるほど、効果的にメッセージを伝える。なぜならば、旅とは異なり、マスツーリズムは、「ちょっと知っているものを確認しに行く行為」だからである。土産物を見た瞬間に、どこの場所の土産物かがわかることが重要である。ただし、場所とアイコンの一対一の関係は、観光客が増加し、観光地の認知度が上がると、変化する。ハローキティの岡山限定品は桃太郎キティだけではなくなり、備前焼キティやマスカット・キティなども登場した。このようなハードの共通性とコンテンツの多様性が、収集の対象となる理由の一つである。コンテンツの多様性を十分に活用した土産物の一つが54枚絵柄の異なるイラスト・トランプである。

3　イラスト・トランプ

54枚（ジョーカーを含む）の柄が異なるトランプは、illustrated playing cards と呼ばれる。トランプという呼び方は、明治に日本にプレイング・カードが入ってきたときに広まったもので、日本でのみ使われている。トランプが日本のみの呼び名であることを考慮に入れて、本章では54枚柄違いのトランプを、イラスト・トランプと呼ぶ。

トランプの起源には諸説あるが、中国のカードゲームがヨーロッパに伝わり、14世紀のフランスにおいて4スートの13枚という現在のトランプの形が出来上がったとされる。最初、トランプは単純に遊具として使われ、しだいに船旅や鉄道旅行などの時間つぶしに好まれるようになった。豪華客船の遊戯室には、トランプなどの遊具が置かれていたほか、現在でも、国内外のターミナル駅の売店では、トランプが販売されている。飛行機の登場後、各航空会社は、企業宣伝のトランプを製造しているが、これも、もとは長距離フライトの乗客の退屈しのぎとして作られたものである。

カードゲーム全体で見れば、タロットやドミノなど多くの種類があるが、タロットは占い専用のカードで単純に遊具と見ることはできず、また、ドミノは地方ルールが多い上に、数字が中心であるために異なる柄を楽しむことはできない。トランプは、国や地域によって遊戯方法の違いはあるものの、4スートで13枚、ジョーカーという構成はほぼ万国共通である。

イラスト・トランプは、日本などのアジア諸国ではもっぱら土産物として販売されているが、欧州では古くから製造されており、アンティーク・トランプはコレクションの対象となってきた。例えば、オーストリアのピアトニク（Piatnik）社やフランスのグリモ（Grimaud）社、イギリスのヘリテージ（British Heritage）社、アメリカのプレイング・カード（US. Playing Card）社などは、現在でも多くのイラスト・カードを製造、販売している。

イラスト・トランプは、①観光名所トランプ、②名画トランプ（ポスターを含む）、③百科事典トランプ、④企業宣伝トランプ、⑤キャラクター・トランプと大きく5種類に分けられる。ロンドン・トランプ、パリ・トランプ、京都トランプなど観光名所トランプは、もともとポストカード用に撮影されたものを、後にトランプに転用したものが多く、土産物屋で目にすることが多い。名画トランプは、主にミュージアム・ショップで販売されている。例えば、ルーブル美術館トランプやオルセー美術館トランプ、ロンドンの帝国戦争博物館の大戦ポスターや、大原美術館トランプなどが挙げられる。また、福井朝日堂は、能や源氏物語、浮世絵美人、武将など、日本の古典や浮世絵を用いたトランプを製造している。この種類のトランプの価格は、観光名所トランプの1.5倍くらいである。百科事典トランプは、ヘリテージ社が魚や貝、鳥など100種類以上を販売している。企業宣伝トランプは、先に述べた航空会社のほか、鉄道会社や自動車メーカーなども製造している。キャラクター・トランプは、映画や漫画のキャラクターが印刷されているものである。かつては、裏面にキャラクターが印刷されているものがほとんどだったが、近年では54枚柄違いのトランプも販売されるようになった。

4 赤いポスター

中国では様々なイラスト・トランプが販売されている。その中で中国特有ともいえるのが、「紅色記憶」「紅色年代」「紅色歳月」など、「紅」という文字がタイトルに含まれ、パッケージにもカードにも鮮やかな赤が用いられているトランプである。こうした赤いトランプのイラストに用いられているポスター類は、毛沢東時代に書かれたものである。中国の美術史において毛沢東時代といえば、文芸講話が発表された1942年から毛沢東が死去する1976年までを指す。

中国共産党は、1921年に上海で開催された第一回党大会において発足した。当初は、国民党と激しく対立することはなかったが、孫文の死後、蒋介石が国民党の実権を握ると、1927年4月12日、上海クーデターを起こして共産党員の弾圧・殺害を開始した。これに対して1927年8月1日、周恩来や朱徳らが中心となって共産党が江西省南昌で対国民党武装蜂起（南昌起義）を起こした。また、同年9月、毛沢東らは湖南省や江西省で農民武装蜂起（秋収起義）を起こした。蜂起はともに失敗し、彼らは南昌の後背地の井岡山に避難した。朱徳らの部隊と毛沢東らの部隊は、1928年、井岡山で合流し、中国農工紅軍と改組された。毛沢東は井岡山に病院や学校を建設したほか、地主から土地を没収し農民に土地を分け与えた。その後、江西省の各地に根拠地ソヴィエトが建設された。1931年、瑞金で第一回中華ソヴィエト全国大会が開催され、毛沢東を主席とする中華ソヴィエト共和国が成立した。

しかし、瑞金の中華ソヴィエトは国民党軍に包囲され、紅軍（中国共産党軍）は西方の延安へと移動せざるをえなかった。この1934年から36年までの紅軍の大西遷を長征という。1万2500キロメートルに及ぶ西遷の途中、1935年に貴州省の遵義で開催された会議で、毛沢東は共産党の最高指導者の地位を得た。1937年に延安に根拠地を置いた毛沢東は、後に毛沢東語録に収められる毛沢東思想の原型をこの場で築いた。延安には戦争を避けて、上海や杭州などの東部から疎開してきた芸術家や知識人たちが集まった。ヨーロッパの学問や芸術を学んだ東部の芸術家たちと、延安の地元の芸術家たちの間の対立が深まり、この対立を収めるために毛沢東は1942年、文芸座談会を開いた。この座談会で毛沢東は、人民大衆のための文芸が創造されるべきだと述べた。この講話によって芸術のための芸術、すなわち、図1のAにあたる芸術品が「ブルジョワ的」として否定され、鶴見のいう限界芸術への関心が高められた。

1949年10月1日、毛沢東は天安門で中華人民共和国建国を宣言した。1950年2月、中ソ友好同盟条約が調印されると、中国とソ連の友好関係が続いた。中国へ招かれた多くのソ連の芸術家たちは、スターリンが始めた社会主義リアリズムを中国へ伝えた。社会主義国として新しい芸術様式を必要としていた中国では、ソ連から社会主義リアリズムを取り入れ、「ブルジョワ的」な伝統芸術の様式から脱しようとした。毛沢東時代の芸術品には毛沢東が発したスローガンを視覚的に人々に伝えることが要求され、審美性は要求されなかった。例えば、大慶油田の採掘にあたり「鉄人」と呼ばれた王進喜の絵とともに「工業は大慶に学べ」というスローガンが書かれ［図2］、模範的な革命烈士といわれた雷鋒の絵には「雷鋒に学べ」というスローガンが添えられた。

図２「工業は大慶に学べ」

工業化を急務としていた中国で１９６０年に黒竜江省で発見された大慶油田には極めて大きな期待が寄せられ、毛沢東は「工業は大慶に学べ」と述べた。また、模範的な労働者とともに模範的な烈士も選ばれ、１９６２年で22歳の若さで事故死した雷鋒は最適の人物であり、毛沢東は「雷鋒に学べ」というキャンペーンを実施した。

王進喜は、胸元に毛沢東バッジを付け、防寒帽をかぶり、右腕には大型のクランプを抱えている。当時の人物描写の特徴は、斜め上を見る視線と、極端に太く描かれる首や腕、脚である。太い手足は健全な労働者の象徴であった。ポスターのもう一つの特徴は、太く大きなゴシック体（黒体）で、簡単な内容のスローガンが書かれていることである。中国では、隷書体や楷書体といった様々な書体が生み出され、書聖と呼ばれる王羲之（303-361）など多くの書家が名を残してきた。このように文字を重んじる中国においては、書道も図１のAに分類しうるものであった。プロパガンダ・ポスターに簡素なゴシック体が使われるという劇的な変化は、新しい国家として社会主義建設を目指す中国にとって必要不可欠だったのである。

中国とソ連の関係は、１９５６年のフルシチョフによるスターリン批判後、悪化していった。

1960年代に入ると、両国の論争はますます激化し、1969年3月2日の中ソ国境ウスリー江の珍宝島（ダマンスキー島）で発生した中ソ両国境警備兵の武力衝突でピークに達した。そのときに作られたのが「今から備えよう」というポスターであった［図3］。このスローガンは、建国20周年を記念し、1969年9月17日の『人民日報』に発表された29のスローガンのうちの一つであった。

図3「今から備えよう」

1966年、文化大革命が始まると、毛沢東崇拝が高まっていった。1966年7月16日、毛沢東は自らの健康状態を人々に示すため、長江を泳いだ。同月末の『人民日報』には、毛沢東が泳ぐ姿とガウンを着て手を振る写真や、「毛主席に従って大風大浪の中を前進しよう」という社説が掲載された。その後、「大風大浪」という言葉は幾度も使用され、ポスターのテーマにも使われた。「大風大浪」という言葉は、階級闘争による革命の実践と社会労働の実践を通して青年たちは革命の後継者になりうることを示していた。

文化大革命期には、毛沢東は神のように描かれた。最も有名で最も多く印刷されたのは、1967年に劉春華が描いた「毛主席、安源へ行く」である。これは、1921年の江西省安源炭鉱における労働運動を指導に行く毛沢東を描いたものである。劉春華の作品は、文化大革命の成果の一つと高く評価され、ポスターだけではなく、記念切手やバッジなど、多くの図柄に使用された。その数は9億枚に達したとされる。

1976年、毛沢東の死とともに文化大革命が終わると、毛沢東様式は急速に影響力を弱めた。1980年代に入ると、毛沢東様式はソ連の社会主義リアリズムの模倣に終わってしまったとか、思想や表現方法が限定されるため個々の芸術家の才能を殺してしまったなどの批判が寄せられた【鄒躍進 2005】。それでも、文化大革命終了から30年も過ぎると、この時代の芸術についての学術的研究が始まり、ポスターの原画などにはオークションで高値がつくことも珍しくなくなった。プロパガンダ・ポスターの収集に着手したのは、香港のビジネスマンやキッチュな商品を好んだコレクターであった。独創性や審美性の欠片もないと考えられていたプロパガンダ・ポスターは、文化大革命の時代の熱情や独特の雰囲気を作り出す鮮やかな色彩といった点から見直され、ポスターという実用品ではなく、収集物としての価値を持つにいたった。

5　革命観光

プロパガンダ・ポスターの再評価が始まった時期は、中国国内で「紅色旅游」(革命観光)が広まった時期でもあった。革命観光とは、中国共産党の歴史に関わりのある場所を巡るものである。これは、一種の政治的巡礼でもある。社会主義国では、革命博物館や革命記念館が建設され、革命精神を学ぶことが奨励された。中国では、1949年以降に生まれた人々にとって、長征（1934～1936）の苦難を追体験する巡礼は、革命精神を学ぶ上で重要であった。また、レーニン廟やホーチミン廟など防腐処理を施された遺体が安置された場所や、湘潭の毛沢東生家や淮安の周恩来の生家などが聖地のような性格を帯び、巡礼の目的地となっていた。文化大革命の時期には、年間100万人以上の人々がその生家を訪れるほど、毛沢東は熱狂的に崇拝された。1980年代に下火になったものの、近年では毛沢東生家のある一帯はテーマパーク化し、多くの観光客で賑わっている【韓敏 2008】。

毛沢東時代の革命観光は、長征の追体験をしたり、老兵から革命の話を聞いたりするといったことがおこなわれていた。世代交代が進み、革命の語りに直接、耳を傾けることができなくなってきた時期に、1994年、江沢民は「愛国主義教育実施要綱」を発表し、愛国主義教育を進めていった。1997年には、100箇所の愛国主義教育基地が定められた。これに含まれたのは、各地の革命博物館や戦争博物館、烈士陵園、烈士記念館などであった。2001年にさらに100箇所が追加され、2005年に66箇所が追加された。烈士とは、革命で命を落とした人物であり、烈士陵園という共同墓地に埋葬されることが多い。劉胡蘭や雷鋒のように特に劇的な死に方をした若者の場合、生家に記念館が設立され、大規模な除幕式がおこなわれることもある。

中国政府は、2004年から本格的に革命観光の開発を開始し、愛国主義教育基地を革命観光の重要地点とすることや革命観光を産業化すること、革命観光の12の主要ゾーンを定めた。12

ゾーンは、1921年に中国共産党の第一回党大会が開催された上海に始まり、次のゾーンは1927年に共産党が最初に武装蜂起を起こした南昌やその後に革命根拠地を築いた井岡山と瑞金を含むエリアとなっている。他には、1934年から1936年にかけて共産党が瑞金から延安まで移動した長征に関わるいくつかのゾーンや国共内戦（1945〜1949）に関わるゾーンなどが定められている。最後のゾーンは北京であり、天安門広場や人民英雄記念碑、毛主席記念堂などが見学地とされている。1927年に革命根拠地が置かれた井岡山は「革命のゆりかご」、延安は「革命聖地」と呼ばれ、特に重要な場所と見なされている。

革命観光に注目が集まると、1950年代から60年代に建設された全体的に薄暗かった革命記念館や烈士陵園などで改修工事が進められている。リニューアルは、空調や照明設備を改修するだけではなく、展示方法にも大きな変化が見られる。革命博物館や記念館では、書簡やモノクロ写真、地図などの展示品に加え、建物の実物大のレプリカや精密な地図模型、音響効果を持つパノラマなど、現代的なテーマパークに慣れ親しんだ若者の関心をひきつけるかのように展示に工夫が施されている。数年前まで20元（300円くらい）の入場料が徴収されていたが、近年では大規模な革命博物館や記念館では入場無料となっている。ただし、こうした展示の工夫にもかかわらず、歴史遺跡やテーマパークのような観光地に比べれば観光客数の伸び率は決して高くはない。そして、烈士陵園や革命記念館に併設される広場には、太極拳やバドミントンを楽しむ人も少なくない。

現代中国の人々は「烈士」や「革命」に思いを馳せるためではなく、広場で何かを楽しむために烈士陵園や革命記念館にやって来ることが多い。このように、烈士陵園や革命記念館などの愛国主義教育基地の建物そのものは変化しなくても、人々が訪れる目的には大きな変化が見られる。場所やモノが異なる文脈で利用されるようになるのは、愛国主義教育基地に限ったことではなく、プロパガンダ・アートも同じである。時代によって場所やモノの解釈は異なっていくのである。

6 モノの価値の変換

近年、プロパガンダ・アートを加工した商品が革命観光の場で土産物として売られるようになった。メモ帳やマッチ箱、トランプなどが例として挙げられる。これらの商品は単純にミニチュア化されて土産物になったわけではなく、特定のプロセスを経て革命観光の場にふさわしい土産物へと変わったのである。

図4は紅色経典シリーズの第1巻『紅色記憶』(赤い記憶)の4枚である。カードの裏側には、『毛主席語録』の一節「我々の同志は、困難なときは成績に目を向け、希望に目を向け、我々の勇気を奮いおこさなければならない」という言葉が印刷されている。クラブのジャックは「今から備えよう」というポスターをトリミングしたものである。このカードは、兵士の険しい表情と上をにらんだ視線、毛沢東語録が目立つようにトリミングされ、この時代の特徴をよく表している。ハートの6は、「大風大浪」のポスターを用いている。女性がセクシュアルな対象ではなく、男

図4　トランプ

性と同じように社会を構成する一員として描かれるようになったのは、社会主義国の特徴である。当時、紅衛兵の腕章をつけた女性が上を見る先には、社会主義の未来があると考えられていた。女性の伸び伸びとした健康的な身体と日に焼けた顔、わずかに見える赤い旗と腕章、躍動感を表す水しぶきが入るようにトリミングされている。「大慶に学べ」のポスターを用いたハートのキングは、王進喜の上半身を中心として毛沢東バッジが中央に来るようにトリミングされている。これらは、プロパガンダ・ポスターの中から文化大革命期の雰囲気を感じさせるものを切り取って、トランプの小さなフレームに収められている。

　文化大革命終了から30年以上過ぎて、プロパガンダ・ポスターは希少性や学術性という点から見直されている。それと同時に、ポスターは革命観光の土産物のモチーフあるいはコンテンツとしても注目されている。ポスターは、いくつかの加工プロセスを経て、再文脈化され、土産物になる。そのプロセスには、数多くのポスターの中から商品化に適したものの選択、トリミング、ミニチュア化、コラージュ（加筆）などの加工が含まれる［図5］。トリミングは、文化大革命期のポスターの特徴がよくあらわれている部分を中心におこなわれる。すなわち、やや上を向いた目線や太い腕や首、毛沢東バッジや紅衛兵の腕章、毛沢東語録、赤いスカーフが描かれている部分が切り取られる。トランプを小さな商品として見た場合、赤は革命の色としてだけではなく、カードの中のアクセントとして重要な色となる。ポスターは、トリミングされた後、トランプ・サイズに縮小化され、スートと数字およびポスターのタイトルやスローガンがコラージュされる。ポスターのタイトルやスローガンはトランプのデザインによって異なる。人物を目立たせる場合にはスローガンは小さく、スローガンを目立たせる場合には大きく印刷される。

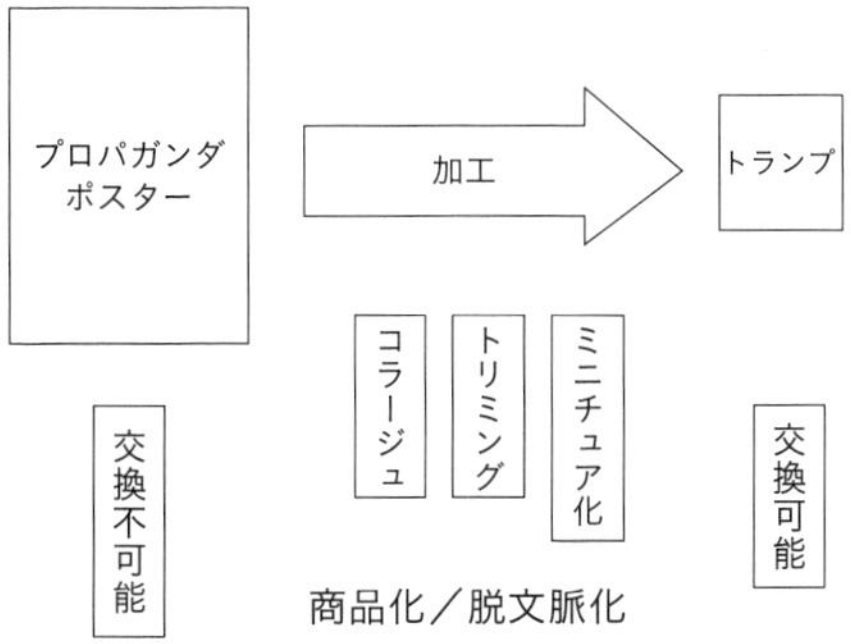

図5　モノの価値の変換

　これらの加工を経たポスターは、本来の文脈から切り離され、毛沢東時代の雰囲気をかもし出す商品へと変貌する。この商品化の過程を脱文脈化あるいは脱政治化という。プロパガンダ・アートは、「社会主義建国」や「打倒帝国主義」といったイデオロギーを直接的に表現することが制作の第一の目的であった。毛沢東時代の芸術において、審美性という価値観は二の次とされ、威圧的な表現方法を用いて人々に政治的メッセージを伝えることが重視されていた。反審美的で威圧的な毛沢東様式に対して、1980年代の人々はある種の嫌悪感を抱き、拒否反応を示した。時間が経つにつれて、嫌悪感は次第に緩和あるいは忘却されていった。近年の目まぐるしい経済発展の中で、毛沢東の時代にノスタルジーを感じる人も現れてきた。そうした人々が、革命観光に出かけ、革命の擬似体験をし、赤い土産物を購入する。脱政治化された毛沢東時代のモノは、現代中国において社会主義のノスタルジーを満たすのに適したコンテンツなのである。

7　おわりに

観光は、手軽な異文化体験の一つである。テレビやインターネットを通して簡単に異文化の情報が入るようになるにつれて、現代人は知識を得るだけでは物足りず、直接体験することに価値を置くようになってきた。観光客は、世界遺産の見学を通して、教科書で学んだ歴史や地理を実際に経験する。これは、革命観光に出かけた人々が革命の疑似体験をすることに似ている。さらに、革命観光は革命家の生まれ故郷や重要な戦場などの聖地を巡拝する点で、かつての巡礼の旅と共通する。

革命観光は、社会主義国特有の特殊な観光形態に見えても、実際には人々が昔からおこなってきた巡礼と大きな違いはない。何かしらの重要な場所に向かって歩いていくという非日常的な行為が巡礼の基本である。現代の観光との違いは、人々が物見遊山や土産物の購入などの娯楽的要素をどれほど重視するか、交通や宿泊などの情報や手段がどれくらい保証されているのか、さらに、目的地で見学したものをどのように記憶あるいは記録するのかという点である。

かつて目的地を前にした巡礼者たちは、身を清め、敬虔な気持ちを抱いて聖地へ足を踏み入れた。巡礼者は旅の無事を感謝するとともに、静かに神に祈りを捧げた。そして、聖地の風景や建造物、芸術品をゆっくりと堪能し、帰路へついた。現在、観光地を訪れ、建造物や芸術品を鑑賞するのは、一種のハイカルチャーの体験である。

ハイカルチャーの体験は極めて忙しい。朝から夜までいくつもの観光地をバスで訪れる観光客は、到着した先々でビデオカメラやデジタルカメラを回す。彼らは、カメラを回しながら、ガイドの説明を聞き、短い滞在時間の間に土産物を購入し、郷土料理を食べる。場合によっては、美術品や風景を鑑賞する時間よりも、ファインダーをのぞく時間のほうが長い。限られた時間の中で、できるだけ多くのモノを記録に収め、できるだけ多くの体験をすることが現代の観光の特徴である。

美術館のコレクションの画像は、カタログやポストカードなどによって簡単に手に入れることができるにもかかわらず、観光客は、自分の手の中に美術品の画像を収めたいと願う。自分で撮影した画像を自分で編集し、収集したいという欲求は、「手の中に世界を見る！」(See A World In Your Hand!) というヘリテージ社のキャッチコピーを想起させる。時代や場所によって収集できるモノは異なるが、何かを収集したいという欲求は普遍的なものである。ダ・ヴィンチによる「モナリザ」のオリジナルは手が届かない高価なモノであるが、Tシャツやポストカード、ノートなど土産物に加工されると誰もが買えるモノとなる。現代社会では、モノを収集したいという欲求を刺激するかのように、土産物のバリエーションは増え続けている。

参照文献

◆韓敏
2008「韶山の聖地化と毛沢東表象」塚田誠之（編）『民族表象のポリティクス——中国南部における人類学・歴史学的研究』風響社、pp.225-261。

◆鄒躍進（編著）
2005『毛沢東時代美術（1942至1976）』広東美術館、湖南美術出版社。

◆高山陽子
2010「商品化される社会主義——赤いポスターを事例に——」小長谷有紀、川口幸大、長沼さやか（編）『中国における社会主義的近代化——宗教・消費・エスニシティ』勉誠出版、pp.125-153。

◆田中雅一
2009「フェティシズム研究の課題と展望」田中雅一（編）『フェティシズム論の系譜と展望』京都大学学術出版会、pp.3-38。

10

アジアの外部のアジア

ヨーロッパにおけるチベット仏教のひろがり

久保田滋子——KUBOTA shigeko

1 はじめに

1996年、ドイツのボンにあるドイツ連邦共和国芸術催事ホールで開催されたチベット仏教美術展「智恵と愛」は、5月から8月までの開催期間中10万人を超える入場者を記録し、カタログや案内書なども完売するという、このホール始まって以来の大成功を収めた。筆者が調査をしているドイツやスイスにおいて、チベット仏教関連の催事に多くの人が集まるという話はよく耳にする。このチベットとチベット仏教に対する西洋人の特別な愛着について、芸術催事ホールの館長は、チベットの長きにわたる孤立が、西洋において、はるかなる理想郷、秘儀をおこなう僧院、自然との調和のうちに精神の完全性を求める社会という、現実のチベットとは異なる伝説的な表象を数多く生んできたことに由来すると指摘し、展覧会の成功は単に芸術品への関心だけではなく、そのような類まれな社会や文化に触れたいという願望が人々の中にあったためだろうと述べている【WENZEL 1997】。

ヨーロッパでは第二次大戦後から日本の禅が広まり、それまで哲学やインド学という学問の一分野として、あるいは神智学やオカルティズムの一種として知られていた仏教が、一般の人々も実践できるライフスタイルのひとつという新しい形で認知されるようになった。しかし禅に親しむ人は希少であり、その姿が表だって現れることはほとんどなかった。チベット仏教は60年代まではまだ伝説の中の存在で、ニューエイジ運動に影響を受けた一部の若者が興味を持っていたにすぎなかった。しかし、80年代になると禅に代わって欧米での仏教の主流を占めるようになり、町のセンターの数も年々増え、2011年にドイツ仏教連盟に登録されている団体数は294で、禅の146をはるかに上回っている【ドイツ仏教ユニオンウェブサイト】。

チベット仏教が広がった理由は4つあると筆者は考える。1つは芸術催事ホール館長が述べたように、チベットに対する想像力と多彩な表象で、その多くは理想化された良きチベットであり、それらに対して好奇心と好意的な感情が土台としてあったこと。2つ目はダライラマの亡命に伴い難民となった僧侶が、招聘や留学などで海外に渡り、そのまま渡航先にとどまって世界各地に仏教センターを開設したり、インドやネパールに再建された寺院から、多くの僧侶が欧米に説法行脚に出向いたことがあげられる。これはかつて西洋がキリスト教の思想や教義を広めるためにおこなった布教とは異なり、資源に乏しい難民の経済活動でもあったために、単なる宗教的活動ではなく、チベットの文化に対する援助という広い文脈もあって、多くの人々の関心を引き付けることができた。チベット難民や僧院への援助をきっかけに、僧侶の説法に参加し始めた人もあり、また多くの援助は寺を潤沢にして欧米に支部を出し、さらに布教への足掛かりを作ってきたのである。そして3つ目は欧米におけるダライラマの「スーパースター」ぶりとそれを利用したさまざまな企画、出版、イベントの横溢である。特に年に1度か2度、欧米の大きな都市で開催されるイベントは、ダライラマの説法とともに、チベットの仏教、文化、政治、援助などの企画が一堂に会し、普段はあまり仏教に縁のない市民も気軽に足を運ぶことができ、祈りや瞑想などの実践をおこなわないまでも、仏教に好感を持つ人々の裾野を広げる大きなきっかけになっている。新聞、雑誌、テレビなど、マスコミでの扱いも大きく人目を引く。ダライラマ・スーパースターを皮肉る記事も見受けられるが、筆者が収集したドイツ語圏、スイスのフランス語圏の記事はどれもおおむね好意的である。教会を離れた人々の一部が仏教やダライラマに関心を寄せて、町の仏教センターにやってくる。このような背景が、チベット仏教の広がりを根底で支えているのである。

この章では、特に最初の3点に注意を払いながら、欧米においてなぜチベット仏教に親しみを持つ人が増え、それがどのような形をとって、どのように展開しているのかについて記述し、チベットと西洋の関係について理解を深める足掛かりにしていきたい。

2 ヨーロッパにおけるチベット・イメージの形成

2-1 シャングリラ

かつてチベットほど欧米の想像力をかきたてたアジアはなかったであろう。ヒマラヤ山脈に隔てられた、標高4000メートルを超えるチベット高原は、20世紀の初頭まで宣教師や探検家、わずかな学者や外交使節を除いて、長らく西洋の入境を拒んできた。宣教師の活動によって、この地がヨーロッパに知られるようになったのは17世紀のことである。インドからの長い通商路を通ってヒマラヤ山中を目指した宣教師たちは、詳細な旅行記や報告書を本国に書き送り、後のチベット学の発展にも寄与してきた。そのいくつかは出版されて【デシデリ 2008 など】、彼らを送り出した修道会のみならず、一般の人々にもインドと中国の奥地にある「秘境」の存在を知らしめることになった。しかし、20世紀初頭まで、チベットに関心を抱いたのは一部の学者か探検家、あるいは神秘主義や神智学に傾倒した人々であり、長い間チベットも他の「辺境」と同じく、キリスト教の影響が及ばない野蛮な地のひとつにすぎなかった。[1] 20世紀に入ると、スヴェン・ヘディンによる探検記が相次いで出版されるようになり【ヘディン 1968 など】、地球上に残された数少ない地理学的な空白地帯として、中央アジア、チベット、シルクロードの名が広く知れ渡り、人々の想像力を大いにかきたてることになった。

探検記と並んで、茫洋とした「辺境」であったチベットに、ある「具体的」なイメージを与えたのが『失われた地平線』という大衆小説であった【ヒルトン 1959】。1933年にイギリスで出版されたこの小説の舞台は、ヒマラヤ山脈の奥深く、青い月が煌々と輝く中、ラマ教寺院がそびえ立つという理想郷シャングリラであった。作者ジェームス・ヒルトンによって命名されたこの想像の地は、やがてチベットの代名詞ともなり、その後チベットやチベット仏教を題材にした大

(1) 落合はヨーロッパで描かれたワイルド・マンについて、「中世ヨーロッパにおいて反・非・前・未キリスト教世界を象徴するものであり、「〈異教徒〉という言葉で一括されていたヨーロッパ外の諸民族、小農民、ジプシー、放浪の乞食などとともに、中世キリスト教ヨーロッパにおける〈他者〉像を形成していた」【落合 1997: 145】と述べているが、チベットも非文明を象徴するような他者像で描かれてきた。これらの表象に関しては【BRAUEN 2000】を参照。

衆小説、漫画、映画を多数生み出すきっかけとなった。1952年、もうひとつの印象深いチベットが世に現れた。ハインリヒ・ハラーによる『セブンイヤーズ・イン・チベット』である【ハラー1997】。著者は第二次世界大戦のさなか、インドの捕虜収容所から脱走してチベットへ逃れ、ラサに滞在して少年期のダライラマと親好を深めた。ノンフィクションとして書かれたこの本は、ダライラマという活仏の存在を欧米の読者に深く印象づけることになった。『失われた地平線』は1937年と1973年に、また『セブンイヤーズ・イン・チベット』も1997年にそれぞれアメリカで映画化され、欧米での興行はどれも大きな成功をおさめた。

大衆小説をめぐっては、しかしスキャンダラスな事件も起きた。1955年、ロプサン・ランパと名乗るラマ僧がロンドンの出版社に「自伝」の原稿を持ち込み、翌年それは『第三の眼』というタイトルで出版された【ランパ 1957, 1979】。高位のラマ僧の生い立ちと修行について書かれたこの本は、「英・米・オーストラリアなどの英語圏諸国はもちろん、ドイツ、フランス、スペイン、ポルトガル、デンマーク、ノルウェー、スウェーデン、イタリア、フィンランド、オランダなどのヨーロッパ諸国、南米それに日本と各国語に訳されて世界的ベストセラーに」【ロプサン・ランパ 1979: 221】なり、ランパは次々とチベットでの「体験」に基づく続編を出版していった。しかし、専門家から事実と反する箇所を指摘されるや、ランパは自分にはチベット僧が乗り移っていたと弁明した。ほどなく、ランパの正体がオカルトに傾倒したイギリス人であることが判明したが、このできごとはチベットと神秘主義のつながりを彷彿させることになった。

2-2 異質の智恵

ドナルド・ロペスによれば、チベット仏教には常に両極端のイメージがあった。「素朴で汚されていないものと堕落したもの、真正なものと模倣したもの、聖なるものと悪魔的なもの、良きものと悪しきもの。これら対立は『西』と『東』、ヨーロッパとアジアの関係の歴史を通して機能してきた」[2]【LOPEZ 1998: 4】。欧米のチベット・イメージを形成してきたともいえるこれらの3作品も、素朴で汚されていない良きチベットと、堕落した悪しきチベットを象徴するものであった。『第三の眼』をめぐるスキャンダルは、キリスト教世界から見た「異教」のいかがわしさを際立たせたものの、書かれている内容そのものは、西洋文明の及ばない素朴で汚れなき良きチベットについてである。3作品に共通するのは、植民地関係を通した他の非西洋諸国に対する記述に見られるような、双方の緊張した関係や潜在的脅威、あるいはアフリカの描写にあるような蒙昧《もうまい》な暗黒の世界ではなく、チベットがむしろ西洋とは異質の智恵をもっている世界であることを強

(2) このような西洋の非西洋に対する視線については、落合のラテンアメリカ研究に蓄積がある。落合は映画で描かれるメキシコ人像について分析をおこなっているが、ロペスの指摘するチベット像はこれによく相似している。落合によれば、メキシコ人、ラテンアメリカ人は否定的な役どころで登場するが、悪漢とは正反対に無垢な子供のような役も紋切型として存在するという。「悪漢と無垢なる聖者とは、一見正反対にも見える。だが、これら二つのメキシコ人像は、裸体の《アメリカ》にひそむ野生のイメージの二重性（野蛮と無垢）から生まれた双生児なのではないだろうか」【落合 2000: 144】。ロペスの指摘するチベット仏教の両極端のイメージも、まさに無垢なるものと悪魔的で堕落したもの（野蛮）という、西洋文明から隔絶された地の二重性を言い表している。

調している点である。『失われた地平線』では、のちの西洋近代批判を先取りしたような話の展開もあり、60年代、70年代に巻き起こったニューエイジ・ムーブメントとチベットの結びつきを予見させるものがある。また、『セブンイヤーズ・イン・チベット』に描かれた、中国によるチベットへの「侵攻」とそれに翻弄される僧侶やダライラマの様子は、後の手厚いチベット難民支援につながっていった。実際のチベットは必ずしも外界から閉ざされた理想郷ではなく、近隣との関係から生じる複雑な内情を持っていたが、ステレオタイプ化された言葉の繰り返しによって、そのイメージが本質化していったのである。

ブラウエンはチベットと西洋の関係を3つの時代に区切ることができると述べている【BRAUEN 2000: 9】。まず、宣教師や学者によって探索された時代、次に『失われた地平線』以降、空想上のチベットが理想郷として盛んに描かれた時代、そしてダライラマの亡命によって多くの難民僧侶が欧米で布教をはじめた時代である。その3番目の時代は1959年にはじまった。ダライラマがインドに亡命し、その前後から約8万人の難民が隣国に流出したが、その中には多くの僧侶、特に学問をおさめた高僧が含まれていた。欧米のチベット学研究部門では、チベット仏教の仏典に精通している僧侶を競って迎え入れ、研究の進展を図ろうとした。イギリスではチベット研究者であるスネルグローブが有名な高僧をロンドンに迎え入れようとしたが、その計画はネパールでチベット難民救援に携わっていたスイス赤十字から反対されて実現しなかった。学問をおさめた僧を頭脳流出させてしまったら、チベットの伝統文化はさらに風前の灯火になってしまうという理由からであった【KUHN 1996: 8】。高僧を招聘するならば、僧院ごと西洋に移築するべきであるという案まで持ち上がり、その一部は後にスイスで実現することとなった。チベット難民への援助が単に衣食住にとどまらず、「西洋とは異質の智恵」である文化の保護に力が注がれたのは、チベットが理想郷として描かれた時代の遺産でもあった。しかし、実際にはその後多くの僧侶が欧米に移住し、仏教センターを設立して布教に励むようになる。チベット難民が欧米に移住しはじめた60年代、70年代は、アメリカに端を発したニューエイジ・ムーブメントが盛んだったところで、若い人々を中心に「西洋とは異質の智恵」への関心が高まっていたこともあり、仏教が受け入れられる素地があった。その後、環境問題、非暴力など時代の関心事と結びつきながら、チベット仏教はその裾野を広げていったのである。瞑想や読経などの実践を伴わないまでも、多くの人がチベット仏教に関心を持つようになった背景には、僧侶の布教だけではなく、ダライラマの度重なる西欧行脚が大きな役割を果たした。ダライラマは1973年にはじめて訪欧してから今日まで、一年に数回は必ず欧米各国を訪れているが、中でも大きな会場を埋め尽くす説法のイベントは、仏教のみならず、欧米のチベットへの関心を凝縮したような趣がある。ヨーロッパにおけるチベットへの関心は、探検記や大衆小説に描かれた世界から、実際にダライラマを間近に見るイベントへと変化しながら、衰えるどころか今もなお広がり続けているのである。

3 チベット仏教教団の世界的展開

第二次世界大戦後、鈴木大拙の著書が翻訳されて欧米に出回ったことにより、一時期禅がブームになったが、1960年代に入りビートルズが世界的に有名になったころ、新しい価値観を求める若者を中心に新たな仏教への関心が芽生えてきた。インドに関心を抱いたビートルズにならって、多くの若者がこの方面へ旅に出て、中にはそこで出会ったチベット僧の弟子になって得度し、みずから僧侶になるものも出てきた。ちょうどそのころ、チベットから難民が流出し、学問を修めた僧侶が欧米へ留学したり招聘《しょうへい》されたりしたが、中にはそのまま欧米にとどまり、仏教センターを開いたり、あるいはインドやネパールに「帰国」したのちに、欧米人専用の寺を建立するものもいた。海外布教を試みるチベット人僧侶と得度した欧米人が中心となって築いた教団やグループは、10年から20年という短期間に急成長を遂げて、みずから仏教徒と名乗る人ばかりではなく、次節で取り上げるようなダライラマのイベントを成功させる仏教ファンの層も拡大していったのである。ここではその一例を紹介しよう。

3-1 西洋人による西洋人のためのチベット仏教――カルマ・カギュ派とFPMT

ダライラマのイベントの一環として、ハンブルクの民族学博物館講堂で講演をおこない、入場制限がかかるほど人を集めたリング・トゥルク・リンポチェは、カルマ・カギュ派という宗派の教団のカリスマ僧侶である。この教団の急成長にはオレ・ナイダルとハンナ・ナイダルという2人のデンマーク人が深くかかわっていた。2人は1969年に新婚旅行でブータンを訪れ、そこで難民としてチベットから逃れてきていたチベット仏教の一派であるカルマ・カギュ派の頂点に立つ指導者ギャルワ・カルマパ16世に出会い、感化されて弟子になった。オレ・ナイダルは3年間の修行を経て、1972年コペンハーゲンにカルマ・カギュ派の最初のセンターを立ち上げ、ギャルワ・カルマパ16世のヨーロッパ・ツアーを企画、16人の僧侶をひき連れての半年間にも及んだ説法行脚は各地で大成功を収め、センターの基盤を確固たるものにした【BAUMANN 2005: 369】。このセンターはのちにダイヤモンドウェイと称して、カルマ・カギュ派の管轄下でオレ・ナイダルが僧侶として指導者を務め、約30年間で世界各国に支部をおよそ500にまで増やした。オレ・ナイダル自身、また話術に長けた人気のある僧侶が欧米各国に出かけ、その講演にはファンが殺到して、ダライラマの説法イベントのミニ版の様相を呈している。この教団は、西洋人による西洋人のためのチベット仏教を確立し成功に導いた。

写真1　西洋風にアレンジされたカルマ・カギュ派センター瞑想室（スイス・バーゼル）。

別の例をあげよう。ネパールに本拠地を持つFPMT（大乗仏教普及財団）という教団の成長は、欧米人信者向けのアレンジと、その教団のトップの僧侶が、死後スペイン人に生まれ変わったという「事実」に依っている。チベット仏教では、ダライラマをはじめとして、高位の僧は「転生」という生まれ変わりによって継承されてきた。この教団は、ラマ・エシェとラマ・ゾパという二人のチベット難民僧侶と、彼らの弟子であり、1967年にダライラマから得度の儀礼を受けたアメリカ在住の亡命ロシア人尼僧が、1969年ネパールのカトマンズ郊外に建てたコパン寺を母体として発展してきた。この寺は、当時チベット仏教を求めてインドやネパールを目指した欧米の人々のために瞑想コースなどを設け、英語で説法をおこなったことで人気が高まり、東洋を目指したヒッピーの長期逗留も多く、後に帰国した人々が自国に仏教センターを作ってコパン寺の支部を形成した。1971年、ラマ・エシェとラマ・ゾパは弟子たちが世界各国に作った仏教センターをネットワーク化してFPMTを設立し、1974年からヨーロッパ、アメリカ、オーストラリアなどを歴訪、欧米人向けにアレンジした経典や読経、礼拝をおこなうことで信者の数を急速に増やしていった。1984年、ラマ・エシェが死亡すると、ほどなく生まれ変わりの探索が始まった。ラマ・ゾパは夢で見たのと同じ場所で、夢で見た子供と同じ顔をしたスペイン人の男の赤ん坊を発見、マリアという名の母親に受胎の時期を確認したところ、夢の中でラマ・エシェが生まれ変わると宣言した日と同時期だったことがわかり、他のさまざまな「証拠」と照らし合わせ、その赤ん坊を転生と決定した【FPMTウェブサイト】。

信者が増えるにつれて僧侶を志す人も増えた。チベットで僧侶になるためには僧院に入らねばならず、長期間にわたり経典を暗記する生活を送らなければならない。欧米に進出した教団は、この点にもさまざまな工夫を凝らした。カルマ・カギュ派では3年間世間と離れて修行するリトリートをおこなうことで得度を可能にした。１９９１年から94年のリトリートでは、21歳から44歳までの男女が14ヵ国から110人も集まった。オックスフォードに留学した難民僧侶が設立した、同じカルマ・カギュ派のシャンバラ・インターナショナルという教団のカナダ支部では、まったくチベット語を用いることなく英語のみで僧侶になることを可能にした。カルマ派はチベットにおいて最も規模の小さな宗派であったが、欧米に進出したチベット仏教の教団の中では、こうして最大の規模を持つことになった【BAUMANN 2005: 369-370】。チベット仏教は「西洋とは異質の智恵」に惹《ひ》かれる人々を集めながらも、「伝統」を修正し西洋化することで拡大していったのである。

3-2 パトロンを得たチベット人僧侶――スイスの僧院ラプテン・チューリン

中にはあくまで「伝統」を重視して、あまり西洋風にアレンジしなかったグループもあったが、信者が脱落し規模を拡大することができなかった。スイスのレマン湖畔にラプテン・チューリンという寺を建設した僧侶ゲシェ・ラプテンは、スイス人篤志家がチベット難民受け入れに際し、チベット文化の維持継承と、難民の「心のよりどころ」として招聘する僧侶の逗留先として、チューリヒに建立した僧院の第二代僧院長として１９７５年にスイスへ渡った人物である。彼は難民としてインドに来て以来、ダライラマの側近だったということもあり、経典の勉強に関して厳格にチベット方式を貫いた。スイスへやってくる前に、ダライラマの居留地であるインドのダラムサラですでに欧米人の弟子を持っていたラプテンは、スイスでチベットの方法をそのまま踏襲する寺を建設しようとしたが、「真正」なチベット仏教を求めて彼のもとにやってきた人々も、このチベット方式に耐えられず、やがてこの寺は行き詰ることになった。しかし、「伝統」を修正せず「真正」さを保ったラプテンには、スイスの国会議員や学者からなる後援組織や、有名な指揮者の娘などの個人的パトロンがついたため、他の教団のように組織を拡大する必要がなくなり、スイスでも有数の保養地に広大な土地を購入し、小規模ながら学問としてのチベット仏教を前面に押し出した方式を貫くことができたのである【LINDEGGER 2000: 142】。

ゲシェ・ラプテンの死後はしばらく別の僧侶が後を継いだが、その僧侶も死亡し、ラプテンの転生もまだ幼少であったことから、彼の通訳としてインドから同行していた僧侶、ゴンザー・リンポチェが中心となって講義や説法をおこなうことになった。彼は語学に長けた人物で、スイスに渡ってからドイツ語とフランス語を習得し、翻訳困難な仏典を英独仏の3ヵ国語で講義できるために、彼の説法の日にはスイスだけではなく近隣の国からも人が集まり、寺は彼の代になって、チベット語を重視した厳格なチベット方式だけではなく、チベット語経典が読めない人々にも開かれるようになった。また、この寺は小さな僧院も兼ねているが、2009年現在僧侶の国籍は10ヵ国にわたり、ヨーロッパやアメリカだけではなく、モンゴルやベトナム、インドなどアジア系の人の姿も見られる。スイス、オーストリア、ドイツ、フランスを中心に支部を持つが、他の教団のような派手な展開はおこなっていない。しかし豊富な資金力で、不動産のみならず、出版部門や宿泊施設を持ち、パトロンとつながりのあるスイス人が中心となって手広く資産運用をおこなっている。オーストリアのスイス国境近くにある小村にも、広大な敷地に寺と僧院を持っているが、ここもラプテンに共感した地主が提供したものである。ここでは地元の小学校で授業の一環として仏教講話をおこなっており、地域との結びつきも強い。

この寺は西洋人を対象とした他の教団と異なり、経典の研究や日々の読経を重視しているが、スイスに移民したチベット人が訪れることはほとんどない。それは、ラプテンの死後に指導者となったゴンザー・リンポチェが、ダライラマの方針とは相いれない儀礼などをおこなうようになったためだが、結果として現在のところ、ここも西洋人の経営による西洋人のための寺となっている。

3-3 地域に根付くチベット仏教――ハンブルク・チベットセンター

ゲシェ・ラプテンは、次章で取り上げるチベット仏教の祭典ザ・ダライラマをプロデュースしたハンブルク・チベットセンターの設立にもかかわった。彼はレマン湖畔にラプテン・チューリンの前身にあたるセンターを設立したのと同時期、1977年にハンブルクを訪れ、地元の仏教徒の要請を受けて直接ダライラマとコンタクトをとり、ダライラマが選任した僧侶ゲシェ・テュプテンを指導者としてセンターを立ち上げた。このセンターの特徴はダライラマとのパイプが太いことで、センター開設以来すでに4回もダライラマを招聘《しょうへい》しており、上述のダイヤモンドウェイやFPMTのような大規模な展開はないものの、ザ・ダライラマの開催など、地域住民へのチベット仏教宣伝の大きな原動力となってきた。ハンブルクはヨーロッパ屈指の港町で、古くからヨーロッパ以外の外国と文化的交流が盛んだったこともあり、戦後スリランカから僧侶を招聘

写真2　ラプテン・チューリンのオーストリアにある系列僧院

して、1954年にドイツで最初の仏教協会が設立されている。現在でも当時の流れを汲んだ小乗仏教系のセンターが7つ、60年代からできはじめた禅道場が5つある。チベット仏教のセンターは8つで数の上ではあまりかわりないが、参加人数は圧倒的に多い。ゲシェ・ラプテンによるチベットセンターの設立は、ハンブルクの仏教を禅からチベット仏教に向ける舵切りの役割を果たしたのである。

3-4　ダライラマへの関心

ここで取り上げた新興のチベット仏教教団が、世間から「いかがわしさ」のまなざしを向けられていないのは、ダライラマの存在によるところが大きい。2007年7月発行のドイツの雑誌『シュピーゲル』に掲載された宗教意識に関する調査（世論調査会社による無作為1000人への質問）によると、「どの宗教を最も平和的なものに感じるか」という質問に対し、仏教43%、キリスト教41%、イスラム教1%、また「ダライラマとベネディクト16世のどちらが宗教者として好ましいか（手本となるか）」という質問に対しては、ダライラマ44%、ベネディクト16世42%、無回答10%であった。亡命以前と同様、現在でもダライラマはチベットの政治と宗教の中心であり、ダライラマへの関心はチベット仏教とチベット全体への関心に結びつく。また、宗教的には保守的であると言われるスイスでは、10年ごとにおこなわれる国勢調査（Eidgenössische Volkszählung, BFS）で、宗教的な所属がないと答えた人の割合が、1970年に1・14%だったものが、80年3・79%、90年7・43%、2000年には11・11%と急速に増えており、このような「無党派層」が仏教に積極的な関心を持っているものと思われる。2005年、1週間にわたり1万2000人収容の会場を満杯にしたザ・ダライラマ・イン・チューリヒは、宗教が個人の嗜好に移りつつあり、スイスにおいて仏教に親近感を持つ人が増えていることを如実に見せるできごとであった【RUTISHAUSER SJ 2006: 797】。

4　チベット仏教の祭典——ザ・ダライラマ

2007年7月20日から27日までの1週間、ドイツのハンブルクでダライラマの説法を中心に、チベットと仏教をテーマとした大きなイベントが開催された。日本でいえば、武道館と同じ規模の施設である主会場のローテンバウム・テニスアリーナに、連日約1万人の入場者があり、そのほかにも大学、博物館、映画館など市内各所に副会場が設けられ、人気のある催しものはチケットの入手が困難になるほどの人気を博した。

欧米でのダライラマによる大規模な催しはこれが初めてではない。1981年、アメリカのウィスコンシン州マディソンからはじまって、2011年7月のワシントンDCでの開催まで、すでに10回ほど「カーラチャクラ・イニシエーション世界平和のために」という約10日にも及ぶ催しがおこなわれ、そのほかにも同規模の説法大会、あるいは3日程度の縮小版のイベントがヨーロッパ各所で開催されてきた。カーラチャクラとはイスラム教徒に追われた仏教徒が平和な理想世界シャンバラを実現するという内容をもった儀礼で、インドとチベットの密教では最後に出現した聖典に由来する。かつては歴代ダライラマが生涯に一度だけおこなう秘儀であったが、現在のダライラマがインドに亡命する直前に、不穏な情勢のラサで2回続けて執りおこなったことがきっかけになり、亡命後もインドでしばしばおこなうようになった。チベットのどこか架空の地に、争いのない平和な理想郷を出現させるという秘儀に注目した人々が、欧米にもダライラマを招聘し、「世界平和のために」という名目のイベントを開くようになり、回を重ねていったのである【田中1994: 1-8】。2005年のチューリヒと2007年のハンブルクでおこなわれた1週間にわたる説法は、カーラチャクラという秘儀的な宗教色は排され、講演会や展覧会、ワークショップ、コンサート、会議、映画などのイベントも含む「チベットの祭典」という形式がとられた。以下にその具体的な内容を記してみよう。

4-1　平和を学ぶ

主会場でのダライラマによる説法は7日連続でおこなわれ、最初の2日は「平和を学ぶ——非暴力の実践」というテーマを掲げ、1日目に「仏教の精神はいかに共感と非暴力を醸成《じょうせい》しうるのか」、「日常生活で非暴力を実践することや憎悪の気持ちを変えるにはどうしたらいいのか」、そして2日目は「平和のビジョンについて――世界的な責任、そしてわれわれが個人として世界平和に貢献できること」という合計3回の講演がおこなわれた。各講演では、合計9人のコメンテーターがそれぞれのテーマに従ってダライラマとディスカッションをおこなった。3日目から7日目までは、「悟りへ至る道――その修行のための400の詩節」という仏教哲学講義であった。ダライラマの話すチベット語は、ドイツ語、英語、フランス語、イタリア語、スペイン語、中国語、ベトナム語の計7ヵ国語に翻訳された。チケットの値段は講演「平和を学ぶ」が各80ユーロ、仏教哲学講義が5日間の通しで225ユーロ、1日券が55ユーロであったが、講演に関しては1ヵ月前には完売で、仏教哲学講義も当日券を入手するために長い行列にならばなくてはならなかった（1ユーロは2007年の為替で130円）。

講演の模様はハンブルク1チャンネルで中継され、新聞は連日大きな写真つきで公演の模様を細かく報道した。講演会場にダライラマが入場する模様は全国紙ディ・ヴェルトのハンブルク版で次のように報じられた。

「朝のそよ風の中にはためく色とりどりの祈祷旗。風は布に書かれたマントラの聖なる言葉を世界へ運んでいくだろう。チベットはここハーヴェストヒューデで、もう手が届くところにある。朝8時。あと1時間もすれば法王ダライラマ14世は、巨大な黄色いカーテンをその手で開け、慎重な足取りで舞台に現れ、革製のアームチェアに素足であぐらをかいて座る。白いテント屋根の下にいる約1万人5千人の人々が立ち上がる。ぱらぱらとした拍手が聞こえるが、誰も歓声をあげない。参加者によれば、多分彼はそういうことを望んでいない。『だって、彼はポップスターなんかじゃないんだから』と誰かがささやいた」。

会場は収容人員約1万5千人のアリーナで、当日はテニスコートの上にカーペットを敷き詰めたフィールド席（主に僧侶に優先的に割り当てられた）も満杯で、開場間際には近隣の地下鉄駅からすぐには出られないほどの混雑であった。舞台は、高さ10メートルくらいの全体が黄色で中央部が紺色のカーテンがかけられ、それをバックにして中央に階段つきの臙脂色の「玉座」がしつらえられていた。カーテンにはタンカと呼ばれる巨大な仏画が3枚掛けられていた。この背の高い「玉座」と後背の色鮮やかな仏画は、ダライラマが謁見や説法など公の場に出るときの伝統的スタイルで、世界的に人気を博した「セブンイヤーズ・イン・チベット」などダライラマが描かれた映画や絵、写真などを見たことのある人にとっては、まさにチベットが手の届くところに来ているという印象を与えたであろう。事前に注意のアナウンスやパンフレットでの説明はなかったが、新聞記事にあったように、ダライラマの入場と同時に会場が静まり、一般席から見下ろせるフィールドにいる約250人の僧侶の所作の通りに、見る限りほとんどの人が両手をあわせて頭をさげた。キリスト教とは異なる宗教の指導者に手を合わせる行為は初めてという人も多かったと思うが、このような身

写真3　ザ・ダライラマ・イン・ハンブルク会場風景

体的所作を通して、単に本を読んだりCDで説法を聞くのと違って、チベットの「儀礼」に参加しているという臨場感も高まる。

同じ「チベット仏教」といってもチベット人の生活の中にあるものと欧米に広まっているものとは当然大きな違いがある。後者の場合、たいてい「言葉」から入ってくる。新聞や雑誌のチベットの報道には、ダライラマや仏陀の「言葉」が聖書の箴言《しんげん》のように使われ、絵葉書やカレンダーには、草葉の先端に光る朝露とか水に映る月影などの写真を背景にして、それらの「言葉」が書き記されている。本屋や駅の売店の入口で、当地の絵葉書と並んでこれらの絵葉書が回転式のショーケースに入って売られている場合が多いので、目にとめている人も多いはずである。また、本屋では店頭の目立つところに、ダライラマの本やCDが平積みにされていることが多く、ここにも「言葉」が宣伝用に並べ置かれている。ダライラマの説法会場に来た人々の中には、これらの「言葉」からチベットやチベット仏教に関心を持った人々も多かったのではなかろうか。フランクフルター・ルンドシャウ紙には、講演2日目の「グローバル化する世界における共感」の会場に来ていた女性へのインタビューが2面にわたって掲載されたが、そこには「欲するものを手にいれないことは、しばしば大きな僥倖《ぎょうこう》である」というダライラマの言葉が記された絵葉書で「人生観が変わり」、会場へやってきたと書かれている。健康や精神的充実に関する言葉と同時に、現在ではこの講演会のタイトルにあるように、「非暴力」「平和」「共感」がチベットを修飾する、あるいはチベットという名から発せられるキーワードになっている。町のチベット仏教センターはしばしば「健康の家」というもうひとつの名称がついて、プジャ（仏教的礼拝の儀礼）

のような仏教的実践だけではなく、セラピストやチベット医学によるヒーリングとセットになっていることが多い。外的平和（世界平和と非暴力）と内的平和（精神の健康）は一体となってチベット仏教の「教え」の2つの大きな柱になっている。新聞に紹介された女性は「キリスト教的人間観も内的平和を約束している」「しかしそれ以上のものではない」「自分は宗教が必要なのではない」「仏教は意図された方法ではなく、無意識のうちに導いてくれるものだ」という感想を語っている。チベットとチベット仏教は内的にも外的にも、何か善きものを体現し、理屈や方法ではなくそれを実現に導く力があるというイメージが作られている。ダライラマの説法は、そのようなイメージ生成の強力なバックグラウンドになっているのである。

4-2 民族学博物館

副会場のひとつである民族学博物館ではイベント期間中、「チベット仏教の宝」「砂曼荼羅」の2つの特別展が開催され、そのほかにも日替わりでさまざまな催しがおこなわれた。冒頭で述べたように、ドイツでは「智恵と愛」というチベット仏教美術展が大成功をおさめたが、民族学博物館で開催された仏教美術展では、大人向けのみならず、子供向けにも解説ツアーが設けられ、ここでもチベットの宗教や芸術への関心の高さを垣間見せた。また、展示のほかにもヨガや瞑想の実践指導、チベット仏教関連のワークショップなどもおこなわれた。その中で最も人気を博したのは、前章で述べたカルマ・カギュ派の僧侶リング・トゥルク・リンポチェによる講演「チベットーダライラマの歴史的役割とチベット仏教におけるカルマ派」であった。講演開始の1時間前には博物館の入り口に長蛇の列ができ、203席の講堂は開場を待たずに入場制限がおこなわれたほどであった。講演は必ずしも演題に沿った内容ではなく、いわゆるトークショーで、ギター演奏や寸劇が入り、大変な盛り上がりを見せた。僧侶は表情豊かで、冗談を飛ばし会場を笑わせ、ときに仏教の難解な単語を交えながら、「愛する心とは」「満たされた日常とは」「本当の自由とは」「チベット文化を救うには」など1時間半ほど語り続けた。壇上にいる人物が僧衣をまとっていなければ、舞台は欧米のエンターテイメントそのものであった。かつてヨーロッパでは、仏教は哲学のひとつであると考えられ、仏典の解釈や禅に代表される瞑想が主流であったが、チベット仏教が急速に拡大していった背景には、誰にでもわかりやすく、かつ楽しく娯楽的な要素を取り入れたグループが世界各地に展開していった点があげられる。各宗派には話の上手なカリスマ的な僧侶が何人かいて、説法行脚をおこなっている。ちなみにリング・トゥルク・リンポチェは、2011年の3月から6月までの3ヵ月間に、ドイツ、オランダ、ベルギー、イギリス、アイルランド、コルシカ島、スペイン、フランス、フィンランド、ポーランド、スロベニア、イタリア、ロシアを回った。民族学博物館の講演も世界ツアーの一端だったのである。

4-3　ハンブルク大学

民族学博物館のほかには、おもにハンブルク大学を会場にして、チベット仏教あるいは欧米の大学の学位を持つ僧侶・尼僧による講演会が開かれた。これらは民族学博物館での催し物よりも、「学問的」色彩をもつものであったが、入場者数は民族学博物館を上回り、10ユーロの当日券を手に入れるために、1時間以上並ぶこともしばしばあった。中でも人気を博したのは、僧侶でダライラマのフランス語通訳者であるマチウ・リカールの「チベット――愛の目で」、またリカールとマインツ大学哲学・神学部教授による「科学と仏教」であった。リカールは60年代にチベット仏教の僧に弟子入りし、その後僧籍に入り、仏教と他の学問、特に科学との対話を目的にした「マインド・アンド・ライフ研究所」を活動の場にしてきた【YONG 2008】。その仕事は、チベット仏教の自然観と量子力学の類似性、瞑想の医学的有効性などについて、単に事例を述べるだけではなく、ダライラマと科学者を公開の場で対談させてそれを出版するというものである。

2005年にチューリヒで、ザ・ダライラマ・イン・ハンブルク 2007と同様の1週間にわたるダライラマの説法がおこなわれたが、彼はそのときチューリヒ大学で開催されたダライラマと脳神経学の専門家とのシンポジウム、またスイス連邦工科大学で開催されたシンポジウム「怖れと不安」にもかかわった。両方の催しは夏休み中であったにもかかわらず、大学構内の各所に設けられたおよそ5000席が事前申し込みで満席になり、その模様は新聞、テレビなどで細かく報じられた。このような活動は、チベット仏教と科学を直接結びつけ、かつてオリエンタリズムで想像されてきた、外部の宗教にまつわる一種のいかがわしさを払拭するための大きな力になっており、またチベット仏教と科学的思考の類似性ばかりでなく、科学だけでは解明できない部分を「仏教の智」に求めるという一種の西洋近代批判にもなっている。大学教授という肩書を持つ科学者とダライラマの対話を直接見ることのできるこれらの行事は、チベット仏教になじみの薄い人々にも深い印象を与える契機となる。チベットは単に神秘的で平和な理想郷であるだけではなく、西洋が推進してきた最先端の科学にも影響を及ぼす知を持っているというイメージがこのようにして形成されていく。講演では「私という意識とは何か」という問題が取り上げられた。リカールは瞑想が脳に及ぼす影響、特に共感能力や思慮深さを深めるために有効であることが科学的に立証されたという話をした。これらはリカールが推進する科学と仏教の対話の中でも、もっとも一般に好まれるスピリチュアリティの科学的意味付けに関するもので、抽象的な内容ながら多くの聴衆を集めた。

写真4　ザ・ダライラマ・イン・チューリヒ　連邦工科大学での講演にやってきたダライラマ

大学の会場ではこの他に西洋人の尼僧たちによる講演があり、またジュネーブにあるチベット亡命政府ヨーロッパ代表事務所の所長とドイツ・キリスト教民主・社会同盟（CDU／CSU）の国会議員との対談や、ウイグル世界会議の代表レビヤ・カディールの講演などの政治的催しもおこなわれた。しかし、とりわけ人気を集めたのは、「チベット医学」関連の講演で、チベット医学の処方に基づく薬品を製造販売しているスイスの製薬会社パドマの主任研究員と、オーストリア、インスブルック大学の医薬品生化学教授が、チベット生薬の効能を科学的に説明し、実際にどのような症例にどのような処方があり、どのように有効なのか具体例を示したものであった。「チベット医学では、精神の働きが病気と健康を支配していると考える」「心と体は深い相関関係にある」「処方される生薬は部分に効くのではなく、全体を調和させることで全身の健康を推進する」という言葉が繰り返し述べられ、熱心にメモをとる聴衆もいた。

4-4　コンサート

その他にはコンサートと写真展が開催された。一番規模の大きなコンサートは、70年代にジャズ・ロック・グループ「マハビシュヌ・オーケストラ」で活躍したジョン・マクラフリンとインド音楽演奏で定評のあるザキール・フセイン、シャクティ・グループによるチベット難民救済慈善コンサートであった。マクラフリンは60年代、70年代のニューエイジ世代に活躍したアーティストの一人で、一時期ヒンドゥー教徒になり、ジャズ、ロック、インド音楽を融合させた独自の音楽を展開した。60年代、70年代はビートルズ、ビーチボーイズ、ドノヴァンなど欧米の有名アーティストがヒンドゥー教のグル（導師）のもとに出入りし、インドがヒッピーの聖地のようになったが、チベット人が難民としてインドやネパールに定住しはじめたのもちょうどこの時期であったため、ビートルズなどの影響を受けてインドを旅行した欧米の人々の中には、チベット亡命政府が置かれた北インドのダラムサラやネパールを訪れ、チベット人僧侶に弟子入りした人もいた。当時そのような東洋趣味は若者文化として特殊な位置にあったが、ダライラマの説法もこのコンサートもかなりの年配者から若い人々まで、聴衆に年代の偏りがなかったところをみると、ニューエイジ世代に端を発した東洋趣味も現在では特殊な志向ではなくなり、ひとつのライフスタイルのように欧米の人々の生活に溶け込んでいるともいえるだろう。たとえばシタールなどインドの楽器を取り入れた音楽は、現在では、ヒーリングを目的としたニューエイジ・ミュージックとも呼ばれ、幅広い層に受け入れられている。在外チベット人の中には音楽活動をしている人も少なくないが、彼らのほとんどはこのジャンルで活躍している人たちである。

同日、別会場でスイス在住のチベット人デチェン・シャク=ダクセイとスイス人尺八演奏家よる「癒しの響き」というコンサートがおこなわれた。デチェン・シャク=タグセイは1989年にスイスのミュージシャンとともに「菩薩心」というタイトルのCDを出して以来、ベルナルド・ベルトルッチが監督をつとめ、坂本龍一が音楽を担当した映画「リトル・ブッダ」の挿入曲の新バージョンをレコーディングするなど、チベット仏教をテーマにしたヒーリング音楽の歌手として活躍してきた。どちらのコンサートも、ザ・ダライラマ・イン・ハンブルク2007の一環として開催されるという宣伝は特にされていなかったため、必ずしもチベットや仏教に関心のある人々が集まったわけではなく、普通のニューエイジ・ミュージックのコンサートのつもりで来た人も多かったかもしれないが、実際にはダライラマの催しの一部であるために、ヒーリング音楽の合間にダライラマの言葉が引用され、チベットと平和と癒しの結びつきが繰り返し語られた。

コンサートはその他に、スイス在住のチベット人、ローテン・ナムリンによる「チベット伝統音楽の夕べ」とチベッタン・ユース・アソシエーションが主催した「ラップ・フォー・チベット」が開かれた。ローテン・ナムリンは大きな体躯と浅黒い肌に白い顎鬚、白髪交じりの長髪を束ね、チベット風の、しかし時にはどこのものとも特定できない民族衣装風の服に織柄の大きなショールを肩からかけ、チベットの弦楽器をつま弾きながら眉間に皺をよせ泣き出しそうな表情で「伝統歌謡」を歌い上げる。彼はチベット問題を題材にした政治的風刺画の描き手でもあるが、音楽そのものに世界平和とか他者への共感のようなメッセージを込めることはなく、「失われゆくチベットの伝統」あるいは「失われた祖国」を全身で演じているように見受けられる。スイス、ドイツ、フランスなどを中心にコンサート活動をしているが、最近はヨーロッパにとどまらずロシア、アジア、アメリカへもツアーに出ている。時に舞台の後背に大きなチベット国旗を掲げて「失われた祖国」チベットの伝統歌謡を歌う様子は、直接政治的な内容に言及する以上に政治的メッセージを伝える効果を持っている。

4-5　出会いの広場

主会場のテニスアリーナと道路をはさんだ向かい側には、仏教やチベット関係の書籍販売所、チベット仏教センターや人権団体などのブースを集めた「出会いの広場」、また仏像や仏画を展示した「休息の空間——静寂の力」が設けられた。書籍販売所は「チベット」「一般」「平和」「ダライラマ」「仏教入門」「実践」「深化」の7つのコーナーに分かれており、「ダライラマ」コーナーには、彼の写真を表紙にした本がドイツ語版だけで約50種類、またそれを上回る種類のCD、DVDが並んだ。ダライラマ本のサブタイトルは「人間性の力」「共感・広い心」「透明なる精神」「内なる平和への道」「悟りに至る道」「智慧の言葉」「平和の書」「幸福へ至る仏教の教え」「人生の深い理解」「共感と思慮」「世界の平和と心の平和」「大胆な発想——ダライラマと科学者との対話」「原子の中の世界——仏教と科学の旅」「赦免の智慧」などがあり、これらは主に処世訓・人生論、

写真5　会場で販売されるダライラマ本

平和・非暴力、仏教と科学の対話の3つのカテゴリーに分類できる。出版事業はチベット仏教拡大の牽引《けんいん》力になってきた。アメリカでは1969年にチベット関連書籍を専門に扱うシャンバラ・パブリケーションズが設立されたのを皮切りに、70年代を中心に大小さまざまなチベット仏教関連の出版社が誕生した。ヨーロッパでも、難民僧侶が設立した教団の出版部、また宗教関連の出版社を中心に、ドイツ語やフランス語、スペイン語などの現地言語でチベット関連本を出版している。これらの出版社は当初、仏典の保存などにも力を注いでいたが、次第に上記にあるようなダライラマによる処世訓、人生論、平和や非暴力関連の一般書が増え、書店の店頭で平積みされベストセラーを出すようになったのである。

「出会いの広場」にはドイツ仏教協会やドイツ各地に展開するチベット仏教センターなどの仏教関連諸団体の他に、アムネスティ・インターナショナル、キャンペーン・フォー・チベット、ドイツ・チベット支援協会などの人権擁護、政治的支援に関連する団体、また中国のチベット自治区とインドのチベット難民居留地に学校や病院を建設するNGOや、難民の子どもや僧侶に個人的スポンサーを斡旋する団体、さらにはハンブルク大学で2007年11月に開催された異宗教、異宗派間対話「第2回国際祈りの会議2007」、預金を環境保護関連事業に投資するGLS Bankなどがブースを並べ、それぞれの活動への支持を求めたり、資金を募ったりした。チベット難民への資金援助に関しては、主催者のチベット・センターがチベット難民支援のブースを開設し、「仏教的伝統を体現し伝えていく」人々への個人的なスポンサーを募った。援助の金額はだいたい一人につき1ヵ月15ユーロ、ハンブルク・チベット仏教協会の場合では成人僧侶、尼僧に対して1ヵ月19ユーロ、子供の僧侶には11ユーロ、図書館、コンピューター関係の職員、新生児には25ユーロを送金する。どこのブースでも写真入りの小冊子が用意され、通りかかる人に配布されていたが、支援を訴える冊子にはたいてい「中国におけるチベット文化の破壊」「難民による文化の継承」という説明書きがあり、個人への支援を通して、チベット文化全体の保護と継承に寄与できるということが強調されていた。

4-6　まとめ――現代のシャングリラ

ダライラマの説法と付随するイベントを総覧して、そこで取り上げられたテーマ、参加した人々のバックグラウンドなどからキーワードを上げると、平和、非暴力、人権、幸福、癒し、環境、心身の健康、伝統の保持などになる。これらはまさに現代の西洋が追求してやまない「価値」であり、現代におけるシャングリラであるとも言える。ヒマラヤの想像上の理想郷は、現在では西洋に場所を変え、実際に移住してきたチベット人とその「宗教」に見出されている。ロペスは『シャングリラの囚人』というタイトルの本の中で、「パレスチナ、ルワンダ、ビルマ、北アイルランド、東チモール、あるいはボスニアと異なるチベットの苦境は、仏教を熱心に実践する幸福で温和なチベット人像と、神の王によって治められ、孤高でエコロジーに啓かれた彼らの住む国が、邪悪な力によって侵略されたと思われている点にある。これは異国情緒と精神性と政治性が魅力的に一体化した、心動かされる物語である」【LOPEZ 1998: 11】と述べている。ザ・ダライラマではロペスが主張するように、「異国情緒と精神性と政治的魅力が一体化した心動かされる物語」が各所に展開した。在外チベット人社会で幅広く執筆活動をおこなっているジャムヤン・ノルブは、「チベット亡命政府の重要な仕事のひとつは、西洋のイメージを流用して、ダライラマ亡命以前のチベットを平和で調和的で精神性に富む国であったと宣伝することであり、またチベット難民自身もチベットの外部にあって、自分たちの失われた故郷に対して、西洋が作り出したシャングリラのステレオタイプイメージを、徐々に重ねるようになってきた」【NORB 1998: 21】と指摘する。西洋によって作りだされたさまざまなイメージの投影は、チベットにとって有用なものになっているのである。ロペスは、そのイメージに閉じ込められるチベットとチベット人を「シャングリラの囚人」と呼んでいるが、しかしその苦境はチャンスと表裏一体でもある。ザ・ダライラマに凝縮されたチベットの魅力ある物語は、チベット人をその中に押し込めてはいるが、彼らにとって一つの資本でもある。チベット仏教はまさにこのチャンスに乗って裾野を広げてきたのである。

5　おわりに

難民となってスイスに定住することになったチベット人は、多くのスイス人が示す親愛の情に驚き戸惑いながらも、自分たちの文化がキリスト教と並ぶ「宗教」として認められ、誉めそやされることが誇らしかったと語っている。しかし、同時に、ヨーロッパやアメリカに広がる「チベット仏教」は西洋文化だと言い切るチベット人も多い。バレンタイン・ダニエルは南インドとアメリカでおこなわれたヒンドゥー教の結婚式を例にあげて、存在論的な前者に比べて、後者は認識論的であり、ヒンドゥーで「あること」ではなく、ヒンドゥーに「ついて」説明するものであったと述べている。彼は後者をキリスト教に基づく「宗教」の観念が入り込んだものであると述べている【ダニエル 2002: 155-166】。彼に倣えば、チベット人から見た「チベット仏教」への違和感もその点にあると思われる。しかし、イスラム教が、キリスト教と対立する二極の一方に立ったのとは異なり、巷に広がるチベット仏教は西洋人から見れば「東洋」であるが、チベット人から見れば「西洋」であるという合わせ鏡のような関係にある。

これは、ひとつには仏教教団やザ・ダライラマの事例で分かるように、チベット仏教を押し広める主体が西洋人であり、みずからのチベット・イメージをそのまま投影していることがあげられる。仏教学者の田中公明は、1993年にイギリスに留学した時に調査したスコットランドのチベット仏教寺院（カギュー・サムイェーリン）について、次のように記している。「実質的な運営や勤行は、ほとんど欧米人のスタッフによって行われている。（中略）男女の僧尼が一つの寺で一緒に修行することは、チベットでは許されないし、食事のまずいイギリスで破格に美味しいと評判のヴェジタリアン料理も、食生活が貧しいチベットでは似ても似つかないメニューである。このように寺は、欧風化した環境の中で、よく組織された現地人によって運営されている。もしチベット人が去ったとしても、寺は彼らによって将来も存続するように思われた。このような現象は、海外に伝播した中国・日本系仏教が、華僑や日系人を中心として、大きな人種的広がりをもたない（禅系を除く）のとは好対照をなしている」【田中 1994: 1-2】。食事やライフスタイルばかりでなく、私が調査した仏教教団の中には世界平和を願う新しい経をドイツ語で作ったり、それに曲をつけて「聖歌」風に歌ったりしているところもあった。チベット人はそのような「チベット仏教」に違和感を覚えつつも、対立することもなく、むしろ逆手にとってみずからの生存戦略に絡めつつ、上手に共存を果たしているのである【PROST 2006】。

かつてヨーロッパはその外部に向けて自らの力を広げていった。現代ではアジアもまた外部に広がりつつある。チベット仏教の広がりはそのひとつの断面を示している。しかし、欧米に広がるチベット仏教は、かつてのキリスト教のように、教義、思想を押し広める「力の布教」ではなく、クライアントの求めに応じて姿を変える「受け身の布教」といえるであろう。西洋におけるチベットやチベット仏教への共感は、美化された「理想郷シャングリラ」というオリエンタリズム【サイード 1993】の土台の上で生じているが、必ずしも一方向的な関係が継続しているのではなく、「チベット仏教」という両者ともに異文化と感じ合う領域が生じ、その描き手や担い手は西洋人でもあるしチベット人でもあるという固定化できない関係が生じている。その中で、チベット仏教のブームはまだ下火になる気配はない。チベット難民がヒマラヤを越えてからおよそ半世紀の間に、想像上の「秘境」は徐々にヨーロッパの日常に溶け込んでいったのである。

別表　ザ・ダライラマ・イン・ハンブルク　催事一覧

■第一日　7月20日（金）
世界尼僧会議　ゲスト：ダライラマ14世、女性牧師Maria Jepsen、ハンブルク市長、10：00〜16：00、於ハンブルク大学
映画「チベットの秘密」17：00〜、於映画館アバトン
講演「韓国の仏教」Prof.Hyangson Yi（尼僧）、Inyoung Chung（尼僧）。18：00〜、於ハンブルク大学

■第二日　7月21日（土）
ダライラマ講演「平和を学ぶ――非暴力の実践」9：30〜11：30、14：00〜16：00、於テニスアリーナ
映画「ダライラマ14世」、尼僧によるマントラ朗誦、17：00〜、於映画館アバトン
講演「約束された仏教」Dhammananda尼、18：00〜、於ハンブルク大学

講演とワークショップ「チベットの癒しの所作　Lu Jong と Kum Nye」、Tulkyu Lama Lobsang、18：20〜、於民俗学博物館
コンサート「Rap for Tibet」Tonil, Curse, Torch ＋ Safari-Sounds, The W.O.L.V.E.S.、19：00〜、於ドックス
映画「ヒマラヤを越えた逃避行」、尼僧によるマントラ朗誦、19：30〜、於映画館アバトン
討論会「自然科学と仏教」Dr. Matthieu Ricard, Prof. Dr. Th. Metzinger、20：00〜、於ハンブルク大学
コンサート「チベットの影響を受けた世界の音楽」Sani Vodjani、21：00〜、於民族学博物館
■第三日　7月22日（日）
ダライラマ講演「平和を学ぶ——非暴力の実践」、9：30〜11：30、於テニスアリーナ
ダライラマ公開講演　「グローバル化の中の共感」、14：30〜16：00、於テニスアリーナ
セミナー「仏陀の影響の中で——仏陀との出会い」Bernward Rauchbach、10：00〜18：00、於民族学博物館
映画「ダライラマ14世」、尼僧によるマントラ朗誦、17：00〜、於映画館アバトン
講演会「世界に広がる仏教の強き女性たち」Dr. Karmalekshe Tsomo、18：00〜、於ハンブルク大学
瞑想実践「チベット式瞑想入門」Oliver Petersen、18：00〜、於民族学博物館
映画「怒りの僧侶」尼僧によるマントラ朗誦、19：30〜、於映画館アバトン

講演「チベット医学」Prof.Dr. Florian Überall, Dr. Herbert Schwabl、20：00〜、於ハンブルク大学
コンサート「インド音楽」21：30〜、於民族学博物館
■第四日　7月23日（月）
ダライラマ仏教哲学講義「悟りへ至る道」1、9：30〜11：30、14：00〜16：00、於テニスアリーナ
スライドを使った講義「チベット僧院における絵画を使ったシンボル言語」Raimund Lindhorst、16：00〜、於民族学博物館
映画「怒りの僧侶」ゲスト：レビヤ・カディール、16：45〜、於映画館アバトン
ワークショップ「チベットの癒しの所作」Elke Höllman、17：30〜19：00、於民族学博物館
講演「怒りについて」Ven. Thubten Chordon、18：00〜、於ハンブルク大学
映画「赤い皇帝の手中にあって」ゲスト：Hubert Seipel（監督）、19：30〜、於映画館アバトン
パネルディスカッション「中国——人権なき権力」Harry Wu, Rebiya Kadeer, Marino Busdachin、20：00〜、於ハンブルク大学
■第五日　7月24日（火）
ダライラマ仏教哲学講義「悟りへ至る道」2、9：30〜11：30、14：00〜16：00、於テニスアリーナ

映画「ココシリ」ゲスト：Klaus Dürkop、17：00～、於映画館アバトン
講演「仏教の瞑想――日々の生活の中で精神を清める」Ven. Dr. Kusma de Vendra、18：00～、於ハンブルク大学
講演「チベットへの道」Eva Sundin、19：00～、於民族学博物館
映画「幸福の智」ゲスト：医師 Dr. Egbert Asshauer、19：30～、於映画館アバトン
マルチメディアショー「ヒマラヤ山中にある豊かなる仏教の町」Peter van Ham、20：00～、於ハンブルク大学
「チベット伝統音楽の夕べ」Loten Namling、20：00～、於ルドルフ・シュタイナー・ハウス

■第六日　7月25日（水）
ダライラマ仏教哲学講義「悟りへ至る道」3、9：30～11：30、14：00～16：00、於テニスアリーナ
映画「トゥヤーの結婚」17：00～、於映画館アバトン
ワークショップ「チベットの癒しの所作」Elke Höllman、17：30～19：00、於民族学博物館
講演「内なる幸福と外部のハーモニー」Geshe Pema Samten、18：00～、於ハンブルク大学
講演「ダライラマの歴史的役割とチベット仏教におけるカルマ派」リング・トゥルク・リンポチェ、19：00～、於民族学博物館
映画「ドリーミング・ラサ」ゲスト：Tsewang Norbu, Danger Gräfin Bernstorff, Delhi、19：30～、於映画館アバトン

尺八コンサート「チベットの聖なるマントラ」Dechen Shak-Dagsay & Jürg Zurmühle、20：00〜、
於ケアヴィーダー劇場

慈善コンサート「リメンバー・シャクティ」John Mclaughlin, Zakir Hussein, Shakti Group、
20：30〜、於Kampnagel

■第七日　7月26日（木）

ダライラマ仏教哲学講義「悟りへ至る道」4、9：30〜11：30、14：00〜16：00、於テニスアリーナ

映画「チベットの秘密」ゲスト：Helmut Steckel, Matthias Elwardt、17：00〜、於映画館アバトン

講演「実践としての生活」Ven. Tenzin Palmo、18：00〜、於ハンブルク大学

映画「自由への長い道のり／中国のチベット？」ゲスト：Henriette Lavaulx-Vrecourt, Kelsang Gyaltzen（監督による質疑）、19：30〜、於映画館アバトン

講演・スライドショー「チベット——愛の目をもって」Matthieu Ricard、20：00〜、於ハンブルク大学

■第八日　7月27日（金）

ダライラマ仏教哲学講義「悟りへ至る道」5、9：30〜11：30、14：00〜16：00、於テニスアリーナ

■長期開催
「静寂の力」　チベット仏教のタンカ（仏教絵画）と仏像の展示、於国立青少年音楽学校
出会いの広場　書籍販売、仏教・チベット援助など諸団体のブース開設
砂マンダラ　スライド展示、於民族学博物館
チベット仏教の宝　チベット仏教美術展、於民族学博物館
マニュエル・バウアー　写真展「自由への道――ダライラマ」

参照文献

◆アサド、タラル
2004　『宗教の系譜――キリスト教徒イスラム教における権力の根拠と訓練』中村圭志訳。岩波書店。

◆Baumann, Martin
2005　Shangri-La, Diaspora und Globalisierung. In *Die Welt des tibetischen Buddhismus*. pp.357-888. Müseum für Völkerkunde.

◆Brauen, Martin
2000　*Traumwelt Tibet –Westliche Trugbilder.* Verlag Paul Haupt.

◆ダニエル、バレンタイン
2002　「『信仰』の確立と集合的暴力」『20世紀の夢と現実』加藤哲郎、

渡辺雅男編、久保田滋子訳、pp.145-178、彩流社。

◆デシデリ、I（原著）

2008 『チベットの報告』F・デ・フィリッピ編、薬師義美訳、平凡社（ワイド版東洋文庫）

◆デエ、ロラン

2005 『チベット史』今枝由郎訳、春秋社。

◆Harrer, Heinrich

1952 *Sieben Jahre in Tibet: Mein Leben am Hofe des Dalai Lama.* Ullstein.（『セブンイヤーズ・イン・チベット』福田宏年訳、角川文庫、１９９７年）

◆ヘディン、スウェン

1994 『さまよえる湖』岩村忍訳、角川書店（角川文庫）

◆ヒルトン、ジェイムズ

1959 『失われた地平線』増野正衛訳、新潮社（新潮文庫）

◆Jakob, Wenzel

1997 *Mythos Tibet: Wahrnehmungen, Projektionen, Phantasien.* hrsg. von der Kunst- und Ausstellungshalle der Bundesrepublik Deutschland GmbH, Bonn in Zusammenarbeit mit Thierry Dodin und Heinz Räther. Köln: DuMont.

◆Kuhn, Jacque

1996 *Warum ein tibetisches Kloster in Rikon?* Klösterliches Tibet-Institut Rikon.

◆Lindegger, Peter

2000 *40 Jahre Tibeter in der Schweiz*. Klösterliches Tibet-Institut Rikon.

◆**Lopez, Donald S**

1998 *Prisoners of Shangri-La: Tibetan Buddhism and the West.* University of Chicago Press.

◆**Norb, Jamyang**

1998 Tibet in film, fiction and fantasy of the West.*Tibetan Review* Vol. XXXIII No.1

◆**Numrich, Paul David**

2006 Two Buddhisms Further Considered. In *Buddhist Studies from India to Amerika: Essays in Honor of Charles S. Prebish*. Damien Keown (ed.), pp207-233. Routledge.

◆**落合一泰**

1997 「東方の驚異、ワイルド・マン、インディアン、グリーザー——近代西欧〈民族人類学〉によるアメリカ大陸の〈占有〉——」『講座　文化人類学／第1巻・新たな人間の発見』船曳建夫編、pp.141-180、岩波書店。

2000 「映像の中のラテンアメリカ——《まなざし》の人類学に向けて」『映像文化』大森康宏編、pp.127-154、ドメス出版。

◆**Prost, Audrey**

2006 The Problem with 'Rich Refugees' Sponsorship, Capital, and the Informal Economy of Tibetan Refugees. *Modern Asia Studies* No.40 :233-253.

◆**ランパ、ロプサン**

1979　『第三の眼：あるラマ僧の自伝』白井正夫訳、講談社。

◆**Rabten, Geshe**

1986　*Mönch in Tibet: Leben und Lehren des Meditaionsmeisters Geshe Rabten*. Papyrus.

◆**Robsang Rampa**

1956　*The thirs eye: the autobiography of a Tibetan Lama*. Secker & Warburg.（『第三の眼：秘境チベットに生まれて』今井幸彦訳、光文社、１９５７年）

◆**Rutishauser SJ, Christian M.**

2006　Vom Religionspluralismus zum Dialog. *Stimmen der Zeit* Heft 12 : 795-808.

◆**サイード、Ｅ・Ｗ**

1993　『オリエンタリズム』今沢紀子訳。平凡社（平凡社ライブラリー）。

◆**スネルグローブ、デイヴィッド／ヒュー・リチャードソン**

2003　『チベット文化史』（新装版）、奥村直司訳、春秋社。（初版１９９８年）。

◆**田中公明**

1994　『超密教時輪タントラ』東方出版。

◆**Wenzel, Jacob**

1997　*Mythos Tibet: Wahrnehmungen, Projektionen, Phantasien*. Köln: Dumont.

◆**Yong, Amos**

2008　Mind and Life, Religion and Science: His Holiness the Dalai Lama and the Buddhism-Christianity-Science Trialogue. *Buddhist-Christian Studies* 28 : 43-63.
2008　Tibetan Buddhism Going Global?　A Case Study of a Contemporary Buddhist Encounter with Science. *Journal of Global Buddhism* 9 : 1-26（http://www.globalbuddhism.org）

新聞、雑誌

Der Spiegel Nr.29 2007.7 pp.87
Die Welt　22.Juli 2007 Welt am Sonntag HH1, "Eine Heiligkeit für die Massen"
Frankfurter Rundschau　28.Juli 2007 Nr.173 Panorama24, 25

ウェブサイト

Das Buddhistische Online-Netzwerk Der Deutsche Buddhistische Union
Gruppensuche　http://www.dharma.de/dbu/frameset.php（最終アクセス ２０１３年２月１日）
FPMT（Foundation for the Preservation of the Mahayana Tradition）
http://www.fpmt.org/fpmt/osel.html（最終アクセス ２０１３年２月１日）

Insights from the Outside. Kulturwissenschaft interdisziplinar 5. Caroline Y. Robertson-von Trotha (ed.), Baden-Baden:Nomos, pp.119-132, 2011.
「ヨーロッパにおける仏教の諸相――チベット仏教を事例として」、COE「ヨーロッパの革新的研究拠点」(一橋大学) ディスカッション・ペーパー、No.24、2007年。
"Somewhere between Success and Neglect"、COE「ヨーロッパの革新的研究拠点」(一橋大学) ディスカッション・ペーパー、No.3、2005年。

高山陽子 (たかやま ようこ)
1974年生まれ
亜細亜大学国際関係学部准教授
著書・論文:
「聖地の記憶――旅順の事例から」、『国際関係』21巻、2012年。
「戦跡観光と記念碑」『国際関係』20巻、2011年。
『民族の幻影――中国民族観光の行方』東北大学出版会、2007年。

増野高司 (ますの たかし)
1975年生まれ
総合研究大学院大学・客員研究員
著書・論文:
MASUNO Takashi. "Peasant Transitions and Changes in Livestock Husbandry: A Comparison of Three Mien Villages in Northern Thailand" *The Journal of Thai Studies* 12, pp. 43-63, 2012.
「タイ北部における陸稲の耕作地をめぐる在来知――ミエン族と陸稲との関係」『生き物文化誌学会 ビオストーリー』15、pp. 84-98、2011年。
「東南アジア大陸部における山地民の移住史と環境利用」、池谷和信編『地球環境史からの問い――ヒトと自然との共生とは何か』岩波書店、pp. 174-189、2009年。

松川恭子 (まつかわきょうこ)
1972年生まれ
甲南大学文学部教授
著書・論文:
「環流化を媒介するメディア」、三尾稔・杉本良男編『現代インド6　環流する文化と宗教』東京大学出版会、2015年。
Kyoko Matsukawa "*Xitkoddi* (Rice and Fish Curry), *Comunidades* and *Ramponkars*: Goan Foodways in Transition." Sidney C.H.Cheung (ed.), *Rethinking Asian Foof Heritage*. Taipei: Foundation of Chinese Dietary Culture, 2015.
『「私たちのことば」の行方――インド・ゴア社会における多言語状況の文化人類学』風響社、2014年。

山田仁史 (やまだ ひとし)
1972年生まれ
東北大学大学院文学研究科准教授
著書・論文:
『首狩の宗教民俗学』筑摩書房、2015年。
『喧嘩から戦争へ――戦いの人類誌』勉誠出版 (共編著)、2015年。
ミュラー『比較宗教学の誕生』国書刊行会 (共訳書)、2014年。

新井和広（あらい かずひろ）
1968年生まれ
慶應義塾大学商学部准教授
著書・論文：
Arai, Kazuhiro. "The sayyids as commodities: the Islamic periodical al Kisah and the sayyid community in Indonesia," in Morimoto Kazuo (ed.) *Sayyids and Sharifs in Muslim Societies: The living links to the Prophet*. London and New York: Routledge, pp. 247-266, 2012.
「東南アジアにイスラームをもたらしたのは誰か？　――ワリ・ソンゴの起源をめぐる問題とアラブ系住民」、永原陽子編『生まれる歴史、創られる歴史――アジア・アフリカ史研究の最前線から』刀水書房、pp. 153-179、2011年。
「南アラビア、ハドラマウト地方出身移民の変遷」、宮治美江子編著、駒井洋監修『叢書グローバル・ディアスポラ3　中東・北アフリカのディアスポラ』明石書店、pp. 223-243、2010年。

小野智香子（おの ちかこ）
1970年生まれ
千葉大学人文社会科学研究科 地域研究センター特任研究員
著書・論文：
『ニューエクスプレス・スペシャル　日本語の隣人たち』白水社（共著）、2009年。
『イテリメン語北部方言語彙・会話例文集』大阪学院大学情報学部、2003年。
『チュクチ・カムチャツカ語族比較基礎語彙集：I』大阪学院大学情報学部（共著）、2001年。

片岡樹（かたおか たつき）
1967生まれ
京都大学大学院アジア・アフリカ地域研究研究科准教授
著書・論文：
Tatsuki Kataoka "Religion as Non-religion: The Place of Chinese Temples in Phuket, Southern Thailand." *Southeast Asian Studies* Vol. 1, No. 3, pp. 461-485, 2012.
「食人鬼のいる生活――タイ山地民ラフの妖術譚とその周辺」『社会人類学年報』37:1-25、2011年。
『タイ山地一神教徒の民族誌――キリスト教徒ラフの国家・民族・文化』風響社、2007年。

シンジルト（Shinjilt）
1967年生まれ
熊本大学文学部教授
著書・論文：
「伸縮する遠近――モンゴル＝キルギス人の現在」、風間計博ほか編著『共在の論理と倫理――家族・民・まなざしの人類学』はる書房、2013年。
「家畜の個体性再考――河南蒙旗におけるツェタル実験」『文化人類学』第76巻4号、pp. 439-460、2012年。
『民族の語りの文法――中国青海省モンゴル族の日常・紛争・教育』風響社、2003年。

角南聡一郎（すなみ そういちろう）
1969年生まれ
公益財団法人元興寺文化財研究所総括研究員
著書・論文：
「アジアにおける日本人墓標の諸相――その記録と研究史」『人文学報』108、pp. 3-20、2015年。
角南聡一郎「三輪山の蛇神話の分布――台湾原住民族における蛇の伝承と造形を中心に」『アジア遊学』158、勉誠出版、pp. 167-182、2012年。
「モノを図化すること」、山路勝彦編『日本の人類学』関西学院大学出版会、pp. 403-441、2011年。

久保田滋子（くぼた しげこ）
千葉商科大学非常勤講師
著書・論文
Kubota, Shigeko "Fostering a 'Religion': Another Side of Multiculturalism", in *Europe:*

シリーズ　来たるべき人類学④

アジアの人類学

二〇一三年四月八日　初版発行
二〇一六年三月三〇日　二刷発行

編者　片岡樹・シンジルト・山田仁史
発行者　三浦衛
発行所　春風社
横浜市西区紅葉ヶ丘五三　横浜市教育会館三階
電話　〇四五・二六一・三一六八
ＦＡＸ　〇四五・二六一・三一六九
http://www.shumpu.com
info@shumpu.com
振替　〇〇二〇〇・一・三七五二四

装丁・レイアウト　矢萩多聞
装画　谷中安規
（「少年画集７　盆踊り」新潟県立近代美術館・万代島美術館蔵）
印刷・製本　シナノ書籍印刷株式会社

All Rights Reserved. Printed in Japan.
©Tatsuki Kataoka, Shinjilt, Hitoshi Yamada
ISBN 978-4-86110-357-5 C0039 ¥2381E